연기법의 지혜

티베트 스승에게 듣는

연기법의 지혜
티베트 스승에게 듣는

쫑카빠 지음
게시 소남 걀첸 강설

공성의 견해와
이타의 보리심을
문사수로 배우고
실천하소서

연기찬탄송

- 스승이신 본존 문수사리께 고개 숙입니다.

- 연기법을 완전히 깨달았기에 최고의 지혜를 갖추셨으며, 연기를 자재로 설하시기에 위없는 설법자이신 승리자 부처님께 예경 올립니다.

- 세간의 어떠한 허물도 그 뿌리는 모두 무지에서 비롯되니 무지를 멸하기 위해 연기를 설하셨다네.

- 그렇기에 현명한 이라면 연기를 깨닫는 것이 부처님 가르침의 정수임을 어찌 모를 수 있겠는가.

- 그러므로 인도자이신 부처님을 찬탄함에 연기를 설해주신 면에서 찬탄하는 것보다 더한 찬탄이 어디 있겠는가.

- "조건에 의지하는 어떠한 것도 그 모두 실체가 없도다."라는 말씀보다 더 경이로운 가르침이 어디 있겠는가.

- 어리석은 이는 연기를 보면 극단의 견해가 더 강해지고, 지혜로운 이는 연기를 보면 무명의 그물을 끊는다네.

- 이 가르침은 어디에도 없으니 부처님만이 바른 설법자이시네. 여우를 사자라고 부르는 것처럼 외도에게는 아첨이라네.

- 아! 세존이시여, 경이로운 귀의처시여, 설법자이시여, 위대한 구제주이시여! 연기를 바르게 설하신 설법자 당신을 예경합니다.

- 대자비로 모든 중생을 돕기 위해 설하시어 불법의 정수 공성을 최상의 논리로 가르치셨네.

- 이러한 연기의 논리가 모순되거나 터무니없다고 여긴다면 부처님의 심오한 이치를 어찌 알 수 있겠는가.

- 부처님께서는 공성을 연기의 뜻으로 보셨기에 자성이 없는 것과 인과 사이에 모순이 없네.

- 이와 반대로 보아 공하다고 인과를 부정하고 인과라고 공을 부정하면 무서운 극단에 빠지게 된다네.

- 그러므로 부처님 가르침 가운데 연기를 보는 것은 최고라네. 이 또한 아예 없다거나 자성으로 있다고 보는 것이 아니네.

- 하늘의 꽃과 같이 의지하지 않는 것은 없으니 본질적으로 존재한다면 원인과 조건에 의지함은 모순이 되네.

- 그러므로 "연기하지 않는 어떤 존재도 없기에 자성 없는 공을 벗어난 어떠한 존재도 없다."고 가르치셨네.

- "자성은 변할 수 없기에 모든 존재에 자성이 있다고 한다면, 열반은 불가능하며 무명은 멸할 수 없게 된다."고 말씀하셨네.

- 그렇기에 제법에 실재한 자성이 없다고 현명한 이들에게 거듭거듭 사자후로 설하신 것을 누가 반대할 수 있겠는가.

- 제법에 자성 없는 것과 이것에 의지해 저것이 생기는 연기법 이 두 가지가 모순 없이 조화로움을 말해 무엇하겠는가.

- "의지해서 존재하기에 극단의 견해에 빠지지 말라."고 바르게 설하셨기에 부처님이 최상의 설법자임을 증명하네.

- "제법의 본래 공함과 연기로 나타나는 인과법 이 둘에 대한 이해는 모순 없이 서로를 돕는다."고 말씀하셨네.

- 이보다 더 경이롭고 더 훌륭한 말씀은 없다네. 이렇게 부처님을 찬탄하는 것보다 더 훌륭한 찬탄은 없다네.

- 무지의 노예가 되어 부처님을 미워하는 이들이 자성이 없다는 말씀을 견디지 못함은 놀라운 일도 아니네.

- 부처님의 말씀 중 가장 보배로운 연기의 가르침을 받아들인 이가 공성의 사자후를 받아들이지 않음이 나에게는 놀라운 일이네.

- 공성으로 이끄는 최상의 문이 연기의 가르침임에도 연기는 이름으로만 인정할 뿐 자성이 있다고 믿네.

- 성스러운 이들이 지나갔던 비할 바 없는 문이며, 부처님을 기쁘

게 하는 최상의 길로 어떻게 이들을 이끌겠는가.

- 자성은 실재이며 의지함이 없고, 연기는 실재 없이 의지하는데 이 둘이 어찌 한 대상에 모순 없이 양립할 수 있겠는가.

- 그러기에 "의지하여 존재하는 것은 본래부터 자성이 없음에도 마치 실재처럼 보이는 것이 환영과 같다."고 말씀하셨네.

- 불법에 제대로 된 누구의 비판도 찾을 수 없음을 부처님께서 연기를 토대로 설하셨기에 나는 믿네.

- 연기를 설하심으로써 현전(現前)과 비현전(非現前)에 대한 상견과 단견으로 빠질 우려를 완전히 없앴기 때문이라네.

- 당신이 위없는 설법자임을 알게 하는 것은 연기의 가르침이네. 이로써 다른 가르침들도 참되다는 마음속 깊은 믿음이 솟네.

- 참되게 보고 바르게 설하신 선서를 따르는 제자들의 허물은 그 뿌리가 뽑히기에 모두 사라지네.

- 불법과 반대로 가는 이들은 오랫동안 고행을 하더라도 아집을 굳게 하기에 허물이 점점 불어나기만 하네.

- 아! 지혜로운 이가 이 둘의 차이를 깨닫는 그 순간 뼛속 깊은 곳으로부터 부처님을 공경하지 않을 수 없다네.

- 부처님의 많은 가르침은 물론이고 작은 부분의 뜻을 피상적으로만 이해해도 큰 기쁨을 준다네.

- 오호! 저의 마음은 무지에 가려 이러한 참된 부처님의 말씀을 오래전부터 귀의하고 구하였지만 티끌만큼도 알지 못하였다네.

- 그럼에도 죽음을 향한 목숨의 흐름이 끊어지기 전에 부처님께 작은 확신이라도 생겼으니 이것 또한 행운이라고 생각하네.

- 설법자 중에서도 연기법을 설하신 이, 법을 깨닫는 지혜 중에서도 연기법을 깨달은 지혜, 이 둘을 세상의 제왕처럼 최고로 잘 아시는 분이 부처님 이외에 다른 누가 있겠는가.

- 부처님의 모든 가르침은 연기법을 깨우치게 하기 위해서라네. 이 또한 열반을 얻기 위함이니 고통을 멸하지 않는 가르침이 없다네.

- 아! 세존의 가르침은 어떤 이의 귀에 닿든지 그들 모두 열반을 얻게 하니 누구든 공경할 수밖에 없다네.

- 모든 반론을 누르고 앞뒤 모순에서 벗어났으며, 일시와 궁극의 목적 이루게 하니, 불법에 대한 나의 환희심이 더 늘어나네.

- 여래께서 이 연기를 깨닫기 위해 때로는 자신의 몸과 목숨을 주고 사랑하는 자식과 재물까지도 무한 겁 동안 거듭 내어주셨네.

- 낚싯바늘로 물고기를 낚듯 부처님의 마음을 이끌어준 연기법, 이 가르침을 직접 듣지 못함은 얼마나 슬픈 일인가.

- 그 애절한 슬픔이 자애로운 어머니 마음이 자식을 떠나지 못하듯 내 마음에서 떠나지 않네.

- 그러나 존귀한 상과 종호로 장엄하고 후광으로 둘러싸여 빛나시는 부처님을 관상이라도 하니 그 애절한 마음이 사라지네.

- 이렇게 부처님이 성스러운 음성으로 가르쳐주신 모습을 떠올리기만 해도 열병에 달빛처럼 약이 된다네.

- 가장 탁월한 이 가르침을 배움이 부족한 이들이 발바자 풀이 뒤엉킨 것처럼 큰 혼란에 빠지게 하네.

- 이러한 모습을 본 나는 지혜로운 이들을 따라 많은 노력으로 부처님의 뜻을 거듭거듭 숙고하였네.

- 불교도와 비불교도의 여러 문헌들을 배우던 그때 끊임없는 의심의 그물 속에서 내 마음은 고뇌에 빠져 있었네.

- 부처님의 위없는 대승의 가르침은 유와 무의 양극단에서 벗어나며, 이를 용수가 완전히 밝힐 것이라고 수기하셨네.

- 허물 없는 지혜의 원만한 해가 가르침의 하늘을 자재로 떠다니며 극단적 견해의 어둠을 멸하고 그릇된 반론의 별을 압도하네.

- 월칭보살의 달빛으로 빛나는 주석서로 밝힌 용수보살의 달맞이꽃과 같은 논서를 스승의 덕으로 보았을 때, 내 마음은 마침내 평안을 얻었네.

- 여래의 행 가운데 설법의 행, 설법의 행 중에서도 연기를 설함이 최고이니, 지혜로운 이는 이것으로 부처님을 기억해야 하네.

- 세존을 뒤따라 출가하여 승리자의 말씀 부족함 없이 배우고 수

행에 정진하는 한 비구가 이렇게 대선(大仙)을 공경하네.

- 위대한 설법자의 가르침을 만난 것이 자애로운 스승 덕분이었듯이, 제가 쌓은 공덕으로 일체중생이 바른 스승과 만나 헤어지지 않게 하소서.

- 오직 중생만을 위하는 부처님의 가르침이 미혹의 바람에 흔들리지 않게 하고, 사바세계가 끝날 때까지 확고한 믿음 갖춘 이 가득하게 하소서.

- 연기법 밝히는 능인의 위대한 법을 태어나는 모든 생마다 몸과 목숨 다해 지켜 단 한순간도 놓치지 않게 하소서.

- 중생들을 이끌어 주시는 위없는 분께서 많은 고행으로 얻은 소중한 가르침의 정수, 어떻게 하면 널리 퍼지게 할 것인지 밤낮으로 살피게 하소서.

- 순수한 동기로 이 법에 정진할 때 브라만과 인드라, 사천왕들과 마하깔라 같은 수호존들이 헤어짐 없이 항상 지키게 하소서.

서 문

티베트의 위대한 스승 쫑카빠 대사님(1357~1419)의 가르침 중에서 공성과 연기법에 대해 가장 보배로운 최고의 가르침인 《연기찬탄송》의 깊은 뜻을 한국 불자들에게 잘 전달해드리고 싶은 마음으로 《연기찬탄송》 티베트어 원서와 이에 대한 티베트 본토의 큰 스승이셨던 람림 린뽀체의 주석서를 바탕으로 한글 번역하여 한국티벳불교사원 광성사에서 이틀에 걸쳐 8차례 총 13시간 동안 강의한 내용을 이렇게 책으로 엮어낼 수 있어서 감개무량합니다. 더욱이 부처님 법에 대해 의미 있는 큰일 하나를 이루어낸 것 같아 가슴 뿌듯한 보람을 느낍니다.

《연기찬탄송》은 쫑카빠 대사님께서 연기와 공성을 둘이 아닌 하나, 즉 공성의 심오한 뜻을 연기로 완전히 깨달아 부처님에 대한 흔들리지 않는 확고한 믿음을 얻은 뒤, 부처님을 연기법을 자유자재로 설해주신 면에서 찬탄하시고 있는 중요한 논서입니다.

연기법은 부처님의 수많은 가르침 가운데 귀한 감로수와 같은 핵심으로, 이 연기법을 깨닫는다면 고통의 바다인 윤회에서 벗어나 해탈과 부처의 경지에 이를 수 있습니다. 다시 말해 모든 고통에서 벗어나 완전한 행복을 얻는 것은 연기법의 이치를 잘 이해하고 깨달아 통달하는 문사수(聞思修)의 지혜에 달려 있습니다.

간략하게 연기법의 이치에 대해서 첫째 인과의 연기법, 둘째 상대적인 연기법, 셋째 가명의 연기법 이 세 가지로 말할 수 있으며, 거친 연기법, 미세한 연기법, 가장 미세한 연기법의 세 가지로도 표현할 수 있습니다.

마지막으로 이 책이 나오기까지 도와주신 소중한 인연들께 깊은 감사의 마음을 전합니다.

아울러 불법의 왕이신 달라이라마 존자님의 장수를 기원하고, 존자님의 뜻대로 세계 평화와 종교 간의 화합이 이루어지길 바라며, 특히 이 책과 인연 있는 모든 분께서는 한반도의 남북통일과 티베트의 자유를 위해 다 함께 간절한 마음을 내어 주시기 바랍니다.

부처님 가르침의 정수인 공성과 연기법에 대해 설한 이 모든 공덕으로 불법이 오래 널리 퍼져 일체중생이 완전한 대자유를 얻게 하며, 연기법 밝히는 능인의 위대한 법을 태어나는 모든 생마다 몸과 목숨 다해 지켜 단 한순간도 놓치지 않게 하소서.

2017년 12월 12일 쫑카빠 대사님 열반일에
게시 소남 걀첸 합장

목 차

연기찬탄송 • 7
서문 • 14
《중론》의 부처님 찬탄게송 • 21

제 1 강 • 23
1. 부처님께 예경 올리기 • 35

제 2 강 • 51
2. 연기를 설하신 면에서 부처님께 예경 올리는 이유 • 75

제 3 강 • 84
3. 연기라는 이유로 어떤 이에게는 윤회하게 하고
   어떤 이에게는 해탈하는 원인이 되게 하는 것 • 104
4. 부처님의 가르침보다 더 수승한 법이 없기에
   부처님보다 더 위대한 설법자가 없음 • 112

제 4 강 • 123
5. 공성과 연기를 모순으로 본 허물 • 143

제 5 강 • 156

6. 자성이 공함을 연기로 설함 • 170
7. 무엇보다 연기를 보는 것이 최고라고 칭송함 • 175

제 6 강 • 184

제 7 강 • 219

8. 연기의 세 가지 이치 • 222
9. 연기가 자성으로 있다고 보았을 때의 허물 • 225
10. 어느 누구도 부처님의 가르침을 반대할 수 없음 • 226
11. 공성과 연기 사이에 모순이 없을 뿐만 아니라
    서로 도움을 준다고 설하심을 특별히 찬탄함 • 228
12. 자성이 있다고 주장하는 불교 학파에 대한 안타까움 • 231
13. 자성이 있으면서 연기인 것이 없음 • 238
14. 이 이치로 부처님께서 연기를 환영과 같다고 설하심 • 241
15. 부처님 가르침에 어느 누구도 비판할 수 없음 • 242
16. 연기의 가르침에 대한 믿음으로
    부처님의 다른 가르침들에 대한 확신이 생김 • 246

목 차

17. 부처님과 불법에 대해 공경해야 하는 이유 • 249

제 8 강 • 252
18. 불법의 작은 부분만 이해하더라도 큰 기쁨이 생김 • 253
19. 쫑카빠 대사께서 불법을 조금도 알지 못하였다고
    하심(下心)을 함 • 255
20. 연기의 견해를 핵심으로 보는 것이 부처님의 특징임 • 257
21. 부처님의 모든 가르침은 결국 연기법을
    깨우치게 하기 위해 설해짐 • 259
22. 부처님의 은혜를 잊지 않고 가르침을 공경하기 • 260
23. 여래께서 연기를 깨닫기 위해 수많은 고행을 하심 • 265
24. 연기에 대한 가르침을 직접 듣지 못함을 애석해 함 • 266
25. 배움이 부족한 이들이 불법을 혼란에 빠지게 함 • 271
26. 쫑카빠 대사께서 불법을 오랜 고행 끝에 깨닫게 되심 • 272
27. 연기법의 가르침을 통해 부처님을 항상 기억하기 • 283
28. 쫑카빠 대사께서 앞선 찬탄들과 같이
    부처님을 공경하심 • 284
29. 바른 스승과 만나 헤어지지 않게 회향하기 • 286

30. 불법을 지닌 이가 온누리에 가득하길 회향하기 • 286
31. 자신 또한 불법을 바르게 지니기 위해 회향하기 • 287
32. 항상 불법을 널리 퍼지게 하기 위해 회향하기 • 287
33. 수호존들께 수행자와 헤어짐 없이
　　 항상 지켜주시기를 회향하기 • 288

다 함께 부처님 닮아가기 위해 회향하기 • 288

부록 • 296
연기찬탄송 • 297

《중론》의 부처님 찬탄게송

ཙ་བ་ཤེས་རབ་ཀྱི་མཆོད་བརྗོད་

짜와쎄랍끼최죄

གང་གིས་རྟེན་ཅིང་འབྲེལ་བར་འབྱུང་།	강기뗀찡 델와르중
འགག་པ་མེད་པ་སྐྱེ་མེད་པ།	각빠메빠 께메빠
ཆད་པ་མེད་པ་རྟག་མེད་པ།	체빠메빠 딱메빠
འོང་བ་མེད་པ་འགྲོ་མེད་པ།	옹와메빠 도메빠
ཐ་དད་དོན་མིན་དོན་གཅིག་མིན།	타데된민 된찍민
སྤྲོས་པ་ཉེར་ཞི་ཞི་བསྟན་པ།	쩨빠 녤시 시뗀빠
རྫོགས་པའི་སངས་རྒྱས་སྨྲ་རྣམས་ཀྱི།	족빼 쌍게 마남끼
དམ་པ་དེ་ལ་ཕྱག་འཚལ་ལོ།	담빠 델라 착첼로

의지하여 나타나기에
멸함이 없고 생겨남이 없다.
끊어짐이 없고 영원함이 없다.
옴이 없고 감이 없다.
하나도 아니고 다름도 아니다.
희론(戲論)의 적멸함 설하신
최상의 설법자, 원만구족하신
부처님께 절하옵니다.

Shakyamuni 석가모니불

제 1 강

　먼저 멀리서 쫑카빠 대사님의 《연기찬탄송》에 대해 공부하러 오신 여러분들에게 감사의 인사를 드립니다. 공부를 시작하기 전에 게송부터 천천히 한번 독송하도록 하겠습니다. 이틀동안 우리가 공부해야 할 내용은 바로 《연기찬탄송》 즉, 연기법을 자유자재로 설하신 부처님을 찬탄하는 게송입니다. 한국에 부처님이 누구이신지, 불교가 무엇인지에 대한 책들이 많이 나와 있는데, 이 《연기찬탄송》도 불교와 부처님에 대해 자세하게 소개하고 있는 게송입니다.

　쫑카빠 스승님께서 오랜 기간 공부와 수행을 통해 연기법과 공성에 대해 깨달으신 후에 지으신 게송입니다. 쫑카빠 스승님은 1357년에 태어나 1419년에 열반하셨으니 62년 정도 사셨습니다. 사십대 즈음에 저술하신 이 논서는 쫑카빠 스승님의 18권 저술들 중 하나로 연기법에 대해 설명하고 있는 가장 핵심적인 가르침이며 54게송으로 이루어져 있습니다. 이 게송을 통해 부처님이 어떤 분이신지 알 수 있습니다. 그렇기 때문에 이 게송은 티베트에 널리 알려져 있으며, 용수보살님께서 지으신 《중론》과 월칭보살님의 《입중론》과 같은 큰 논서입니다.

《연기찬탄송》은 '연기법을 자유자재로 설하신 부처님을 찬탄하는 게송'이라는 뜻입니다. 연기법을 찬탄하는 것이 아닙니다. '연기법을 설하심으로써 부처님은 다른 설법자나 정신적 지도자보다도 더 훌륭하고 더 거룩하신 선지식입니다'라는 확신이 생긴 후에 저술하신 게송입니다.

《연기찬탄송》을 처음 번역한 것은 7년 내지 8년 전이었는데, 이번에 다시 수정하면서 게송 하나하나에 대한 설명도 하고, 전체적인 내용을 이해할 수 있도록 티베트어로 '싸쩨' 즉, 목차도 달았습니다. 33개 목차 중 마지막 5게송은 회향하는 내용이고, 28개 목차가 주내용입니다. 이를 중심으로 공부하겠습니다.

먼저 마음을 집중해서 천천히 부처님을 생각해야 합니다. 우리들 앞에 석가모니 부처님, 5대 비구, 10대 제자, 불보살님들이 모두 계신다고 생각하십시오. 평소에는 각자 자기 일로 바빠서 부처님 법을 공부하는 데 투자하는 시간이 너무 적습니다. 오늘과 내일 이틀 동안은 다른 일들은 접어버리고 《연기찬탄송》에만 집중해 부처님에 대해서 공부해보도록 하겠습니다. 천천히 게송을 모두 함께 읽어보도록 합시다.

【독송】

한번 독송해보니까 한국말로 이해하는 데 별 어려움이 없지요? 《연기찬탄송》은 부처님께서 말씀하신 연기법 즉, 공성의 의미를 정확하게 알고 깨달은 후에 부처님께 감동한 환희심으로 지으셨으므로 읽기만 하여도 대강 이해할 수 있습니다.

지금부터 게송들 하나하나를 풀어 보도록 하겠습니다. 쫑카빠 스승님께서 지으신 《연기찬탄송》 덕분에 지금까지 부처님에 대한 확고한 믿음이 생긴 분들이 많습니다. 오늘 이 시간도 이 게송을 통해서 불교와 부처님을 소개하는 방향으로 하겠습니다. 이 《연기찬탄송》을 보면 부처님 법의 특징들이 무엇인지 알 수 있습니다. 부처님의 가르침이 어떤 면에서 다른 가르침보다 뛰어난 것인지를 알 수 있습니다. 이 지구에는 많은 종교가 있습니다. 또 그 종교들마다 설법자가 있습니다. 그중에서 부처님이 어떻게 그들과 다른지 이 게송을 통해 알 수 있습니다.

좀 전에 말씀드린 것처럼 이틀 동안 저와 여러분도 모두 '마음동기'를 바르게 해서 좋은 마음동기로 이 《연기찬탄송》을 공부하시기를 부탁드리겠습니다. 좋은 마음동기란 늘 제가 말씀드리고 있듯이 삼귀의 하는 마음과 보리심의 마음 두 가지입니다.

먼저 삼귀의 하는 마음 즉, 불법승에 의지하는 마음으로 공부해야 하는 이유는 불법을 행하기 위해서는 귀의하는 마음이 반드시 필요하기 때문입니다. 귀의하는 마음이 없다면 불법을 행한다고 할 수 없습니다. 불법을 행한다고 할 수 있는 것은 귀의심으로 하는 것이라야 합니다. 귀의심 없이 하는 공부는 불법을 행하는 쪽으로 가지 않고 일반 공부를 하는 것과 같습니다. 그러므로 오늘 하는 공부도 불법승 삼보에 귀의하는 마음으로 하면 의미있는 것이 되어 시간을 낭비하지 않게 됩니다.

그리고 보리심의 마음으로 이 공부를 하게 되면 대승의 법을 행하는 것으로 보살행을 하게 됩니다. 지금 우리 모두는 순수한 보리심을 내기가 어렵습니다. 왜냐하면 지금의 우리 마음은 100% 이기심, 나 중심, 나 위주로 하는 쪽으로 치우쳐 있기 때문입니다. 그것을 100% 이타심, 남을 중심으로 하는 마음으로 바꾸어야 합니다. 이렇게 바꾸려면 엄청나게 많은 시간이 필요합니다. 그렇기 때문에 달라이 라마 존자님께서 지금까지 60여 년 동안 보리심 수행을 집중적으로 해오셨지만 아직까지도 보리심이 생기지 않았다고 말씀하시는 것입니다. 이제 조금만 더 노력하면 보리심이 생길 것 같다라고 하십니다. 지난번에 존자님께서 다람살라에서 법문하실 때 "머리카락이 여기까지 빠지는 데에도 80년이 걸렸는데, 오늘 아무런 수행도 되어 있지 않은 평범한 사람이 내일 바로 아라한이 되는 것은 절대로 있을 수 없는 일"이라고 말씀하셨습니다. 불가능한 일이라는 것입니다. 이처럼 보리심이 생기기까지는 많은 시간이 필요합니다. 순수한 보리심이 지금 당장 우리에게는 없지만 보리심을 흉내 낼 수는 있습니다. '제가 오늘 공부하는 것은 모든 중생을 위해서입니다'라는 간절한 마음은 낼 수 있습니다. 이것을 '보리심을 흉내 내는 것'이라고 말할 수 있습니다.

또한 이기심이라고 할 때 세속에서 말하는 이기심과는 그 의미가 다릅니다. 세속에서는 다른 사람을 무시하고 나만 생각하는 것을 이기심이라고 합니다. 이와 달리 불교에서는 나 중심 즉, 나를 위주로 하는 마음으로 기도하거나, 수행하거나, 공부하는 것을 이기심이라고 말합니다. 나에 대한 집착, 나를 중요하게 여기는 마음, 내가 있다고 믿는 아집과 아상, 나를 귀하게 여기는 마음이 바로 이기심입니다.

그렇기 때문에 바로 보리심까지는 아니더라도 흉내라도 내어 이틀 동안 공부하는 것은 허공이 끝이 없어 헤아릴 수 없듯이 생사를 바꾸면서 서로서로 모르고 있을 뿐이지 모두가 부모였던 중생들을 위해서라고 생각해야 합니다. 중생들은 모두 아버지, 어머니입니다. 스승이십니다. 단지 우리가 모르고 있을 뿐입니다. 지금 우리가 자신의 부모님을 아주 소중히 모시고 있는 것처럼 모든 중생도 마찬가지로 소중히 여겨야 합니다. 시간의 차이만 있을 뿐이지 중생들은 모두 과거의 내 아버지와 어머니이기 때문입니다. 지금 우리가 기억나지 않는다고 해서 아니라고 할 수 없는 경우가 많습니다. 우리의 기억은 부족할 때가 많습니다. 일주일 전, 한 달 전, 일 년 전의 일도 기억하지 못하는 경우가 많기 때문입니다. 그리고 지금 우리를 도와주는 것과 과거에 도와줬던 것은 시간의 차이만 있을 뿐, 똑같이 은혜로운 일입니다. 이번 생의 어머니를 잘 모셔야 하는 것처럼 과거 전생의 어머니들도 잘 모셔야 합니다. 그들을 생각하지 않고 혼자만을 위한다면 세속에서 말하는 이기적인 것이 됩니다. 부모였던 모든 중생을 생각하고 헤아릴 수 없는 일체중생을 위해야 하지만 지금 내가 할 수 있는 것은 아무것도 없습니다. 힘이 너무나 부족하기 때문입니다. 일체중생을 완전히 도울 수 있는 분은 오직 부처님뿐이시기 때문에 일체중생을 위해 부처를 이루겠다고 하는 마음이 바로 보리심입니다. 내가 빨리 고통에서 벗어나야 한다, 깨달아야 한다, 성불해야 한다는 마음은 보리심이 아닙니다. 보리심의 목적은 바로 이타입니다. 이타행을 위해 부처가 되겠다는 마음이 보리심입니다. 성불하겠다는 마음이 첫 번째가 아니라 이타행을 하겠다는 마음이 첫 번째여야 합니다. 두 번째가 성불입니다.

목마른 사람은 물을 마셔야 합니다. 물을 마시기 위해서는 그릇이 필요합니다. 그릇이 없으면 물을 마실 수 없기 때문입니다. 이때 그릇은 성불입니다. 그리고 이 그릇을 이용해서 마시는 물은 바로 보리심입니다. 이타행을 위해 성불하겠다는 마음이 보리심입니다. 이런 보리심이 탐진치처럼 저절로 생겨날 때 이를 순수한 보리심이라고 합니다. 하지만 우리는 순간순간 생각으로 이타행을 하기 위해 성불하겠다는 보리심을 흉내 낼 수는 있지만 그 마음의 힘이 너무 약합니다. 그 힘을 키우고 계속 정진해 마음을 닦고 바꾸다 보면 저절로 이타행을 위해 성불하겠다는 마음이 생겨날 때가 있습니다. 그때 보리심이 생겼다고 말할 수 있습니다. 그때 보살이라고 할 수 있습니다. 그때 대승에 입문했다고 말할 수 있습니다. 그때 부처님의 자식, 아들, 왕자라고 말할 수 있습니다. 보리심이 생길 때 보살에 처음 입문하고, 그때 부처님의 아들로 태어나는 것입니다. 그때 자식이 하나 더 생겼다고 불보살님들이 기뻐하신다고 합니다.《입보리행론》'보리심공덕품'에도 나오는 것처럼…….

이런 마음으로 이틀 동안《연기찬탄송》을 공부하면 보리심의 마음동기로 공부하는 것이 됩니다. 그러면 이 공부가 일체중생을 위한 공부가 되기 때문에 일체중생의 뜻을 이룰 때까지, 일체중생이 성불할 때까지 이 공덕이 사라지지 않고 남아있다고 합니다. 그렇기 때문에 보리심의 힘이 대단하다고 하는 것입니다. 보리심의 마음으로 행하면 한량없는 공덕을 쌓을 수 있다고 하는 이유가 바로 이것입니다. 그러니 귀의심과 보리심 이 두 가지 좋은 마음동기로 이틀 동안 저도, 여러분도 공부하겠다는 마음을 내시기 바랍니다.

　제가 먼저 티베트어와 한국어로 한 번 읽고 설명하겠습니다. 쫑카빠 스승님으로부터 내려오는 《연기찬탄송》의 구전의 법맥을 저는 달라이 라마 존자님에게서 받았습니다. 티베트에서는 입으로 전하는 구전을 아주 중요하게 생각합니다. 구전을 받고 받지 않고의 차이가 100배라고 합니다. 뜻을 모르더라도 스승으로부터 구전을 받고 《연기찬탄송》을 한 번 읽는 것은 구전을 받지 않은 사람이 100번 읽는 것과 같은 공덕이 있다고 합니다. 티베트어로 '룽균요메 갸규르인'이라고 합니다. 다음으로 설명해서 가르치고 듣는 법맥이 있습니다. 가르침의 법맥이라고도 합니다. 티베트어로 '티균'이라고 합니다. 이것은 1000배의 차이가 난다고 합니다. '룽균요메갸규르인 티균요메똥규르인(ལུང་རྒྱུན་ཡོད་དགུ་འགྱུར་ཡིན། །འཁྲིད་རྒྱུན་ཡོད་སྟོང་འགྱུར་ཡིན།)' '갸' 하면 100, '똥' 하면 1000이라는 뜻으로 구전만 받으면 100배의 차이가 있고, 가르침의 법맥을 받으면 1000배의 차이가 있다는 말입니다. 쫑카빠 대사님으로부터 제자에게로 600여 년 동안 내려온 구전의 법맥과 가르침의 법맥이 지금까지도 살아있습니다. 이틀 동안 빠짐없이 들으면 구전의 법맥과 가르침의 법맥 둘 다 받으실 수 있습니다.

　티베트 대장경은 100권이 있는데, 구전이 없는 경전도 있다고 합니다. 티베트 대장경 100권을 모두 구전을 주신 스승님을 '까규르 린뽀체'라고 합니다. '까규르'라고 하면 '대장경'이라는 뜻이고, '린뽀체'라고 하면 '보배로우신 분'이라는 뜻입니다. 그러므로 '까규르 린뽀체'라고 하면 '대장경의 구전을 모두 주신 보배로우신 분'이라는 뜻입니다. 이 '까규르' 전체를 구전 받는 데에도 몇 달씩 걸립니다. 린뽀체께서는 설명없이 읽기만 하십니다. 오전에 네다섯 시간, 오후에 네다섯 시간, 이렇게 하루에 여덟 시간 내지 열 시간 동안 구전을 받습니다. 뜻은 몰라도 되고 듣기만 하면 됩니다. 졸지 않고 듣기만 하면 됩니다. 이보다 나은 것은 무슨 내용의 경인지 대강이라도 알고 듣는 것입니다. 가장 좋은 것은 무슨 내용인지 어느 정도 알고 듣는 것입니다. 이렇게 구전을 받는 제자에도 세 가지 유형이 있다고 합니다. 스승님은 설명 없이 읽기만 하시므로 제자는 졸지 않기 위해 책을 봐도 되고, 쓰기를 해도 됩니다. 염불을 하기도 합니다. 이 구전은 몇 달 동안 계속됩니다.

논서도 200권이 있습니다. 그중에 구전이 있는 것도 있고, 없는 것도 있습니다. 제가 인도 남부에서 공부할 때 빨롱 린뽀체라는 큰 스승님으로부터 아무런 내용도 모르는 채 논장에 대한 구전을 모두 받았습니다. 대장경 100권 중에서 삼사십 권은 구전을 받았습니다. 쫑카빠 스승님의 저술 18권은 대부분 구전을 받았습니다. 티베트에서는 '룽균'이라고 해서 구전을 중요하게 생각합니다. 다른 공부는 어떤지 몰라도 부처님 법을 공부할 때는 부처님으로부터 스승님에게 내려오는 직·간접의 법맥을 아주 중요하게 생각합니다. 법맥이 없으면 아무리 노력해도 이루어지는 것이 없다고 합니다. 특히 밀교 수행을 할 때에는 관정(灌頂)을 아주 중요하게 생각합니다. 관정은 쉽게 말하면 '허락'이라고 할 수 있습니다. 스승님으로부터 밀교 수행을 해도 된다는 허락을 받는 것입니다. 허락 받고 수행을 하는 것과 허락 받지 않고 수행을 하는 것에는 엄청난 차이가 있다고 합니다. 똑같은 수행을 해도 허락 받지 않으면 이루어지지 않는다고 합니다. 허락을 받고 하면 수행의 성취가 다르다고 합니다. 이와 같이 《연기찬탄송》에도 법맥이 있습니다. 구전의 법맥도 있고 가르침의 법맥도 있습니다.

목차를 보시면 '1. 부처님께 예경 올리기', '2. 연기를 설하신 면에서 부처님께 예경 올리는 이유'라고 나와 있습니다. 이 목차를 티베트어로는 '싸쩨'라고 합니다. 34개 목차가 있습니다. 이 목차와 티베트에서 '싸쩨(ས་བཅད་)'라고 하는 것은 조금 다릅니다. 티베트어로 '싸'는 '땅'이라는 말입니다. '쩨'는 '가르다, 나누다'는 뜻입니다. 국경을 나누듯이 《연기찬탄송》의 내용을 여기까지는 이런 내용이고, 저기까지는 저런 내용이라고 《연기찬탄송》 전체를 이해하는 데 도움을 줌으로써 핵심적인 내용을 잘 이해할 수 있도록 만든 것입니다. 대만에서는 과판(科判)이라고 합니다. 티베트 논서들은 '싸쩨'를 아주 중요하게 생각합니다.

논서 전체를 외우기는 어렵지만 목차만이라도 외우면 무슨 내용인지 금방 알 수 있습니다. 특히 람림 수행을 하고 싶다면 《보리도차제론》의 '싸쩨'를 외우는 것이 중요합니다. 하사도, 중사도, 상사도의 중요한 내용들을 모두 외워서 책을 보지 않고도 늘 명상할 수 있어야 합니다. 《람림》을 보면 제일 먼저 도의 뿌리인 스승에게 의지하는 방법이 나옵니다. 의지해야 할 스승의 정의, 의지하는 제자의 정의, 제자가 스승을 의지하는 방법, 생각으로 의지하는 방법, 행으로 의지하는 방법 등과 같은 '싸쩨'가 있습니다. 이것을 다 외워서 명상하면 《람림》을 수행하는 데 아주 큰 도움이 됩니다. 제가 《람림》의 '싸쩨'를 모두 한글로 번역했습니다. 여기에 한문과 영문도 더해서 《람림》의 '싸쩨'를 책으로 만들면 《람림》을 공부하는 데 큰 도움이 될 거라고 생각합니다.

《연기찬탄송》에도 '싸쩨'가 중요합니다. 게송은 다 외우려면 양이 많지만 '싸쩨'는 그렇지 않습니다. 예를 들어 '1. 부처님께 예경 올리기'는 게송이 하나밖에 없지만 '2. 연기를 설하신 면에서 부처님께 예경 올리는 이유'에는 4 게송으로 싸쩨는 게송의 핵심적인 내용을 간결하게 잘 표현하고 있기 때문에 목차를 외우는 것은 도움이 됩니다.

이 '싸쩨'는 제가 만든 것이 아니고 람림 린뽀체라는 분이 만드셨습니다. 원래 이름은 나왕 푼촉으로 티베트의 일반 스님이십니다. 환생해서 린뽀체로 불리는 분이 아니고, 1959년 이전 티베트 본토에 계셨던 큰스님이십니다. 데뽕사원에 출가하신 겸손한 스님으로 람림 수행을 오랫동안 하고 돌아가시기 전까지 《람림》에 대한 법문만 하셨기 때문에 람림 린뽀체라고 불리시는 분입니다. 그분께서 《연기찬탄송》에 대한 설명도 하셨는데, 거기에서 나오는 그대로 제가 한국어로 '싸쩨'를 만들었습니다. 이것을 바탕으로 설명해 드리도록 하겠습니다.

༼རྟེན་འབྲེལ་བསྟོད་པ། ༽
뙨델뙤빠

연기찬탄송

༄༅། །ན་མོ་གུ་རུ་མཉྫུ་གྷོ་ཥཱ་ཡ།
나모 구루 문주 고카야

스승이신 본존 문수사리께 고개 숙입니다.

'나모'는 '고개 숙입니다, 절합니다, 귀의합니다, 예경합니다'라는 뜻의 산스크리트어입니다. '구루'는 '스승'이라는 말입니다. '문주 고카'는 '문수보살'이라는 말입니다. '야'는 '~에게'라는 뜻입니다. 그래서 한국어로 '스승이신 본존 문수사리께 고개 숙입니다'라는 말입니다. 이 논서의 내용은 지혜가 있어야만 이해할 수 있기 때문에 지혜의 본존이자 지혜의 상징이신 문수보살님께 예경하는 것입니다.

티베트의 절이나 학교에서는 아침에 일어나자마자 항상 "스승이신 본존 문수사리께 고개 숙입니다. 옴아라빠짜나디 옴아라빠짜나디 옴아라빠짜나디……디디디디디디……."라고 하는 기도로 동자 스님들이 하루를 시작합니다. 머리가 좋아야 공부를 잘할 수 있는 것처럼 지혜가 있어야 깊은 내용을 잘 이해하고 배울 수 있기 때문에 먼저 문수보살님께 예경을 올리는 것입니다. 이렇게 문수보살 기도를 하면 머리가 좋아지기도 한다고 합니다.

하지만 달라이 라마 존자님은 문수보살님을 찬탄하고, 진언만 외운다고 해서 머리가 좋아지는 것은 아니라고 하십니다. 문수보살님께 100일 기도하는 것보다 한 달 동안 공부를 하면 머리가 더 좋아진다고 합니다. 공부는 하지 않고 기도만 하면 머리가 좋아지지 않지만, 한 달 동안 공부를 하면 확실히 머리가 좋아진다고 합니다. 기도하는 것이 도움되지 않는다는 게 아니라 기도만 해서는 안 된다는 것입니다. 그렇기 때문에 공부하는 것은 무척 중요합니다. 또한, 존자님께서는 아프면 꼭 병원부터 가야 하며, 병원에는 가지 않고 약사여래불 기도만 해서는 병이 낫지 않는다고 하십니다. 양방이든 한방이든 병원에도 가고 약사여래불 기도도 하면 빨리 병이 나을 수 있는 것이지 기도만 해서는 나을 수 없다고 하십니다.

1. 부처님께 예경 올리기

གང་ཞིག་གཉིས་མེད་གསུངས་པ་ཡིས།། 강식 식씽 쑹와이
མཁྱེན་དང་སྟོན་པ་བླ་ན་མེད།། 켄당 뙨빠 라나메
རྒྱལ་བ་རྟེན་ཅིང་འབྲེལ་བར་འབྱུང་།། 겔와 뗀찡 델와르중
གཉིས་མེད་འདོམས་པ་དེ་ལ་འདུད།། 식씽 돔빠 델라뒤

연기법을 완전히 깨달았기에 최고의 지혜를 갖추셨으며, 연기를 자재로 설하시기에 위없는 설법자이신 승리자 부처님께 예경 올립

35

니다.

【설명】

연기법을 걸림 없이 직접 완전히 깨달으셨기에 부처님의 지혜는 위없는 최상의 지혜입니다. 또한 연기법을 완전히 깨달은 바와 같이 티끌만큼의 걸림도 없이 자유자재로 설하셨기에 '최고의 설법자' 또는 '최고의 인도자'라고 합니다. 이 게송에서는 부처님께 예경을 올리는 두 가지 이유로 위없는 지혜와 위없는 설법자를 강조하고 있습니다. 그리고 부처님은 번뇌장과 소지장 모두에서 벗어나 이기신 분이기에 '승리자'라고도 합니다.

티베트에서는 부처님을 '겔와'라고 합니다. 이 말은 '승리자'라는 뜻입니다. 누구와 싸워서 승리했느냐 하면 번뇌장, 소지장과 싸워서 모두 물리치고 완전히 벗어나셨기 때문에 승리자라고 부르는 것입니다. 여래십호 외에 티베트에서 부처님을 부르는 또 하나의 명호입니다.

티베트어로 '켄빠라나메(ཁྱེན་པ་བླ་ན་མེད)'는 '위없는 지혜'라는 말입니다. 연기법을 걸림 없이 직접 완전히 깨달으셨기 때문에 위없는 지혜라고 합니다. 최고의 지혜라는 말입니다. 부처님의 이신(二身)이라고 할 때는 법신과 색신을 말합니다. 삼신(三身)이라고 하면 색신을 보신과 화신 둘로 나누어서 법신, 보신, 화신을 말합니다. 사신(四身)은 법신을 자성법신과 지혜법신 둘로 나누고, 색신을 두 가지로 나눈 보신과 화신을 합한 것입니다. 이신에서 삼신, 삼신을 다시 나누면 사신이 되는 것입니다. 위없는 지혜라고 하면 일체종지,

또는 지혜법신을 말하는 것입니다. 지혜법신은 걸림 없이 완전히 공성, 연기법을 깨닫는 지혜입니다. '걸림이 없다'는 말이 무슨 뜻인가 하면, 우리의 지혜는 너무 부족해서 모르는 것은 태산 같고 아는 것은 티끌 같습니다. 그러나 부처님의 지혜는 모르는 것이 하나도 없는 걸림이 없는 지혜입니다. 부처님은 모두 알고 계십니다. 부처님은 모두 보고 계십니다. 사람은 모를 수 있지만 불보살님들은 모르는 것이 하나도 없습니다. 《입보리행론》에도 '쌍께장춥쎔빠꾼 꾼뚜톡메식빠르덴(ས་སངས་རྒྱས་བྱང་ཆུབ་སེམས་དཔའ་ཀུན། །ཀུན་ཏུ་ཐོགས་མེད་གཟིགས་པར་ལྡན།)'이라고 해서 불보살님들께서 항상 보고 계신다고 했습니다. 부처님은 모르는 것이 하나도 없다고 합니다. 부처님의 지혜법신은 걸림 없는 지혜, 완전한 지혜, 일체종지입니다.

반면 우리의 지혜는 모르는 것은 태산 같고, 아는 것은 티끌 같습니다. 조금밖에 모르면서도 다 알고 있다고 자만하지만, 잘 생각해 보면 우리가 아는 것이 없음을 알게 됩니다. 왜 이렇게 모르느냐 하면 바로 번뇌장과 소지장 때문입니다. 번뇌장과 소지장을 모두 제거해야 아는 데 걸림이 없게 됩니다. '소지'라는 말은 '알아야 할 것'이라는 뜻입니다. 알아야 할 것을 알지 못하게 장애하는 것을 소지장이라고 합니다. 그렇기 때문에 번뇌장과 소지장을 모두 제거한 자성법신을 이루어야 지혜법신을 이룰 수 있습니다. 번뇌와 번뇌의 습까지 모두 제거해야 있는 그대로, 법의 이치 그대로 보는, 걸림 없는, 위없는 지혜를 증득할 수 있다고 합니다. 부처님이 걸림 없는 지혜, 위없는 지혜를 갖추었다는 것은 지혜법신을 갖추었다는 것이고, 이를 위해서는 자성법신을 갖추어야 하는데 자성법신 또한 번뇌장과 소지장을 모두 제거한 멸성제의 공덕을 갖추어야 합니다. 부처님은 이 두 가지 법신을 모두 갖추고 계시기 때문에 '켄당'이라고 하며, '연기법을 완전히 깨달은 최고의 지혜'라고 할 때 최고의 지혜는 바로 자성법신과 지혜법신 이 둘을 말하고 있습니다.

그리고 그 깨달은 바를 설법할 때, 설법을 티베트어로 '최뙨빠(ཆོས་སྟོན་པ)'라고 합니다. 한국의 큰 사찰에 가면 설법전이 따로 있듯이 설법은 아주 중요합니다. 부처님께서 중생을 구제하시는 방법이 바로 설법입니다. 다른 종교에서는 믿음을 통해서 구제한다고 하지만, 불교에서는 지혜가 필요하다고 합니다. 지혜는 공부를 해야 생기고, 부처님의 설법을 통해서 공부해야 합니다. 부처님의 설법을 듣는 것이 문(聞)이고, 이를 생각하는 것이 사(思)이며, 이를 닦는 것이 수(修)입니다. 이 문사수를 통해 지혜가 생겨납니다. 이와 같이 부처님께서는 중생을 구제하고 계십니다. 부처님이 깨달음을 얻으신 후에 하시는 일은 설법이며, 신통력으로 믿음이 생기게 해서 일시적인 도움을 줄 수도 있지만, 직접 중생을 구제하는 방법은 바로 설법입니다. 부처님께서 깨달은 바와 어떻게 깨달았는지를 제자들에게 설법하시고, 제자들은 그 말씀을 믿고 따라 하면서 깨닫게 되는 것입니다. 이것 말고는 중생을 제도할 방법이 없다고 합니다.

티베트에서는 '엥니쾨라타르빼람뗀요 타르빠랑라락세빠르자(དས་ནི་ཁྱོད་ལ་ཐར་པའི་ལམ་བསྟན་གྱི། །ཐར་པ་རང་ལ་རག་ལས་ཤེས་པར་གྱིས།)'라고 해서, 부처님께서 "나는 너희들에게 해탈의 길을 보여줄 수 있지만, 해탈할지 말지는 너희들 각자에게 달려 있는 일이지 나에게 달려 있는 것이 아니다."라고 하셨습니다. 부처님께서 할 수 있는 일은 이렇게 하면 해탈할 수 있다는 방법만 알려줄 수 있을 뿐이라고 하신 것입니다. 그리고 '툽남딕빠추이미뚜싱'이라고 해서 부처님께서는 다른 외도들처럼 "죄업을 물로 씻어줄 수 없다."고도 말씀하셨습니다. 또한 '도외둑엘착기미쎌라니끼똑빠센라뽀민떼'라고 해서 "죄업의 결과인 고통을 부처님의 자비로운 손으로도 제거해줄 수 없다. 부처님의 자비나 지혜와 같은 공덕을 선물하듯 줄 수 없다."고 하셨습니다. 그러면 부처님께서는 어떤 방법으로 중생을 구제하십니까? 바로 설법입니다. 부처님께서 법의 이치 그대로 우리에게 가르쳐 주시고, 우리가 부처님의 설법 대로 수행하여 스스로를 구제하는 것이지 다른 방법은 없다고 하셨습니다. 이것이 불교의 가장 핵심적인 가르침입니다.

툽남딕빠추이미뚜싱 도외둑엘착기미쎌라
(བྱུག་རྡུལ་བཞིན་སྲིད་པ་རྣམས་སྐྱེ་མི་འགྱུར་ཞིང་། །འགྲོ་བའི་སྡུག་བསྔལ་ལག་པས་ཡིས་མི་སེལ་ལ།)
니끼똑빠센라뽀민떼 최니덴빠뗀뻬돌와르제
(ཉིད་ཀྱི་རྟོགས་པ་གཞན་ལ་སྤོ་མིན་ཏེ། །ཆོས་ཉིད་བདེན་པ་བསྟན་པས་གྲོལ་བར་མཛད།)

경전에 나오는 이 게송은 달라이 라마 존자님께서도 늘 자주 하시는 말씀입니다. 다른 방법이 없고 오직 설법을 통해서만 중생을 구제할 수 있습니다. 그렇기 때문에 부처님의 행 가운데 설법의 행이 최고입니다. 팔만사천법문 중에서도 연기법을 설하신 것이 최고라고 합니다. 설법하는 사람은 많이 있습니다. 외도도, 성문·연각도, 일반 사람도 설법은 할 수는 있습니다. 하지만 부처님의 설법은 다른 이들의 설법는 그 차원이 다르다고 합니다. 부처님은 중생들의 습성, 근기, 지혜를 손바닥 들여다 보듯 훤히 다 아시기 때문에 각각의 중생들에게 알맞은 설법을 자유자재로 티끌만큼의 걸림도 없이 하실 수 있습니다. 성문·연각의 법으로 이끌 수 있는 제자들에게는 성문·연각의 법을 설하시고, 보살의 법으로 이끌 수 있는 제자들에게는 보리심을 설하십니다. 특히 근기가 높은 제자들에게는 밀교의 법문을 설하시기도 합니다. 중생의 근기에 따라 다양하게 설법하시기 때문에 '팔만사천법문'이라고 합니다.

《구사론》에 따르면 큰 코끼리가 등에 질 수 있는 정도의 경전의 양을 하나로 쳐서 팔만사천이라고 하는데, 엄청나게 많다는 뜻입니다. 세친보살님의 주장에 따르면 마음에 팔만사천 가지가 있기 때문에 이를 제거하는 법문을 하나로 쳐서 팔만사천이 있다고 합니다. 탐(貪)이 이만천, 진(瞋)이 이만천, 치(癡)가 이만천, 그리고 탐·진·치 합쳐서 이만천, 이렇게 모두 팔만사천 번뇌가 됩니다. 이 팔만사천 가지 번뇌의 대치법으로 부처님의 팔만사천 가지 법문이 있다고 하는 것입니다. 어떤 주장이 맞다고 하기보다는 이렇게 부처님의 설법이 많다고 하는 것입니다. 중생들의 근기가 다양하기 때문에 부처님의 법문도 다양한 것입니다. 달라이 라마 존자님께서는 약에 비유해서 환자의 병이 다양하기 때문에 약도 다양하게 있는 거라고 말씀하십니다. 중생의 근기와 습성이 다양하기 때문에 부처님 말씀도 다양하게 있습니다. 하지만 부처님 말씀을 책으로 보는 것에는 한계가 있습니다. 티베트 대장경은 100권입니다. 한역대장경은 몇 권인지 모르겠지만 대장경 안에 논서까지도 모두 포함되어 있다고 합니다. 티베트에서는 경전 100권, 논서 200권이 따로 있습니다만, 한역대장경에는 경전과 논서가 함께 있다고 합니다.

이렇게 부처님 말씀이 책으로 편찬되기 전에 부처님께서 열반하신 후 모두 세 차례의 결집이 있었다고 합니다. 그중 제3차 결집 때 이제 부처님 말씀을 기록해두지 않으면 사라질 것 같아서 문자화시켰다고 합니다. 제1, 2차 결집 때에는 부처님 제자인 아라한들이 부처님 말씀을 구전으로 전해 받아 모두 외우셨다고 합니다. 그러다가 제3차 결집 때 인도에서 부처님 말씀을 글로 옮겼다는 불교 역사가 있습니다. 부처님 말씀을 모두 글로 옮길 수는 없습니다. 엄청나게 많기 때문입니다. 우리는 흔히 부처님이라고 하면 비구 모습으로 나투신 석가모니 부처님만 생각하기 쉬운데, 실제 부처님은 여러 가지 모습으로 나투십니다. 비구 모습으로 나투시기도 하고, 천신의 모습으로 나투시기도 하고, 보살의 모습으로 나투시기도 하고, 밀교 본존의 모습으로 나투시기도 합니다. 부처님은 하나가 아닌 여러 가지 다양한 모습으로 나투시고 설법도 하시기 때문에 부처님의 말씀은 한량이 없다고 합니다. 그래서 부처님 말씀이 이 정도로 있다고 한계를 정해서 말할 수 없습니다. 그렇기 때문에 부처님의 설법은 걸림 없이 자유자재합니다. 이것을 티베트어로 '뗀중랑왕기뙨빠르제(རྟེན་འབྱུང་དབང་གིས་སྟོན་པར་མཛད།)'라고 하고 '연기법을 자유자재로 가르치신'이라는 뜻입니다. 한국에서는 이런 말을 잘 사용하지 않는 것 같습니다. 부처님의 특징 중 하나인 연기법을 자유자재로 설하신다는 표현을 거의 들어보지 못한 것 같습니다. 부처님은 자비롭고 빛나는 분이라는 말은 많이 하지만, 연기법을 자유자재로 설하시는 것이 부처님 최고의 특징이라는 말은 잘하지 않는 것 같습니다. 맞습니까?

【대중 웃음】

쫑카빠 스승님께서 티베트어로 '뙨빠라나메빠 마와라나메빠(སྟོན་པ་བླ་ན་མེད་པ། སྨྲ་བ་བླ་ན་མེད་པ།)'라는 말로 장엄하기도 합니다. '말할 수 있는 사람 중에서 최고로 설법을 잘하는 자'라는 뜻입니다. 위없는 설법자, 최고의 설법자라는 말입니다. 왜 위없다 혹은 최고라고 하느냐 하면 자유자재로 걸림 없이 법을 설하시기 때문입니다. 달라이 라마 존자님처럼 설법하실 때 걸림이 하나도 없는 것을 말합니다. 존자님은 늘 자신을 평범한 한 비구일 뿐이라고 소개하시지만, 실제 설법하실 때에는 자유자재로 하십니다. 많은 사람들의 마음을 이끌 수 있는 힘을 가지셨습니다. 그래서 존자님 자신을 평범한 비구라고 하시지만 우리가 봤을 때 존자님은 진짜 관세음보살님의 화신이십니다. 그분이 여태껏 해오신 일들은 일반 사람이 할 수 있는 일들이 아닌 듯합니다. 부처님이나 관세음보살님이 맞는 것 같습니다. 원력이 아주 크신 스승님이시기 때문입니다. 이와 같이 걸림이 없다는 이 말은 최고의 설법자, 위없는 설법자라는 말입니다. 바로 부처님의 특징입니다. 왜 위없는 설법자라고 하느냐 하면, 번뇌장과 소지장을 모두 제거하여 자성법신을 가지고 있고, 일체종지인 지혜법신을 갖추어서 설법을 잘하시기 때문입니다. '아는 만큼 보인다', '자기가 아는 만큼 말할 수 있다'는 말처럼 부처님은 모두 알고 있기 때문에 자유자재로 설법을 하실 수 있습니다. 그리고 설법을 하신 것 또한 여기서는 일체종지만 말하지만 티베트에서는 대자비의 마음동기로 설법하신다고 합니다. 그렇지 않으면 깨닫고 나서 혼자 조용히 계시면 됩니다. 마치 성문과 연각, 독각처럼. 왜 부처님께서 홀로 조용히 있지 않고 설법하셨느냐 하면 대자비를 갖추고 계시기 때문입니다.

그러므로 이 게송 하나에 이신, 삼신, 사신 등 부처님의 공덕과 특징을 모두 표현하고 있습니다. 부처님은 대자비를 갖추신 분, 일체종지를 갖추신 분, 그리고 번뇌장과 소지장을 모두 제거한 자성법신을 갖추신 분, 중생을 구제하기 위해 자유자재로 설법하신 분이라는 말입니다. 쫑카빠 스승께서 부처님을 이렇게 찬탄하셨습니다. 우리는 불상을 쳐다보며 이천오육백년 전에 오신 분이라고만 생각하지 이렇게까지는 생각하지 못합니다. 우리도 부처님이라고 할 때 쫑카빠 스승님처럼 생각해야 합니다. 이 게송 하나만 해도 이렇게 깊은 뜻이 있으니 이것만이라도 잘 알고 있어야 할 것 같습니다.

이신이라고 하면 법신과 색신이고, 삼신은 색신을 둘로 나누어서 법신, 보신, 화신이며, 사신은 법신도 둘로 나누어서 자성법신, 지혜법신, 보신, 화신입니다. 그러면 사신 각각에 대해서 자성법신의 정의는 무엇입니까? 지혜법신의 정의는 무엇입니까? 보신의 정의는 무엇입니까? 화신의 정의는 무엇입니까? 화신과 법신은 삼구입니까? 사구입니까? 동의입니까? 상위 즉, 모순입니까? 이제 이런 것이 숙제입니다. 공부해야 합니다. 이런 관계들을 알아야 합니다. 부처님과 보살은 어떤 관계입니까?

부처님의 정의는 무엇입니까? 일체종지를 이루신 분, 번뇌장과 소지장을 모두 제거하고 모든 공덕을 갖추신 분입니다. 그리고 사신을 가지고 부처님의 정의를 내려야 합니다. 또는 티베트에서는 '된니타르친빠(དོན་གཉིས་མཐར་ཕྱིན་པ།)'라고 해서 자타(自他)의 뜻을 모두 원만하게 이루신 분이라고도 합니다. 자신의 뜻을 원만하게 이루고, 남의 뜻도 모두 원만하게 이끌어 설법하는 데 걸림이 하나도 없다는 말입니다.

보살의 정의는 무엇입니까? 보리심을 일으키고 부처가 되기 전까지입니다. 앞에서 보리심에 대해 공부한 것처럼 순수한 보리심을 일으키고 부처가 되기 직전까지 모두 보살입니다. 부처가 되기 직전까지라는 말은 부처님은 보살이 아니라는 뜻입니다. 보살의 단계는 대승의 자량도, 가행도, 견도, 수도 이 네 가지 단계에 도달하신 분입니다. 대승의 무학도에 도달하신 분이 부처님이십니다. 대승의 무학도에 이르기 전 자량도, 가행도, 견도, 수도에 도달하신 분이 보살님이십니다. 보살 다음이 부처입니다. 이와 같이 자성법신, 지혜법신, 보신, 화신의 정의도 모두 있습니다. 티베트어로는 '엥빠앙덴기숙꾸타르툭 롱꿔첸니 엥빠앙당미덴기숙꾸타르툭 뛸꿔첸니 지따지니켄빼예셰타르툭 예셰최꿔첸니 닥빠니덴기최니 옹보니꿔첸니 (དངོས་པོ་སྟོབས་ཞུགས་ཀྱི་རིགས་པས་སྒྲུབ་པར་བྱེད། ...)'라고 해서 다 정의되어 있습니다.

한국말로 법신의 정의는 무엇입니까? 색신의 정의는 무엇입니까? 그러면 과연 부처님이 존재하느냐고 묻는 것처럼 정말 법신과 색신은 존재합니까? 이룰 수 있어요? 지혜법신은 일체종지입니다. 모두 아는 지혜가 있습니까? 우리 마음은 모두 알지 못하지만 모두 알고 있는 지혜가 있다고 볼 수 있습니까? 걸림이 하나도 없이 제법을 모두 손바닥 보듯 훤히 아는 부처님의 지혜가 가능합니까? 있습니까? 딱쎌 공부할 때 논리로 따져보면 있다고 합니다. 당연히 있다고 해야 합니다. 만약 이것이 없다면 우리는 부처님 법을 공부할 필요가 없습니다. 공부하는 의미가 없는 것입니다.

【문】 그것은 전제하는 거잖아요. 부처의 일체종지가 이만한 정도라면 우리는 요만한데, 어떻게 요만한 것이 이만한 것을 알 수 있습니까? 이만한 지혜를 대상으로 알려고 하는 자도 그만한 지혜가 있어야 받아들일 수 있지 않습니까?

【답】 알다, 깨닫다라고 할 때 우리가 부처가 되어야 알 수 있지 그렇지 않고는 부처님처럼 알지는 못하지만 이론적으로는 이해할 수 있습니다. 경전을 통해서, 공부를 통해서, 교육을 통해서 그런 것이 있겠구나 하고 대충 이해하는 것입니다. 확실하게 알 수는 없습니다. 그래서 제가 번역할 때 '직접, 걸림 없이'라는 말을 넣었습니다. 직접, 걸림 없이 알 수는 없습니다. 그래도 우리는 부처님을 알 수 있습니다. 일체종지도 알 수 있습니다. 믿을 수 있습니다. 논리를 통해서 알 수 있는 것입니다. '이것이 가능하면 저것도 가능하다. 이것이 불가능하면 저것도 불가능하다'는 식으로 알 수 있습니다.

예를 들어 죽음이 끝이라면 자살하는 사람들 역시 죽으면 끝이므로 아무 문제도 없게 됩니다. 죽고 난 다음이 끝인지 아닌지를 우리는 확실하게 알 수 없습니다.

확실하게 깨닫는 것은 아니지만 논리를 통해서 마치 과학자들이 분석하는 것처럼 알 수는 있습니다. 논리적으로 따져 생각하고 또 생각해보아도 다음 생이 없다고 한다면 이 삶은 아무 의미도 없게 됩니다. 다음 생이 없다면 열반이나 해탈,

성불과 같은 것도 그냥 듣기 좋은 말일뿐 의미가 없어집니다. 불교의 기초가 모두 사라지게 됩니다.

불교는 죽을 때 의식의 흐름이 끊어지지 않고 확실하게 이어진다는 것을 기반으로 합니다. 그렇기 때문에 다음 생도 확실하게 있습니다. 다음 생이 있기 때문에 다음 생에 사람도 다양하게 좋은 사람, 나쁜 사람, 편안하게 사는 사람, 고통스럽게 사는 사람 등의 차이가 있는 것처럼 사람보다 못한 축생, 축생보다 못한 어렵고 힘든 아귀, 아귀보다도 못한 지옥이 있다고 논리를 통해 받아들일 수 있게 됩니다. 믿을 수 있습니다. 또 마음을 닦고 마음공부를 해서 사람, 천신, 아라한, 성불까지도 가능함을 논리를 통해 어느 정도 알 수 있게 됩니다. 그렇기 때문에 일단 티베트 방식으로 용어에 대한 정의부터 내려야 합니다. 부처의 정의, 보살의 정의, 십지의 정의, 오도의 정의, 법신의 정의, 색신의 정의를 모두 외워서 각 정의에 대해 삼구, 사구, 동의, 상위 등 서로의 관계까지 모두 배우는 것입니다. 정의가 매우 중요합니다.

인도 남부에 계신 큰 스승님께서 한국에 계신 분들은 최소 고등학교까지는 다 졸업했고 대부분 대학도 졸업했기 때문에 일반교육이 모두 되어 있어서 티베트 논리인 '릭람(རིགས་ལམ་)'에 대해 조금만 방법을 알려주면 배울 수 있으니 반드시 가르쳐드리라는 당부를 하셨습니다. 삼구, 사구, 동의, 상위 또는 모순의 이 네 가지 관계를 가지고 논리를 배우는 것입니다. 제일 쉬운 한국 사람과 사람의 관계부터 시난번 인녕학 캠프에서 공부를 시작했습니다.

한국 사람은 모두 사람입니다.

동의합니다.

사람은 모두 한국 사람이 아닙니다. 한국 사람 아닌 사람도 많습니다.

예를 들면 미국 사람, 일본 사람처럼.

미국 사람, 일본 사람은 사람인데 한국 사람은 아니다라고 했잖아요? 사람이지만 한국 사람이 아닙니다. 왜 사람입니까? 왜 한국 사람이 아닙니까? 사람인 이유와 한국 사람이 아닌 이유를 밝혀야 합니다. 사람과 한국 사람의 관계는 삼구입니다. 한국 사람이 사람에 속하는 관계입니다.

(1) 삼구(三句)의 개념 : 부분과 전체의 관계

① 사람에 포함되고, 한국 사람에 포함되지 않는 것.
② 사람에도 포함되고, 한국 사람에도 포함되는 것.
③ 사람에도 포함되지 않고, 한국 사람에도 포함되지 않는 것.

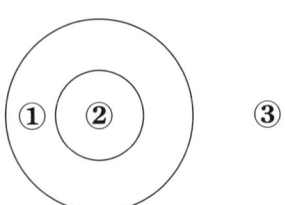

그러면 사람 말고 의사와 한국 사람의 관계는 사구입니다. 한국 사람은 모두 의사가 아니예요. 의사도 모두 한국 사람이 아니예요. 의사도 되고 한국 사람도 되는 경우도 있어요. 의사도 아니고 한국 사람도 아닌 경우도 있어요. 그렇기 때문에 사구입니다. 그러면 의사의 정의는 무엇입니까? 왜 의사인지 이유를 밝혀야 합니다.

(2) 사구(四句)의 개념

① 의사에 포함되고, 한국 사람에 포함되지 않는 것.
② 한국 사람에 포함되고, 의사에 포함되지 않는 것.
③ 의사에도 포함되고, 한국 사람에도 포함되는 것.
④ 의사에도 포함되지 않고, 한국 사람에도 포함되지 않는 것.

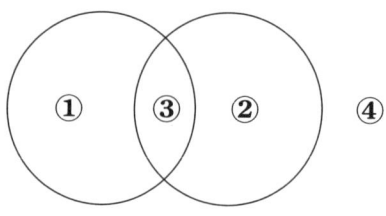

부처와 보살의 관계는 상위라고 합니다. 부처도 되고 보살도 되는 것이 없기 때문입니다. 남자와 여자처럼. 남자도 되고 여자도 되는 사람이 있어요? 만약 있다면 남자의 정의와 여자의 정의부터 내려야 합니다. 그와 같이 부처님과 보살의 관계는 상위입니다. 보살인 부처가 없습니다. 부처인 보살도 없습니다.

(3) 상위(相違), 모순(矛盾)의 개념 : 어긋난 뜻. 둘 다임을 주장할 수 없는 것.

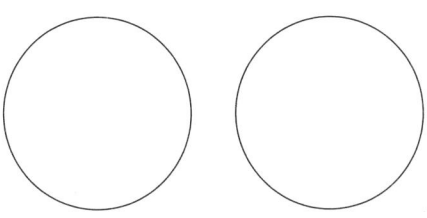

그리고 부처님과 일체종지를 가지신 분은 동의입니다. 표현만 다를 뿐 같은 말입니다.

(3) 동의(同義)의 개념 : 같은 뜻.

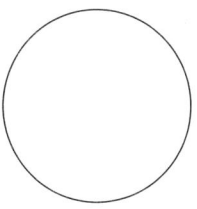

이와 같이 사물을 분석할 때 두 가지를 가져와 서로의 관계를 물어볼 때 삼구, 사구, 동의, 상위 이 넷으로 모든 것을 다

분석하는 것입니다. 큰스님께서도 항상 이것을 가르치라고 하십니다. 이것부터 배워야 불법을 어느 정도 이해할 수 있게 됩니다. 무조건 믿는 것이 아닙니다. "왜 믿어야 합니까?"라는 질문이 나와야 합니다. 좀 전에도 "부처님의 지혜는 이만하고, 우리의 지혜는 요만한데 어떻게 알 수 있습니까?"라고 질문하신 것처럼 생각해야 합니다. 생각해보세요. 부처님의 이 많은 지혜를 우리가 어떻게 알 수 있습니까? 우리가 안다고 말하지만 대충 이해해서 믿는 것입니다. 그것이 가능하겠다고 이해하는 것입니다. 그렇기 때문에 게송에서는 '부처님의 지혜는 최고입니다. 위없는 지혜입니다. 부처님은 다른 누구와도 비교할 수 없는 최고의 스승, 최고의 설법자, 최고의 말씀을 하신 분, 최고로 가르치신 분으로 부처님보다 더 훌륭한 스승은 없다'고 합니다. 이제 다음 게송에서 부처님보다 더 훌륭한 스승은 없다고 하는 이유가 무엇인지에 대해서 나옵니다.

오전 공부는 여기까지 하겠습니다.

Nagarjuna 용수보살

Asanga 무착보살

제 2 강

강기툭쩨녜르숭네 따와탐쩨빵빼치르
(གང་གིས་ཐུགས་རྗེ་ཆེན་པོར་བརྙེས་ནས། །ལྟ་བ་ཐམས་ཅད་སྤང་བའི་ཕྱིར།)

담빼최니뙨제빠 고땀데라착첼로
(དམ་པའི་ཆོས་ནི་སྟོན་མཛད་པ། །གོ་ཏ་མ་དེ་ལ་ཕྱག་འཚལ་ལོ།)

용수보살님의 《중론》 27품 중 마지막 품에 나오는 부처님에 대한 찬탄 게송입니다. '대자비의 마음으로 중생들의 모든 삿된 견해를 제거하기 위해 바른 법을 설하신 고타마 부처님께 예경합니다'라는 뜻입니다. 쫑카빠 스승님께서

གང་ཞིག་གཟིགས་ཤིང་གསུངས་པ་ཡིས།། 강식 식씽 쑹와이
མཁྱེན་དང་སྟོན་པ་བླ་ན་མེད།། 켄당 뙨빠 라나메
རྒྱལ་བ་རྟེན་ཅིང་འབྲེལ་པར་འབྱུང་།། 겔와 뗀찡 델와르중
གཟིགས་ཤིང་འདོམས་པ་དེ་ལ་འདུད།། 식씽 돔빠 델라뒤

라고 하신 찬탄 게송과도 내용이 비슷합니다. 제가 잠깐 쉬면서 다시 이 게송을 여러 번 생각해보니 티베트어로 '강식 식씽 쑹빠이 켄당 뙨빠 라나메'라는 질문에 해당됩니다. 부처님께서 무엇을 깨닫고 무엇을 설법하셨기 때문에 최고의 지혜를 갖추게 되셨는지, 최고의 설법자인 이유에 대해서 질문한 것입니다. '곌와 뗀찡 델와중 식씽 돔빠'는 부처님께서 연기법을 깨달았기에 최고의 지혜를 갖추셨다는 말입니다. 부처님께서 연기법을 설하셨기 때문에 최고의 설법자라고 하는 것입니다.

연기법을 걸림 없이, 완전히, 잘 깨달으셨기 때문에 부처님의 지혜는 최고의 지혜입니다. 완전히, 걸림 없이라는 말은 여래십호(如來十號) 중에서 '걸림 없이 잘 가시는 분'이라는 뜻으로 '데와르 섹빠' 즉, 선서(善逝)로 해석해야 합니다. 걸림이 없다고 할 때, 앞 시간에도 말씀드린 것처럼 우리의 지혜는 아는 것은 티끌 같고 모르는 것은 태산 같지만 부처님의 지혜로는 있는 만큼 모두 볼 수 있습니다. 예를 들면 깨달아야 할 바인 소지(所知), 존재, 법이 100개가 있으면 부처님의 지혜도 100개가 있습니다. 존재와 부처님의 지혜는 평등하며 똑같습니다. 우리의 지혜는 아는 것은 티끌만큼이고, 모르는 것은 태산만큼 있습니다. 왜 그런가 하면 장애가 있기 때문입니다. 우리는 사물을 보는 것처럼 전생이나 다음 생을 볼 수 없습니다. 번뇌장과 소지장 같은 장애가 있기 때문입니다. 부처님은 이 장애를 모두 다 깨끗이 없앴기 때문에 걸림이 없으므로 보고 싶은 만큼 다 보실 수 있습니다. 그래서 일체종지라고 합니다.

연세가 팔십이 넘은 '킴다뻬끼'라는 어떤 할아버지가 출가를 하고 싶어 했습니다. 손자, 손녀 등 가족이 너무 많아 복잡하니까 집에서 나와 출가하고 싶어졌나 봅니다. 집에서 나와 부처님을 찾아왔지만 사리불 존자를 먼저 만나게 되어 출가하고 싶다고 하니 할아버지에게 출가할 복이 없다고 말했습니다. 하지만 부처님께서는 그에게 출가할 복이 있다고 하셨습니다. 사리불 존자의 지혜는 한계가 있어서 볼 수 없었지만, 부처님의 지혜는 걸림이 없어서 다 보실 수 있었습니다. 오래전에 벌레로 태어나서 소똥 위에 있다가 빗물에 떠내려가서 과거 부처님의 탑을 돈 적이 있었다고 합니다. 우연히 탑돌이를 한 것입니다. 동기가 있는 것도 아닙니다. 하지만 이 공덕으로 출가할 수 있다고 하셨습니다. 지혜제일 사리불 존자조차도 그 복을 지었던 시점까지 거슬러 올라가서 보지 못한 것을 부처님께서는 보셨다고 합니다. 그렇기 때문에 부처님의 지혜는 걸림이 없다고 하는 것입니다. 못 보게 하는 장애인 번뇌장과 소지장이 티끌만큼도 남아있지 않기 때문에 모두 보이는 것입니다. 이러한 부처님의 지혜를 최고의 지혜, 위없는 지혜라고 합니다. 그것이 바로 법신 중에서 지혜법신으로 지혜법신은 자성법신의 토대가 됩니다. 여기서 말하는 자성법신은 번뇌장과 소지장을 모두 제거한 부처님의 법신 또는 상태로 멸성제라고도 합니다. 번뇌장과 소지장이 모두 제거된 멸성제이기 때문에 부처님의 지혜는 일체종지라고 하며, 이 두 가지를 바로 여기에서 최고의 지혜라고 하는 이유입니다.

    그리고 최고의 설법자, 위없는 설법자라고 하는 것은 부처님께서는 모르는 것 하나도 없이 지혜를 원만하게 갖추고 계시기 때문에 중생의 근기와 습성에 맞게 다양한 법문을 걸림 없이 하실 수 있나는 것입니다. 그렇기 때문에 여러 설법자들 중에서 부처님만이 최고의 설법자라고 하는 것입니다.

　　연기법을 완전히 깨달았기 때문에 부처님께서는 최고의 지혜를 갖추셨고, 연기법을 걸림 없이 자유자재로 설하시기 때문에 부처님을 최고의 설법자, 최고의 스승이라고 부르는 것입니다. 여기서 연기법을 강조하고 있습니다. 무엇을 깨닫고 무엇을 설법하셨기에 최고의 지혜, 최고의 설법자라고 할 수 있는가 하면 바로 '연기법'이라고 했습니다. 연기라는 말은 우리가 자주 쓰는 말이어서 다들 잘 알고 있습니다. 제가 좀 전에 농담을 좀 했습니다. 연기법(緣起法)을 잘 알면 연기(演技)를 잘할 수 있다고.

【대중 웃음】

　　연기라고 발음은 같지만 글자의 뜻은 다릅니다. 티베트어로는 연기를 '뗀중(རྟེན་འབྱུང་)' 혹은 '뗀델(རྟེན་འབྲེལ་)'이라고 합니다. '뗀찡델와르중(རྟེན་ཅིང་འབྲེལ་བར་འབྱུང་)'을 줄인 말입니다. 연기(緣起)라는 말은 인연 연(緣) 자에 일어날 기(起) 자로 연에 의지해서 일어나다 즉, 연에 의지해서 존재한다는 뜻입니다. 원인과 조건에 의존해서 성립해 있다는 말입니다. 달라이 라마 존자님께서도, 빨덴 닥빠 큰스님께서도 연기법은 세 가지 측면에서 이해할 수 있다고 하셨습니다.

　　첫 번째 연기법은 인과(因果)입니다. 인과의 연기법이라고 합니다. 티베트어로 '규데뗀중(རྒྱུ་འབྲས་རྟེན་འབྱུང་)'이라고 합니다. 이런 원인과 조건이 있어서 이런 결과가 있다는 것으로 모두가 인정할 수 있는 말입니다. 불교인이든 아니든 누구나 인과는 인정합니다. 한국 속담에 "남의 눈에 눈물 나게 하면 자기 눈에 피눈물 나게 된다."는 말이 있는데, 바로 인과를 말하고 있습니다. 인과응보, 자업자득을 말하는 것으로 자기가 어떤 업을 지으면 그만큼의 결과를 자신이 받게 된다는 말입니다. 원인을 지었으니까 결과에서도 벗어날 수 없다는 말입니다. 그 결과에서 벗어나려면 그 원인을 짓지 말아야 합니다.

그 점에 대해서 달라이 라마 존자님께서 이렇게 말씀하셨습니다. 우리는 누구나 다 '나'라는 인식을 가지고 있다고 합니다. 꿈 속에서조차도 나라는 인식이 있습니다. 그렇기 때문에 행복과 편안함을 바라는 마음이 누구에게나 자연스럽게 저절로 일어난다고 합니다. 사람뿐만 아니라 벌레까지도 있다고 합니다. 더 나아가면 미생물에 이르기까지 그런 마음이 있다고 합니다. 어느 큰스님이 불교TV에 나와 말씀하시는데 물 한 방울 속에도 수많은 생명이 있다고 합니다. 바람에도 있고, 허공 중에도 있고, 우리 눈에 보이지 않는 것들 속에도 생명이 있다고 합니다. 그렇게 따져 보면 우리 몸 자체가 지구와 같습니다. 하나의 지구 안에 수많은 생명이 함께 살고 있는 것처럼 우리 몸 안에도 건강에 이로운 미생물과 건강을 해치는 미생물이 공존하고 있습니다. 과학자들도 어느 정도 인정하고 있듯이 자세히 분석해 보면 몸속에 수많은 생명체가 있다고 볼 수 있습니다.

티베트에서 음식물 공양을 올릴 때 '뤼끼씬뽀다따상싱기 뒤네마옹빠나최끼뒤(ལུས་ཀྱི་སྲིན་བུ་དགྲ་བཅོམ་ཞིང༌། །བཤོས་ནས་འདོད་པ་དང་ཆོས་ཀྱིས་འདུལ།)'라는 게송이 있습니다. '내 몸 안에 있는 수많은 미생물에게 지금은 내가 먹는 밥으로 베풀고, 나중에 내가 완전히 깨닫게 될 때 가르침인 법으로 베풀겠다'는 말입니다. 내가 나중에 완전히 깨달으면 나와 특별한 인연으로 함께하는 것입니다. 나중에 설법을 베풀어 모두 구제하겠다고 하는 게송입니다. 이런 것이 모두 연기법입니다.

　　우리 사람부터 미생물에 이르기까지 '나'라는 인식이 있으며, 누구에게나 내가 행복하기를 바라는 마음이 있습니다. 말로 표현할 수 있고 없는 차이는 있지만 자기 자신 안에서 행복을 바라는 마음은 누구나 똑같이 있습니다. 그리고 행복의 반대인 불행이나 고통, 불편함을 바라지 않아서 멀리하려는 마음 역시 누구에게나 똑같이 있습니다. 이것을 이고득락(離苦得樂)이라고 합니다. 티베트어로는 '데와되 둑엥미되(བདེ་བ་འདོད། སྡུག་བསྔལ་མི་འདོད།)'라고 합니다. 사람들만 이고득락을 원하는 것이 아니라 부처님 말씀에 의지하면 성불하기 전 십지(十地)에 있는 보살님들을 비롯한 육도윤회(六道輪廻)의 모든 중생까지도 똑같이 이고득락을 원하는 마음이 있습니다. 이것을 굳이 말로 설명할 필요가 없는데, 자체 내에서 모두 똑같이 행복을 바라고 고통을 바라지 않는 마음이 있기 때문입니다. 그러면 행복은 어떻게 있습니까? 원인이 있기 때문에 행복이 있는 것입니다. 행복은 작은 행복에서부터 큰 행복까지 여러 가지가 있습니다. 마찬가지로 고통도 작은 고통에서부터 무간지옥의 큰 고통까지 엄청나게 많이 있습니다. 행복의 기준, 고통의 기준을 알아야 합니다.

　　얼마 전부터 《해탈을 원하는 행운아가 날마다 해야 할 기도문》이란 책을 보내달라는 전화가 많이 왔습니다. 왜 그런가 했더니 불교TV에서 붉은 가사를 수한 스님 한 분이 이 책에 있는 '사무량심(四無量心)'에 대해서 설명하셨나 봅니다. 그래서인지 우리 절로 이 기도책을 보내달라는 전화가 많이 왔었습니다. 사무량심에서 '고통 없는 행복'이라는 말이 있습니다.

일체중생 행복과 행복의 원인 갖게 하소서.

일체중생 고통과 고통의 원인에서 벗어나게 하소서.

일체중생 고통 없는 행복과 떨어지지 않게 하소서.

일체중생 근원애증 둘과 떨어진 평등에 머물게 하소서.

라는 게송이 있습니다. 자비희사(慈悲喜捨)에 대해 말하고 있습니다. '고통 없는 행복'은 해탈을 가리킵니다. 해탈은 니르바나입니다. 해탈과 니르바나, 열반은 표현만 다를 뿐 동의입니다. 고통이 아예 없는, 행복만 있는 것이 니르바나, 열반입니다. 해탈의 경지에 오르면 정신적인 고통뿐만 아니라 육체적인 고통도 전혀 없습니다. 그런 세계가 있다고 불교에서 주장합니다. 고통이 아예 없는 완전한 해탈의 행복이 있다고 합니다. 그러한 해탈의 경지에 오르기 위해서는 행복과 행복의 원인, 고통과 고통의 원인에 대해 먼저 잘 알아서 행복의 원인을 많이 지어야 합니다. 행복의 원인은 복(福), 복덕(福德), 공덕(功德)으로 선업(善業)을 많이 쌓으면 행복해집니다. 고통의 원인은 악업(惡業)입니다. 악업을 줄이고 없애면 고통에서 벗어날 수 있습니다.

제악막작(諸惡莫作) 중선봉행(衆善奉行)이라는 말입니다. '제악막작'은 모든 악업을 짓지 않겠다는 말입니다. 왜냐하면 악업 때문에 원하지 않는 고통이 끊임없이 오기 때문입니다. '중선봉행'은 행복하고 싶으니까 행복의 원인인 선업을 많이 쌓아야 한다는 것입니다. 선업을 많이 쌓고 악업을 참회해서 없애는 것이 고통에서 벗어나 행복해질 수 있는 방법이라고 모든 부처님께서 하신 말씀입니다. 부처님께 직접 여쭈어봐도 답은 이것 말고는 없습니다.

이 점에 대해서는 불자에게만 해당되는 말이 아니라 타종교도 모두 마찬가지입니다. 달라이 라마 존자님께서 늘 '제악막작 중선봉행' 이 말씀은 불교뿐만 아니라 타종교까지도 모두 똑같다고 하십니다. 더 크게 보면 《람림》의 하사도 수행은 공통적 수행이라고 합니다. 불교도와 비불교도의 모든 종교들이 공통적으로 갖고 있는 가르침이 바로 하사도의 가르침입니다. 인내심과 남에게 양보하고 남을 배려하는 마음을 가져라, 화내지 말라, 악한 짓을 하지 말라, 자비 등은 모든 종교의 공통적인 가르침이라고 존자님께서 늘 말씀하십니다.

그리고 이 인과의 연기법은 우리가 직접 보고, 듣고, 만질 수 있는 주위의 모든 것들은 인과법에서 벗어날 수 있는 것이 하나도 없다는 말이기도 합니다. 옷, 책, 건물, 법당, 내 몸 등 모든 것이 인과법에 의지해서 존재합니다. 인과법을 벗어나서 존재하는 것은 아무것도 없습니다. 유위법과 무위법 또한 인과로 있습니다. 유위법이 있기 때문에 무위법이 있는 것이어서, 유위법이 없으면 무위법도 존재할 수 없습니다. 제법(諸法), 일체법(一切法)은 다양하고 종류가 많지만 간추리면 물질과 정신, 불교식으로 말하면 색(色)과 식(識) 이 두 가지에 모든 법이 다 포함된다고 합니다. 그리고 우리가 알 수 있는 인과에는 한계가 있다고 합니다. 이것이 무엇 때문인지, 원인을 계속 따져서 어느 정도까지는 이해할 수 있지만 더 이상 절대로 파악할 수 없는, 이해할 수 없는 부분이 있다고 합니다. 예를 들면 '옷깃만 스쳐도 오백 생의 인연'이라는 말이 있습니다. 얼마 전 불교TV를 보니 어떤 스님은 오백 생이 아니라 오백 겁이라고 말씀하셨습니다. 작은 악업 때문에 큰 고통을 받거나 작은 선업 때문에 큰 행복을 받는 것처럼 인과의 변화들 중에서 우리가 상상할 수조차 없는 것도 있다고 합니다. 겉으로 보이고 만질 수 있는 세상에서도 지금부터 이삼십 년 전까지만 하더라도 스마트폰과 같은 개념은 없었지만, 지금은 스마트폰 등을 비롯해 믿기 어려운 것들이 많이 만들어져 나옵니다. 보이는 세상의 인과법도 그러하니, 보이지 않는 정신적인 세상의 인과는 그보다 몇 배나 더 변동이 크다고 합니다. 그러므로 일체중생을 조금이나마 생각하는 선한 마음으로 인해 나중에 사람 몸을 받는 등의 큰 행복이 올 수 있다고 합니다. 아까 오래전에 벌레의 몸으로 우연히 부처님 탑을 한 바퀴 돌았던 공덕으로 석가모니 부처님을 직접 뵙고, 출가해서 팔십이 넘은 노인의 몸으로 아라한과까지 얻었던 킴다뻬끼에 대한 이야기를 했습니다. 그래서 우리 티베트에서는 '바르꼬르', '쬐꼬르', '링꼬르' 등 탑돌이를 많이 하고, 오체투지도 많이 합니다. TV 다큐멘터리〈차마고도〉에도 나오는 것처럼 부처님 경전, 불상, 절 등을 많이 탑돌이 하게 된 이유가 바로 이 부처님 말씀 때문인 것 같습니다. 우리가 신심으로 합장하고 통도사처럼 부처님 사리를 모신 탑이나 절 등을 탑돌이 하는 것은 공덕이 엄청나게 많다고 얘기를 들어도 믿음이 생기지 않는 것은 우리가 그만큼 인과에 무지하기 때문입니다.

인과를 100% 그대로 말할 수 있는 분은 부처님밖에 없다고 합니다. 인과는 불가사의이기 때문에 부처님 외에 다른 어느 누구도 모두 알 수는 없다고 합니다. 《입보리행론》에서 '레출삼기미캽빠 탐쩨켄빠코네켄 (མ་ཚུལ་གསུམ་གྱིས་མི་ཁྱབ་པ། ཐམས་ཅད་མཁྱེན་པ་ཁོ་ནས་མཁྱེན།)'이라고 해서 업의 인과로 많은 고통이 오는 것은 불가사의이기 때문에 부처님만 알고 계신다고 합니다. 스마트폰이 어떤 원리로 작동하는지 우리는 모릅니다. 전문가들만 압니다. 인과법도 우리에게는 너무 어려워서 도무지 이해할 수 없습니다. 스마트폰을 만든 사람들은 그 원리를 알기 때문에 무엇 때문에 이렇게 작동하고 저렇게 되는지에 대해 금방 압니다. 그와 같이 인과에도 거친 인과, 미세한 인과, 아주 미세한 인과 등 여러 단계의 인과가 있다고 합니다. 그중에서 우리는 거친 인과인 선업을 쌓으면 행복이 오고, 악업을 쌓으면 고통이 오는 것 정도는 알 수 있습니다. 하지만 어떤 선업을 언제 어떻게 쌓아서 행복이 언제 어떻게 오는지에 대한 미세한 인과는 부처님만 아신다고 합니다. 부처님께 "어떤 인연으로 오늘 이 조그만 법당 안에 여러 사람들이 모여서 《연기찬탄송》을 공부하게 되었습니까?"라고 여쭤보면, 부처님께서는 과거 언제 어떻게 지은 인연으로 우리가 이렇게 모여 공부하게 되었다고 대답해 주실 수 있습니다. 우리는 분명히 좋은 인연인 것은 알 수 있지만 언제, 어디서, 어떻게 지은 인연인지는 알 수 없습니다. 부처님만이 알 수 있다고 합니다. 《인과경》을 보면 과거에 지었던 이러이러한 인연 때문에 지금 이렇다는 말씀이 많이 나옵니다. 이것이 첫 번째 연기법에 대한 설명입니다.

두 번째 연기법은 한 단계 조금 더 깊이 들어갑니다. 이런 모든 인과법이 원인이 있어서 결과가 있는 것으로 상대적인 개념입니다. 원인 없이 결과만 있을 수 없습니다. 결과 없이 원인이라고 이름 지을 수 없습니다. 오르막길과 내리막길, 나와 너처럼 상대적인 개념입니다. 그리고 전체와 부분의 관계라고도 합니다. 나라고 할 때 머리부터 발가락까지의 이 육신과 의식 전체를 나라고 합니다. 한쪽 손만을 가지고 나라고 할 수 없습니다. 다른쪽 손도 내가 아닙니다. 머리도 내가 아닙니다. 이렇게 하나하나씩 나누어 보면 나라고 할 수 있는 게 없습니다. 하지만 부분들이 모인 전체를 나라고 합니다. 부분이 있어서 전체인 내가 있을 수 있습니다. 집도 그렇고, 모든 존재가 부분과 전체의 관계입니다. 이와 같이 부분이 있어서 전체가 있을 수 있다는 상대적인 개념이 두 번째 연기법입니다. 조금 더 어려워집니다. 나라고 말할 수 있고, 책이라고 말할 수 있고, 시계라고 말할 수 있고, 휴대폰이라고 말할 수 있고, 집이라고 말할 수 있는 것은 여러 가지 부분들이 있어서 전체가 있을 수 있는 것입니다. 이것이 두 번째 상대적인 개념의 연기법입니다.

  그리고, 세 번째 연기법은 이보다 한 단계 더 깊이 들어갑니다. 전체와 부분이라는 것도 그 자체 내에서 자성이 없다고 하는 무자성(無自性)이라고 합니다. 왜 무자성이냐 하면, 따져 보면 실체가 하나도 없기 때문입니다. 이름뿐이고, 생각뿐이라고 합니다. 나라고 말할 수 있는 것도 여러 부분들에 의지해서 전체인 내가 있다고 생각하지만, 그것도 따져 보면 자성이 하나도 없다고 합니다. "그러면 어떻게 있습니까? 아예 없습니까?"라고 하면 아예 없는 것이 아니라 무언가 있기는 있는데 연기로 있다고 하는 것입니다. 연기로 있다는 것은 의존해 있다는 것으로, 이름과 생각에 의존해 있다고 하는 것입니다. 다시 비유하자면 진짜 사람과 꿈속의 사람 중에서 후자는 꿈속에서 사람의 모습으로 나타난 사람일뿐 진짜 사람이 아닙니다. 또는 경전에서 비유하기를 어두운 곳에 밧줄이 뱀처럼 놓여 있는 걸 보고 우리는 진짜 뱀이라고 생각하지만 이것은 착각일 뿐입니다. 그리고 진짜 뱀이 여기에 있습니다. 이때 가짜 뱀과 진짜 뱀은 자체 내에 자성이 없다는 면에서는 똑같습니다. 진짜 사람과 꿈속의 사람도 자체 내에서 사람이라고 할 만한 것이 티끌만큼도 없다는 점에서 둘 다 똑같습니다. 무슨 말인지 이해하시겠습니까?

예를 들면 밧줄을 뱀이라고 인식할 때 그 자체 내에서 뱀이라고 할 만한 것은 아무것도 없습니다. 진짜 뱀이 여기에 있다고 해도 자체 내에서 뱀이라고 할 만한 실체가 아무것도 없다는 면에서는 둘 다 똑같습니다. 진짜 뱀과 가짜 뱀 둘 다 그 자체 내에서 뱀이라고 할만한 것이 티끌만큼도 없다는 면에서는 똑같다는 말입니다. 우리가 가짜 뱀을 진짜 뱀으로 착각하는 것처럼 진짜 뱀의 자체 내에서도 뱀이라고 할만한 것이 있다고 착각하는 것일 뿐입니다. 또한 선업을 쌓아야 하고 악업은 짓지 말아야 한다고 할 때 선업도 독립적으로 뭔가 있는 것처럼, 악업도 뭔가 고정되어 있는 것처럼 보는 그 자체가 착각이고 잘못 보는 것입니다.

이 세 번째 연기법을 깨달아야 공성을 깨달은 것입니다. 그 것을 깨닫기 위해서 첫 번째 인과는 거짓 아닌 진실로 있는 그대로 임을 알아야 하고, 두 번째 부분과 전체의 상대적인 개념으로 존재함을 이해해야 하고, 세 번째 자체 내에 뭔가 있기는 있는데 있는 방법이 다름을 알아야 한다고 말하고 있습니다. 염주라고 말할 때 그 자체 내에서 염주라고 할 만한 것은 티끌만큼도 없습니다. 다만 우리가 염주라고 이름 짓고 염주라고 생각하기 때문에 염주가 있는 것입니다. 주체와 객체라고 할 때 염주, 진짜 뱀과 가짜 뱀, 진짜 사람과 꿈속의 사람 모두 객체 내에서 이거라고 할 만한 실체가 아무것도 없고 단지 이름과 생각으로만 있을 뿐입니다. 이름과 생각뿐이라고 해서 염주를 스마트폰이라고 할 수는 없습니다. 그래서

'있다'와 '없다'고 하는 양변 즉, 상견과 단견이라는 양극단의 견해로 보면, 있다고 하는 것은 생각과 이름으로 있을 뿐 그 자체 내에서는 아무것도 없습니다. 그럼에도 불구하고 인과를 받아들일 수 있는 것은 무자성의 측면에서는 없다고 부정하면서, 연기법의 측면에서는 있다고 하기 때문입니다.

여기 《연기찬탄송》을 보면 연기만이 공성, 무자성의 뜻입니다. 우리는 무자성, 공성이라고 하면 뭔가 비어 있다거나 없다고 생각하기 쉬운데, 쫑카빠 스승님께서는 용수보살님의 《중론》에 나오는 '뗀찡델빠르중와강 데니똥빠니두세 데니뗀네딱빠떼 데니우메람인노(རྟེན་ཅིང་འབྲེལ་བར་འབྱུང་བ་གང་། །དེ་ནི་སྟོང་པ་ཉིད་དུ་བཤད། །དེ་ནི་བརྟེན་ནས་གདགས་པ་སྟེ། །དེ་ཉིད་དབུ་མའི་ལམ་ཡིན་ནོ།)'라는 게송을 의지해서 '연기의 뜻은 공성'이라고 설하셨다고 합니다. '공성의 뜻은 연기법'이라는 말로 공성은 없다, 비어있다, 아무것도 없다는 뜻이 아니라 연기법이라는 것입니다. 연기법에는 세 가지가 있습니다. 첫 번째 인과의 연기로 인과는 절대로 거짓이 아닌 그대로 나타납니다. 두 번째 좋다, 나쁘다, 크다, 작다, 법당, 나, 책과 같이 이름 지은 것들은 부분과 전체 즉, 상대적인 개념일 뿐입니다. 오르막길과 내리막길을 보면 올라가는 사람 입장에서는 오르막길이지만 내려가는 사람 입장에서는 내리막길입니다. 길은 하나인데 그 길을 가는 사람의 입장에 따라 이름이 달라지는 것입니다. 한 사람을 두고 그를 보는 사람들의 입장에 따라 그 사람을 좋게도 보고 나쁘게도 봅니다. 같은 음식을 두고 누구는 맛있다고 하고 누구는 맛없다고 합니다. 자체 내에서 없기 때문에 사람의 취향에 따라 다르게 표현하는 것입니다. 세 번째 연기법은 중관학파의 연기법의 핵심이며 이름과 생각에 의지해서 존재하는 것일뿐 그 자체 내에서는 자성이 하나도 없다는 무자성이라는 것으로 연기법의 궁극적인 의미입니다. 이와 같이 인과의 연기, 부분과 전체의 상대적인 연기, 이름과 생각에 의지한 가명의 연기 이 세 가지를 이해해야 연기의 뜻을 제대로 이해하는 것입니다.

달라이 라마 존자님께서도, 빨덴 닥빠 큰스님께서도 이렇게 설명해주셨습니다. 그렇기 때문에 이런 내용을 걸림 없이 완전히 깨달으면 최고의 지혜, 위없는 지혜입니다. 부처님은 이런 지혜를 가지고 계시기 때문에 설법하는 데 장애가 없이 자유자재로 하실 수 있는 것입니다. 그리고 부처님은 대자비가 있어서 끊임없이 중생을 위해서 설법하신다고 합니다. 그래서 부처님의 설법은 끊어짐이 없다고 합니다. 부처님이 계시지 않는 곳이 없다고도 합니다. 우리는 '부처가 되면 이제 다 이루었기 때문에 편안하게 쉬면 되겠다. 부처가 되기 전까지는 열심히 하고 부처가 되고 나면 쉬면 되겠다'고 생각하지만, 부처가 되면 더 바쁘다고 합니다.

【대중 웃음】

중생들을 위해 여러 가지 모습으로 나투어 하고 싶은 것을 모두 할 수 있습니다. 부처님께서는 신통, 자비, 지혜를 모두 갖추셨기 때문입니다. 부처님은 우리가 말하는 '완벽한 사람'처럼 갖추어야 할 공덕은 모두 갖추고, 버려야 할 허물은 모두 버리신 완벽한 분이라고 합니다. 또한 지혜 면에서는 걸림이 없고, 자비 면에서는 차별이 없으신 분입니다. 자비 면에서는 육도윤회하는 중생 모두를 외자식처럼 차별 없이 똑같이 대하고, 지혜 면에서는 티끌만큼의 걸림도 없는 최고의 지혜와 모르는 것 하나도 없이 모두 아는 일체종지, 버려야 할 번뇌장과 소지장을 모두 제거하여 멸성제를 갖추신 분으로 여러 부처님들이 계십니다. 석가모니 부처님은 그분들 중 한 분이십니다.

과거의 부처님, 현재의 부처님, 미래의 부처님 중에서 이런 부처님이 과연 있습니까? 없습니까? 연기적으로 있다면 어떻게 있는 것인지 이런 것들을 모두 다 배워야 합니다. 그래야 부처님이라고 할 때 마음에 감동이나 믿음 또는 환희심 같은 것이 생길 수 있습니다. 항상 자비롭게 웃고 계신 불상을 보고서 부처님은 자비로운 분이실거라고 하는 생각만으로는 제대로 부처님께 귀의할 수 없습니다. 진짜 부처님을 기억하려면 부처님의 자비와 지혜, 중생을 구제하기 위해 설법하신 면에서 부처님을 기억해야 합니다. 첫 번째 게송에서 바로 이 내용들을 담고 있습니다. 이 게송 뒤에 나오는 나머지 게송들을 요약한 것이 첫 번째 게송입니다. 이 첫 번째 게송만 잘 알면 《연기찬탄송》 전체를 잘 알 수 있게 됩니다. 이 첫 번째 게송을 다시 풀기 위해서 두 번째, 세 번째 게송들이 쭉 나오는 것입니다.

첫 시간에 말씀드린 것과 같이 이신(二身)이라고 할 때 법신과 색신, 삼신(三身)이라고 할 때 법신과 화신, 보신, 사신(四身)이라고 할 때 자성법신, 지혜법신, 화신, 보신 등 이 모두는 부처님에게 갖추어져 있습니다. 이와 같이 부처님은 이러한 분이시라고 소개하고 있습니다.

이런 면에서 보면 초기 불교 또는 남방불교에서 주장하는 부처님을-지금 불교TV에서 방영하고 있는 드라마 '붓다'를 보면- 사신의 면에서 보는 것이 아닌 평범한 사람으로 묘사하고 있습니다. 부처님이 무여열반에 들었기 때문에 아예 없다고 합니다. 의식의 흐름이 끊어져서 완전히 오온에서 벗어났기 때문에 아무것도 없다고 합니다. 있는 상태에서 아예 없는 상태로 갔기 때문에 무여열반이라고 하는데, 무언가 부족한 설명이라 할 수 있습니다. 달라이 라마 존자님께서 과학자들이 달에 가는 것을 보시고는 물도, 공기도 없는 그곳보다는 살기 힘들더라도 지금 여기 지구에서 사는 것이 낫다고 하신 것처럼 있는 상태에서 아예 없는 상태로 가는 것보다 있는 상태 그대로 남아있는 편이 나을 것 같습니다.

　　예를 들면 우리는 보신과 화신을 말하지만 초기 불교에서는 부처님은 탄생하신 순간부터 부처가 아니라 성도(成道) 이후부터 부처라고 합니다. 하지만 이것만으로 부처님을 온전히 설명하기에는 부족하다고 봅니다. 반면 대승불교에서는 이미 부처인 상태에서 중생 구제를 위해 화신으로 나투셨다고 봅니다. 대승불교에서도 부처님도 처음부터 부처는 아니셨다고 합니다. 석가모니 부처님도 처음부터 부처는 아니었지만 아주 오래전 부처를 이루신 후 보신(報身)의 상태에서 2,500~2,600년 전에 화신불로 나투셨다고 합니다.

【문】 사신 중에 부처님만이 가지고 계신 것은 무엇입니까? 대보살님도 화신과 보신을 갖추신 것이 아닙니까?

【답】 사신은 부처님만이 가지고 있습니다. 화신과 보신도 모두 부처님입니다. 보살님도 약간의 신통은 있지만 부처님을 따라가지 못합니다. 보살님들에게는 화신과 보신이라는 이름을

붙이지 않습니다.

【문】 자성법신과 '일체중생에게 불성이 있다'는 말은 같은 뜻입니까?

【답】 일체중생에게 불성이 있다는 말에서 일체중생이 원래부터 갖고 있는 불성은 자성법신의 토대라고 합니다. 그것이 나중에 부처를 이룰 때 자성법신이 됩니다. 씨앗처럼 우리한테 원래 있던 것을 우리가 자성법신으로 발전시키는 것입니다. 티끌만한 지혜가 부처님의 지혜로 변하되고 발전되는 것입니다.

그렇기 때문에 첫 번째 게송에는 《연기찬탄송》 전체의 내용이 압축되어 있습니다. 사신의 개념에서 부처님을 찬탄하기 때문에 초기 불교에서 말하는 부처님과는 다른 개념입니다. 초기 불교에서는 보신과 화신의 개념이 없습니다. 초기 불교에서는 2,500년 전 평범한 사람이 부처를 이루셨다고 보이는 그대로 받아들이고 있습니다. 하지만 대승불교에서는 마치 배우가 연기하는 것처럼 원래 부처님이 화신으로 나투신 것이고, 부처님을 해치려 했던 데바닷다조차도 부처님이 화신으로 나투신 것이라고 합니다. 마치 아이와 같은 중생들을 구제하기 위해 이렇게 화신으로 나투신 것입니다. 현교에서는 데바닷다가 마구니라고 하지만, 밀교의 입장에서는 데바닷다뿐만 아니라 부처님의 여러 제자들도 모두 부처님이 화신으로 나투신 것이라고 합니다. 부처님 한 분께서 여러 가지 모습으로 나누어 우리에게 보이신 것입니다.

【문】 애초에 색신으로 화현하시기 전에는 법신불 자체인 자성불로 계셨다는 말씀입니까?

【답】 예, 그렇습니다. 밀교의 입장에서 법신과 보신, 화신이라고 하면 마치 순서가 있는 것처럼 보이지만 삼신이 동시(同時)라고 합니다. 자성법신이 있는 그대로 보신과 화신으로 동시에 나투시는 것이라고 할 수 있습니다. 순서가 없다고 합니다. 우리는 하나에 집중하면 다른 것에는 집중할 수 없지만 부처님은 모두 다 가능하다고 합니다. 부처님만이 갖고 있는 특징입니다. 깊은 삼매에 있으면서도 중생들을 모두 구제하실 수 있다고 합니다. 여러 가지 모습으로 나투실 수 있습니다. 비유하자면 허공에 떠 있는 보름달은 하나지만 지구상에 있는 모든 호수나 강 등에 골고루 달의 모습이 비춰지는 것처럼 부처님도 마찬가지라고 합니다. 부처님은 깊은 삼매에 들어 있으면서도 어디에 가야겠다거나 이 중생을 구제해야겠다거나 할 때 저절로 이루어진다고 합니다. 우리와는 정반대입니다. 우리는 하나에 집중하면 다른 것은 못합니다. 우리는 공성에 집중하면 세속의 법을 모릅니다. 세속의 법에 집중하면 공성을 모릅니다. 우리의 지혜는 이렇지만 부처님의 지혜는 진제와 속제에 둘 다 똑같이 집중할 수 있고, 때로는 깊은 삼매에 있으면서도 중생 구제를 위해 설법하시기도 하고, 때로는 설법하고, 때로는 열반하는 것도 모두 동시라고 합니다. 지구에서는 팔상성도에서처럼 탄생하고 육년고행하고 성불하고 열반하는 모습을 보이셨지만 다른 곳에서는 설법하고 계시고, 또 다른 곳에서는 탄생하고 계시는데,

모두를 동시에 하고 계신 것입니다.

【문】 그것이 조금 헷갈립니다. 보살님들께서 중생들을 제도하고 계시는 것은 어떻게 이해해야 합니까?

【답】 예, 가능합니다. 그리고 보살님들은 중생 제도에 한계가 있다고 합니다. 아직까지 부처님을 닮아가는 과정에 있기 때문입니다. 초지(初地)에 계신 보살님보다는 이지(二地)에 계신 보살님이, 이지에 계신 보살님보다는 삼지(三地)에 계신 보살님이, 삼지에 계시 보살님 보다는 십지에 계신 보살님이, 십지에 계신 보살님 보다는 부처님께서 더 많이 설법하고 더 많은 중생을 구제하신다고 《입중론》에 나오는 것처럼 중생을 구제할 수 있는 힘이 점점 더 커지는 것입니다.

【문】 법신불이면서 화신불로 나투셨다는 말씀이네요. 아주 바쁘시겠습니다.

【답】 예, 아주 바빠요.

【대중 웃음】

【문】 경전에 십사무기(十四無記)라고 해서 "여래는 사후에 존재하는가, 하지 않는가?"라는 등의 열 네 가지 질문에는 부처님께서 답변을 하지 않으셨다고 합니다. 이것은 어떻게 이해해야 합니까?

【답】 티베트어로는 '룽마뗀기따와(ལུང་མ་བསྟན་གྱི་དགག་པ་)'라고 합니다. '룽마

뙤'라고 하면 무기(無記)라는 뜻입니다. 부처님께서는 질문하신 분의 근기에 맞추어 대답하십니다. 이 질문은 "자아가 있습니까? 없습니까?"라는 질문입니다. 부처님께서는 무자성이라고 답변하실 수 있었지만 대답하지 않으셨습니다. 대답하시지 않은 것이 대답입니다. 만약 '있다'고 하면 있다고 하는 원래 있던 아집이 더욱 견고해질 것이고, '없다'고 하면 있다는 쪽에 치우쳐서 부처님을 부정적으로 보고 부처님과 멀어지게 되기 때문에 있다고도 없다고도 말씀하지 않으시고 그냥 가만히 계셨다고 합니다. 그래서 입으로 답하지 않으셨지만 답을 하지 않으신 것이 대답입니다. 무기라고 해서 열네 가지 질문에 대해 부처님께서 이렇게 답변하셨다고 나와 있습니다. 부처님께서는 모든 면에서 걸림이 없기 때문에 전부 알고 계십니다. 있다고 하면 아집이 더 견고해져 제자에게 해롭고, 없다고 하면 멀어지게 되니까 대자비의 마음으로 답변하지 않으신 것입니다. 대답하지 않으신 것이 대답이라고 합니다.

【문】 어떤 주석서에는 범부의 지혜로는 알 수 없기 때문에 대답하지 않으셨다고 합니다.

【답】 《보만론》에 '직뗀타당뗀남셰 쉬체갸와마쑹슉(འཇིག་རྟེན་མཁྱེན་དང་ལྡན་ནས་ཞེས། །ལུས་ཆོ་རྒྱལ་བ་མ་གསུངས་བ་ལུགས།)'이라고 나와 있습니다. 부처님이 아무 말씀도 없이 가만히 계셨다고 합니다. 외도들의 입장에서는 '부처님이 모두 알고 있다고 하면서도 대답하지 못한다'고 하고, 불교의 입장에서는 '부처님이 모두 알고 계시기 때문

에 대답하지 않으셨다'라고 합니다. 서로 상대적인 입장에서 보고 있는 것입니다. 외도는 부처님이 이것도 모른다고 비방하고, 불교에서는 방편과 지혜가 뛰어나시기 때문에 일부러 답변하지 않으셨다고 합니다.

그렇기 때문에 부처님이라고 할 때 이신, 삼신, 사신 등 부처님의 여러 가지 공덕을 부처님처럼 알지는 못하더라도 《연기찬탄송》에 나와 있는 것처럼 부처님에 대한 개념이 마음속에 생겨야 합니다. 부처님께 귀의할 때도 이러한 부처님을 마음속에 떠올려 저절로 환희심이 우러나올 때 제대로 귀의하는 것입니다. 그렇지 않고 입으로만 부처님께 귀의한다고 하는 것은 제대로 된 귀의가 아닙니다. 제가 늘 귀의, 귀의라고 말할 때는 입으로만 하는 것이 아니고 말로만 하는 것도 아닌 진심으로 마음에서 우러나야 합니다. 부처님이 어떤 분이신지 정확하게 알게 될 때 부처님께 귀의할 수 있는 것입니다. 부처님께 귀의할 때 부처님 법에, 부처님을 따르는 대보살, 성문·연각, 제자들에게도 귀의하게 되는 것입니다. 불법승 삼보에 귀의하게 되는 것입니다. 귀의하는 정도에 따라 불자도 그 정도가 되는 것입니다. 귀의를 말로만 하면 불자도 말로만 되는 것이고, 귀의를 마음으로 하면 마음으로 불자가 되는 것입니다. 티베트에서는 불자의 기준을 《람림》에도 나와 있듯이 삼귀의를 기준으로 합니다. 한국에서 '삼귀의례'라고 하는 것처럼 삼귀의를 어느 정도 확실하게 하고 있다면 불자라고 할 수 있습니다. 그렇지 않고 절에 참배나 하러 다닌다면 겉으로만, 신앙적으로만 귀의하는 불자입니다.

지난번에 우리는 네 가지 감의 종류에 대해서 배웠습니다. 속은 안 익었지만 겉은 익은 것, 속은 익었지만 겉은 익지 않은 것, 속도 겉도 익은 것, 속도 겉도 익지 않은 것 등 네 가지 감이 있다고 했습니다. 경전에서 사람도 마찬가지라고 합니다. 속은 안 익었지만 겉만 익은 사람, 속은 익었지만 겉만 익지 않은 사람, 속도 겉도 익은 사람, 속도 겉도 익지 않은 사람을 사구(四句)라고 할 수 있습니다. 귀의도 마찬가지입니다. 속으로는 귀의하지 않지만 겉으로는 귀의하는 것, 겉으로는 귀의하지 않지만 속으로는 귀의하는 것, 둘 다 귀의하는 것, 둘 다 귀의하지 않는 것, 이 네 가지가 있다고 볼 수 있습니다. 그래서 알고 귀의해야 한다고 하는 것입니다.

연기법이라고 하면 늘 듣던 말이지만 이렇게 여러 가지 연기법이 있다고 하는 것은 용수보살님, 달라이 라마 존자님, 쫑카빠 대사님의 말씀이 없었다면 알 수가 없습니다. 연기법을 글자 그대로 풀이해서 '인연해서 일어나는 것' 정도로만 아는 것으로 이것이 연기법의 다라고 알면 안 됩니다. 연기법에도 세 가지가 있습니다.

첫 번째, 인과의 연기법이라고 할 때 인과도 거친 인과, 미세한 인과, 아주 미세한 인과 세 가지가 있다고 합니다. 우리가 이해할 수 있는 것은 거친 인과입니다. 조금 더 공부하고 깊게 생각하면 미세한 인과까지도 알 수 있습니다. 아주 미세한 인과는 불가사의라서 부처님만이 아십니다.

두 번째, 부분과 전체의 연기법은 상대적인 개념 속에 존재하는 것입니다. 이것은 첫 번째 인과보다는 조금 더 깊이 들어가 생각하지 않으면 알 수 없습니다. 나와 너, 예쁜 것과 못생긴 것 같은 표현들은 모두 상대적입니다. '이 종이는 흰 종이입니까? 노란 종이입니까?' 제 입장에서 보면 노란 종이이지만 여러분에게는 흰 종이로 보일 것입니다. 입장에 따라 달리 보입니다. 또 이렇게 물어볼 수도 있습니다. 나라고 할 때 "지금 우리는 법당 안에 있습니까? 밖에 있습니까?" 이때는 "법당 안에 있다"고 대답해야 합니다. 하지만 "나는 몸 안에 있습니까? 몸 밖에 있습니까?"라고 질문하면 좀 더 생각해 봐야 합니다. 누가 나를 불렀을 때, 내 몸의 반은 창문 안에 있고, 나머지 반은 창문 밖에 있다면 내 몸은 안에 있다고 해야 합니까? 밖에 있다고 해야 합니까? 이런 질문들은 모두 상대적인 개념입니다. 법당 안에 있느냐고 질문할 때는 이 몸을 '나'라고 생각합니다. 몸 안에 있느냐라고 할 때는 몸 안에 있는 주인공을 나라고 생각합니다. 몸 안 어디에 있느냐, 심장에 있느냐라고 할 때는 의심이 듭니다. 그렇다면 나라고 하는 존재는 도대체 무엇입니까? 어디에 있습니까? 머리끝에서 발끝까지 따져 보아도 나라고 할 만한 주체나 실체는 티끌만큼도 없습니다. '나'라고 할 때 티베트어로는 '닥(མདག)', '앙(ང)'이라고 합니다. 그것이 생사 즉, 태어나고 죽는 윤회의 개념이 있기 때문에 마음이 나라고 합니다. 불교도 안에서도 의식이 나라고 주장하는 학파가 있습니다. 의식으로 인해 태어나고 죽고 다음 생으로 가기 때문입니다. 중관학파에서는 의식조차도 나라고 하지 않습니다. 의식은 나의 부분일 뿐입니다.

    육신과 의식 모두를 나라고 생각하지만 육신과 의식 속에 나라고 할 만한 것이 없다고 합니다. 전체와 부분처럼 상대적인 개념 속에 내가 있을 뿐이지 실제로 존재하는 나는 없다는 것입니다.

    세 번째 연기법은 이름뿐인 연기법입니다. 모두 가립, 가명일 뿐이라는 것입니다. 염주라고 할 때 손 안에 있는 염주 자체 내에 자성은 없지만, 어떤 자성이 있는 것처럼 보고 있습니다. 신기루처럼 착각하고 있는 것입니다. 그렇기 때문에 무자성입니다. 그 자체 내에서 이것이라고 할 만한 성품, 자성, 실체는 티끌만큼도 없습니다. 마치 진짜 사람과 꿈속의 사람처럼, 진짜 뱀과 가짜 뱀처럼. 약간 어두운 곳에 뱀처럼 밧줄이 놓여져 있으면 밧줄을 보고 뱀이라고 무서워하지만 실제로는 밧줄이지 뱀은 없고, 뱀도 이름만으로 있지 그 자체 내에서 뱀이라고 말할 수 있는 것이 없는 것은 둘 다 똑같습니다. 세 번째 연기법을 이해해야지 진짜 연기법을 이해하는 것입니다. 이 세 번째 연기법을 이해하기 위해서는 먼저 인과의 연기법을 이해해야 하고, 전체와 부분의 상대적인 연기법도 알아야 합니다.

두 번째 '싸쩨'로 들어가 보겠습니다. 연기를 설하신 면에서 부처님께 예경 올리는 이유입니다. 부처님께 예경 올리는 이유에는 여러 가지가 있습니다. 부처님께서 대자비를 갖추셨기 때문에 자비 면에서 예경을 올리거나, 32상 80종호를 갖추셨기 때문에 공덕 면에서 예경을 올리는 등 여러 가지가 있습니다. 하지만 이번 게송에서는 연기를 설하신 면에서 부처님께 예경을 올리고 있습니다. 먼저 한번 읽어보겠습니다.

2. 연기를 설하신 면에서 부처님께 예경 올리는 이유

འཇིག་རྟེན་རྒྱུད་པ་ཇི་སྙེད་པ།། 직뗀 귀빠 지녜빠
དེ་ཡི་རྒྱུ་བ་མ་རིག་སྟེ།། 데이 짜와 마릭떼

གང་ཞིག་མཐོང་བས་དེ་སྟོང་པ།། 강식 통외 데독빠
རྟེན་ཅིང་འབྲེལ་བར་འབྱུང་བར་གསུངས།། 뗀찡 델와 중와쑹

དེ་ཚོ་བློ་དང་ལྡན་པ་ཡིས།། 데체 로당 덴빠이
རྟེན་ཅིང་འབྲེལ་བར་འབྱུང་བའི་ལམ།། 뗀찡 델와 중외람
ཁྱོད་ཀྱི་བསྟན་པའི་གནད་ཉིད་དུ།། 쾌끼 땐빼 네니두
ཇི་ལྟར་ཡོང་དུ་ཆུད་མི་འགྱུར།། 지따르 콩두 취미규르

དེ་ལྟ་ལགས་ན་མགོན་ཁྱོད་ལ།། 데따 락나 괸쾌라
བསྟོད་པའི་སྒོར་ནི་སུ་ཞིག་གིས།། 뙤빼 고르니 쑤식기
བརྟེན་ནས་འབྱུང་བ་གསུངས་པ་ལས།། 땐네 중와 쑹빠레
ངོ་མཚར་གྱུར་པ་ཅི་ཞིག་རྙེད།། 오차르 규르빠 찌식네

གང་གང་རྐྱེན་ལ་རག་ལས་པ།། 강강 깬라 락레빠
དེ་དེ་རང་བཞིན་གྱིས་སྟོང་ཞེས།། 데데 랑신 기똥셰
གསུངས་པ་འདི་ལས་ཡ་མཚན་པའི།། 쑹빠 디레 야첸빼
ལེགས་འདོམས་ཚུལ་ནི་ཅི་ཞིག་ཡོད།། 렉돔 출니 찌식외

세간의 어떠한 허물도 그 뿌리는 모두 무지에서 비롯되니 무지를 멸하기 위해 연기를 설하셨다네.

그렇기에 현명한 이라면 연기를 깨닫는 것이 부처님 가르침의 정수임을 어찌 모를 수 있겠는가.

그러므로 인도자이신 부처님을 찬탄함에 연기를 설해주신 면에서 찬탄하는 것보다 더한 찬탄이 어디 있겠는가.

"조건에 의지하는 어떠한 것도 그 모두 실체가 없도다."라는 말씀보다 더 경이로운 가르침이 어디 있겠는가.

네 개의 게송이 있습니다. 그중에서 첫 번째 게송은 '세간의 어떠한 허물도 그 뿌리는 모두 무지에서 비롯되니 무지를 멸하기 위해 연기를 설하셨다네'라고 해서 무지를 멸하기 위해 연기를 설하셨다는 내용입니다. 세간의 모든 허물 즉, 생로병사 등은 모두 무지에서 비롯되는 것으로 이를 멸하기 위해 부처님께서 연기법을 설하셨다는 말씀입니다.

그렇기에 현명한 이라면 연기를 깨닫는 것이 부처님의 가르침의 정수임을 어찌 모를 수 있겠는가. 그러므로 인도자이신 부처님을 찬탄함에 연기를 설해주신 면에서 찬탄하는 것보다 더한 찬탄이 어디 있겠는가. "조건에 의지하는 어떠한 것도 그 모두 실체가 없도다."라는 말씀보다 더 경이로운 가르침이 어디 있겠는가!

이 네 게송이 연기를 설하신 면에서 부처님을 찬탄하는 이유임을 밝히고 있습니다. 게송 아래에 있는 설명도 한번 읽어보도록 하겠습니다.

【설명】
생노병사 등 세간의 모든 허물의 뿌리는 '나 있다'라고 집착하는 아상과 아집 즉, 무지입니다. 그 무지 때문에 집착과 분노가 생기고, 그로 인해 업을 쌓게 되며 앞에서 말한 모든 허물들이 생겨나게 됩니다. 이 허물들은 원인 없이 생기거나 일치하지 않은 원인에서는 절대로 생길 수 없습니다. 그러므로 부처님께서 그 무명을 소멸하기 위해 연기를 깨달아야 하고, 이 연기를 깨닫게 하기 위해 연기법을 거듭거듭 설하셨습니다. 그렇기에 지혜로운 이라면 연기를 깨닫는 길이 부처님 가르침의 핵심임을 반드시 알아야 합니다. 그래서 인도자이신 부처님께 찬탄하는 방법 중에서 연기법을 설하신 면에서 찬탄하는 것보다 더 훌륭한 찬탄은 없습!]다. 왜냐하면 원인과 조건에 의지하는 어떤 것도 그 자체 내에서 실체가 하나도 없다고 말씀하신 것보다 더 경이로운 말씀이 없기 때문입니다.

무명과 무지를 소멸하기 위해 공성을 깨달아야 하지만, 이 《연기찬탄송》에서 공성 대신 연기를 일부러 말씀하신 첫 번째 이유는 쫑카빠 대사님께서 공성의 뜻을 연기로 깨달았기 때문이고, 두 번째 이유는 우리 또한 공성의 뜻을 이해할 때 연기법으로 이해해야 된다고 가르치기 위해서입니다.

요약하면 자성이 없음, 실체가 없는 것, 공성, 공함의 의미는 원인과 조건에 의지한 존재 또는 연기법입니다. 자성이 없다는 것을 연기의 뜻으로 이해하는 것이 매우 중요하다고 티베트의 큰 스승님들께서는 한결같이 말씀하십니다.

이 설명만 한두 번 읽어도 이 게송을 이해할 수 있습니다. 그리고 덧붙이면 '세간의 어떠한 허물도'라고 할 때 세간은 무정중생과 유정중생을 말합니다. 이것을 제가 이해하는 바대로 말씀드리자면 무정중생은 중생이 살고 있는 그릇과 같은 지구를 말하는 것이고, 유정중생은 그 속에 살고 있는 생명체를 말하는 것이라 생각됩니다. 무정중생이라고 표현하지만 무정은 중생이 아닌 것 같습니다. 중생이면서 무정인 것은 없기 때문입니다. 흙, 돌 등과 같이 식(識)이 없는 것은 중생이 아닙니다. 하지만 한국에서는, 특히 발원할 때 '유정·무정 중생'이라는 표현을 쓰고 있습니다. 티베트에서는 '뇌끼직뗀 쥐끼직뗀(སྣོད་ཀྱི་འཇིག་རྟེན། བཅུད་ཀྱི་འཇིག་རྟེན།)' 두 가지로 표현합니다. '뇌끼직뗀'은 살고 있는 대지, 지구 등과 같은 그릇을 말하고, '쥐끼직뗀'이라고 하면 그 속에 살고 있는 생명들을 말하는 것으로, 이 둘을 모두 세간이라고 합니다. 사람도 세간이라고 하고, 생명이 살고 있는 지구 등도 세간이라고 표현하고 있는데 아마도 이를 중생이라고 표현하고 있는 것이 아닌가 합니다.

이 지구에도 지진이 일어나기도 하고 날씨가 가물어 물이 부족하기도 하는 등 여러 가지 무정중생으로 인해 생기는 허물과 고통이 있고, 또한 사람들로 인해 생기는 허물과 고통 등도 있는데, 이 모두를 '세간의 허물'이라고 말하는 것입니다. 허물은 생로병사 등 유정이 가지고 있는 허물을 말합니다. 태어날 때부터 우리는 잘못 태어난 것입니다. 그것을 이해해야 합니다. 이 몸으로는 고통에서 벗어날 수 없습니다. 우리는 고통이라고 할 때 아픔과 슬픔 등을 고통으로 인식하지 편안함과 즐거움 등은 고통으로 인식하지 않습니다. 아픔과 슬픔뿐만 아니라 편안함과 즐거움 등을 일어나게 하는 바탕과 원인을 행고(行苦)라고 합니다. 행고 자체가 고통입니다. 행고는 무명으로 인해 업을 쌓고 그 업으로 인해 윤회하는 것 자체가 고통이라는 뜻입니다. 그 고통을 우리가 보지 못하는 것입니다. 비유하자면 머리카락 하나가 손바닥 위에 있으면 있는지조차도 모르지만 이것이 눈에 들어가면 아픔을 느낍니다. 그런 것처럼 사성제는 성자에게는 진실이지만 범부에게는 거짓으로 느껴집니다. 우리가 그 고통을 보지 못하기 때문입니다. 성자는 눈 속에 머리카락이 들어간 것처럼 생로병사 등 윤회 자체를 고통이라고 합니다. 그러나 우리 같은 범부 중생은 손바닥 위에 머리카락이 있는 것처럼 윤회하는 것도 모르고, 고통도 느끼지 못하고, 오히려 행복하다고 착각하면서 살고 있는 것입니다. 이것은 미륵보살이 쓰신 오온 중 '규라마'라고 하는 《보성론》에 '지빠락틸다와이 두제둑엥뿌미릭 팍빠믹당다와이 데이이꺙신뚜중(ཁྱིམ་པ་ལག་མཐིལ་འདྲ་བ་ཡིས། །འདྲེད་ཞུགས་བཙལ་ཞུ་མི་རིག ། །འཕགས་པ་མིག་དང་འདྲ་བ་ཡིས། །དེ་ཡི་ཡིད་གནས་ཤིན་ཏུ་འབྱུང་།)'이라고 하는 게송의 내용입니다. 우리는 고통이 뭔지도 모릅니다. 아픈 것만 고통이라고 인식합니다. 부처님께서 '이것이 고통입니다. 고통의 진리입니다'라고 하신 고통에는 이같은 괴로움도 포함되어 있지만 이것만 말씀하신 것이 아닙니다. 배고픔과 아픔 같은 고통은 축생조차도 알고 있기 때문에 이것만을 알아야 한다고 하신 것이 아닙니다. 한 단계 더 들어가 즐거움과 같은 생각으로 인한 고통은 외도들도 아는 고통이라고 합니다. 부처님께서 사성제에서 말씀하신 고통은 궁극적으로 행고를 말하며, 고고(苦苦)와 괴고(壞苦)의 바탕이 되는 고통입니다. 생로병사 등으로 윤회하는 것 자체가 고통이며, 무명과 무지로 업을 쌓아서 태어나는 것 자체가 고통입니다. 이것이 부처님께서 말씀하신 고통에 대한 진리인 고성제(苦聖諦)입니다.

　　진짜 고통에서 벗어나고 싶으면 모든 고통의 뿌리인 무지를 뿌리 뽑아야 합니다. 여기저기로 자꾸 도망 다니지 말고 직접 맞서서 그 고통이 어디에서 오는지를 살펴보고 아예 그 뿌리를 뽑아야 고통에서 완전히 벗어날 수 있습니다. 고통의 뿌리는 무지입니다. 무지는 말 그대로 없을 무(無), 알 지(知) 즉, 모르는 것입니다. 우리는 모르기 때문에 사고를 많이 칩니다. 예전에 교육을 많이 받지 못했을 때는 입고, 먹는 것조차 힘들었습니다. 하지만 요즘에는 교육도 많이 받고 해서 입고, 먹는 것이 모두 풍요롭습니다. 옛날에는 많이 먹으라는 말이 듣기 좋은 말이었지만 요즘은 싫어한다고 합니다. 교육을 받으면 그만큼 살기 좋아집니다. 교육의 중요성을 알아서 모르는 것이 없어지면 없어질수록 살기가 더 편안해지기 때문입니다. 특히 마음의 문제나 생로병사 등과 같은 문제를 없애기 위해서는 더 많이 공부해서 무명, 무지를 없애야 합니다. 부처님 법을 공부해서 이 진실을 잘 이해하고, 확실하게 깨달아 고통의 뿌리를 뽑는 일을 해야 합니다. 그 뿌리를 뽑아야 무명과 무지에서 벗어날 수 있습니다.

일반 지식이나 기술에 대한 교육이 중요하듯이 불교를 공부하는 것은 더 중요합니다. 수행자와 불자들이 교육을 통해 불법을 공부하는 것이 매우 중요합니다. 공부하지 않으면 무명과 무지가 더 쌓이게 되어 괴롭고 더 힘들어질 수밖에 없습니다. 이 모든 괴로움은 무명과 무지에서 비롯되었기 때문에 이를 없애기 위해 부처님께서 연기법을 설하셨습니다. 연기법은 좀 전에 말씀드린 세 가지 연기법을 모두 포함하고 있습니다. 인과의 연기법은 선업을 쌓고 악업을 끊임없이 참회하는 것만이 고통에서 벗어나 행복해질 수 있는 유일한 방법이라는 말입니다. 부처님이 고통 받는 중생을 위해 할 수 있는 일은 연기법을 설하는 방법 말고는 없다고 합니다. 연기법의 뜻이 조금 더 깊어지면 일체유심조(一切唯心造)와 같이 생각으로 부분과 전체 관계처럼 상대적인 개념 속에 제법이 있는 것을 알아야 합니다. 선과 악, 윤회와 해탈, 부처와 중생, 나와 너 등과 같이 서로서로 의존해서 상대적으로 존재하고 있습니다. 하지만 우리가 생각하는 것처럼 선이라고 하면 선 자체에 자성이 있는 것도 아니고, 악이라고 하면 악 자체에 자성이 있는 것도 아니어서 이름만으로 가립(假立)되어 있습니다. 진짜 뱀과 가짜 뱀, 진짜 사람과 꿈속의 사람처럼 자체 내에서 없는 측면에서는 모두 같습니다. 오직 이름과 생각으로만 있습니다. 있다고 해서 영혼이나 아트만처럼 자체 내에서 있는 것이 아니라 생각이나 이름으로만 있는 것입니다.

지난번에 큰스님께서 박근혜 대통령을 비유로 드셨습니다. 같은 사람이지만 선거에 이겨서 취임식을 하기 전에는 대통령이 아니었고 취임하고 난 다음에는 대통령이 되어 대한민국 국민들에게 박근혜는 보이지 않고 박 대통령으로만 보이는 것과 마찬가지로 그 자체 내에서 대통령이라 할 수 있는 것은 없고 이름과 생각만으로 있습니다. 우리도 마찬가지입니다. 사람이라고 할 만한, 나라고 할 만한 것이 그 자체 내에서 아무것도 없습니다. 지금 무자성에 관해서 말하고 있습니다. 무자성은 아무것도 없다거나, 아예 없다는 뜻이 아닙니다. 아무것도 없는 게 아니라고 하면 뭔가 있다는 것이 드러납니다. 있다고 할 때 자체 내에서 있는 것처럼 보이는 것은 모두 착각입니다. 어떻게 있느냐 하면 연기법으로 있어서 이름, 조건, 원인, 상대적으로 있는 것입니다. 염주, 스마트폰, 사람, 스님, 재가자 등도 모두 연기법으로 있습니다. 무자성이라고 해서 아예 없다고 하면 사견(邪見) 혹은 단견(斷見)이라고 합니다. 이는 인과를 믿는 마음을 약하게 합니다. 인과를 믿는 마음이 약해지면 무자성, 무아, 공을 이해하는 데에 문제가 있습니다. 공을 이해하되 인과를 믿는 마음이 더 강해지면 공을 잘 이해하고 있는 것입니다. 인과라고 하지만 연기법입니다. 그렇기 때문에 공성, 무아, 무자성이 한편이고 연기법, 인과 등이 다른 한편입니다. 이 둘은 하나는 부정적인 표현이고, 다른 하나는 긍정적인 표현입니다. 손의 양면을 보여주듯이 같은 의미를 다르게 표현하는 것이라고 볼 수 있습니다.

스님들이 따끈한 차를 준비하셨으니 머리도 식힐 겸 삼십 분 쉬고 다시 공부를 시작하겠습니다.

Aryadeva 성천보살

제 3 강

　　공부를 시작하겠습니다. 두 번째 '싸쩨'인 '연기를 설하신 면에서 부처님께 예경 올리는 이유'에 대해 설명하고 있습니다. 설명만 읽어 보아도 거의 이해할 수 있도록 만들었습니다만 설명에 나오지 않은 몇 가지 점들에 대해 더 말씀드리겠습니다. 앞 시간에 말씀드린 것과 같이 유정과 무정을 모두 포함한 세간이라고 할 때, 지진이나 가뭄 등 지수화풍으로 인해 생기는 무정에 의한 재앙과 사람들 마음의 욕심, 분노 등으로 인해 생기는 허물들 때문에, 모두가 세계 평화를 얘기하지만 세계 뉴스들을 보면 여러 가지 문제들이 끊임없이 일어나고 있습니다. 무정에 의한 재앙들은 누구의 탓이라고 말할 수 없고, 주로 자연재해로 오기 때문에 미리 대비하거나 도망치는 수밖에 없습니다. 그러나 사람으로 인해 생기는 문제들은 달라이 라마 존자님께서도 늘 말씀하시듯 우리들 마음의 문제입니다. 집착과 분노, 욕심 등으로 너무 내 것이라고 집착하여 그것을 이루기 위해 상대방을 이용하거나 미워하기 때문에 세계가 평화롭지 못하거나 지구가 위험하게 되는 것입니다. 마음의 문제입니다. 지금은 교육을 너무나 중요하게 생각하지만 지구촌의 교육 방향이 물질적으로 치우쳐 있어 정신적인 면은 거의 생각하지 않기 때문에 많은 문제점이 있다고 존자님께서 말씀하셨습니다. 현재 하고 있는 교육에 부족한 점이 있다고 보신 것입니다. 그리고 그 부족한 점을 불교에서 채울 수 있다고 하셨습니다. 그래서 과학자들을 만나시는 것입니다.

처음에 존자님께서 과학자들을 만나 대화하시려고 할 때 과학이 불교를 탄압해 불교가 피해를 입게 될 거라며 주변에서 많이 말렸다고 합니다. 하지만 지금 와서 보면 유명한 과학자들이 불교를 긍정적으로 보고 불교에 관심을 가져서, 자기들이 지금까지 과학적으로 밝히지 못한 것들을 불교의 도움으로 채우기 시작했습니다. 과학자들이 불자거나, 부처님을 믿어서가 아니라 연기법은 사실 그대로이기 때문입니다. 며칠 전에도 인도 델리에서 과학자들과 존자님, 우리 도반 스님들이 함께 토론하는 모습을 뉴스로 보았습니다. 그렇기 때문에 불교가 지구촌의 여러 문제들 중 특히 교육의 문제점들을 보완할 수 있다고 하는 것입니다. 다시 말씀 드리자면 과학이 너무 물질을 대상으로 연구하고 발전하는 데 치우쳐 있기 때문에 정신세계에 대해서는 사실이 아니라며 관심도 가지지 않았고, 존자님께 과학자들과 만나지 말라고 말린 분들도 과학과 종교는 서로 맞지 않다고 생각했습니다. 하지만 지금까지 존자님께서 '마음과 생명(Mind and Life)'이라는 센터를 만들어 30여 년 동안 과학자들을 만나오셨습니다. 이러한 과정을 통해 과학자들이 불교에 관심을 가지게 된 것입니다.

존자님께서 《구사론》에 보면 지구가 어떻게 생겨났는지에 대해 설명하는 부분이 있긴 하지만 물질적인 부분에서는 과학자들의 설명에 비하면 너무나 부족하다고 하셨습니다. 과거 물질에 대한 불교의 설명은 너무 거칠어 과학자들의 미세한 설명에 비해 부족하지만 정신적인 면에서는 과학의 수준이 유치원이나 초등학교 1학년 수준에 불과하고 불교는 대학이나 연구원 수준이라서 이 둘이 함께 만나면 지구의 여러 가지 문제점들을 해결하거나, 교육의 부족한 점들을 서로 채울 수 있을 거라고 말씀하셨습니다.

존자님께서는 첫 번째로 세계 평화를 위해 힘쓰겠다고 약속하셨습니다. 한 사람 한 사람의 마음을 평화롭고 자비롭게 만들어야 온 나라뿐만 아니라 지구까지도 평화로워질 수 있다고 하셨습니다.

이 세계 평화를 위해 교육의 부족한 부분과 문제점들을 지적하시면서 현재 진행되고 있는 교육은 물질의 발전이나 개발 등 물질 위주로 흘러가고 있기 때문에 정신적인 면에 대해서는 거의 신경을 쓰지 않고 있다고 하셨습니다. 그러나 물질만으로는 행복해질 수 없습니다. 예전에 비해 훨씬 더 물질적 풍요로움을 누리게 되었지만 마음이 편안하지 않습니다. 정신이나 마음에 문제가 있기 때문입니다. 그래서 존자님께서는 교육에 대해 신경을 많이 쓰십니다.

존자님께서 어디에 가서도 늘 하시는 말씀은 자비입니다. 종교가 있고 없고를 떠나서 누구에게나 따뜻한 마음인 자비가 매우 중요하다고 하십니다. 사람은 태어날 때부터 자비로 살 수 있어서 부모님이 자식에 대해 자비가 없으면 자식은 성장할 수 없습니다. 그리고 태어나자마자 어머니가 품 안에 자식을 안는 행위 자체가 앞으로의 자식의 육체적, 정신적인 성장에 큰 도움을 준다고 과학자들도 같은 말을 하고 있습니다. 이와 같이 우리는 태어날 때부터 자비로 태어났습니다. 자비로써 서로를 이해하고 배려하는 이타의 마음이 많으면 많을수록 가정, 나라, 지구가 모두 행복해지게 됩니다. 따뜻한 마음이 많아야 행복해지는 것이지, 물질을 많이 가진다고 해서 행복해지는 것이 아닙니다. 마음으로 행복해지는 것이지, 물질로 행복해지는 것이 아닙니다. 먹을 것은 물, 보릿가루밖에 없고 동굴 안이 집이었던 밀라레빠 존자님과 같은 수행자들은 행복하지만, 큰 아파트에 온갖 비싼 물건을 가지고 있는 우리들은 정작 마음이 불안합니다. 그래서 존자님께서 세계 곳곳을 다니면서 종교가 있고 없고를 떠나 만나는 모든 이에게 자비에 대해 말씀하시고 있습니다. 이 지구의 70억 사람들이 고통을 떠나 행복하게 살고 싶어하는 마음은 모두 똑같기 때문입니다. 이것이 존자님의 첫 번째 목적인 세계 평화를 위해 노력하는 것입니다.

　그리고 두 번째로 세계의 모든 종교인들이 서로 화합해야 한다고 하셨습니다. 많은 종교들이 지금까지 존재해오면서 많은 사람들에게 도움을 주었습니다. 따라서 종교인들 간의 화합이 중요하므로 서로 종교가 다르다고 싸워서 사람들 사이에 문제를 일으키면 안 된다고 하셨습니다. 존자님께서는 타종교인을 만나러 성당에도 가고, 교회에도 가고, 모스크에도 가서 그들을 모두 존중해주셨습니다. 다른 종교인을 만나서 불교가 최고라는 말씀을 절대로 하신 적이 없다고 하십니다. 최고는 사람에 따라 다르듯이 약도 이 약이 최고라고 말할 수 있는 약이 없어서 각기 다른 병에 맞는 약이 다양하게 필요한 것처럼 종교도 다양해야 한다고 하셨습니다. 요즘 다문화(多文化)라고 말하는 것처럼 다종교(多宗敎)도 중요합니다. 예전에 만났던 어떤 신도분이 외국인의 입장에서 보면 한국은 종교 박물관이라며 지구에 있는 모든 종교가 한국에 다 있다고 말했습니다. 한국사람들이 신앙심이 깊어서 다양한 종교가 있는 것입니다. 다양한 종교가 있는 것은 좋은 일입니다. 사람들의 습성이 모두 다르기 때문에 어떤 사람들에게는 불교보다 기독교나 천주교 등 다른 종교가 더 도움이 될 수 있습니다. 그런 면에서 존자님께서 종교 간의 화합을 위해 많은 노력을 하시고 있습니다. 이것이 두 번째 목적입니다.

첫 번째 목적인 세계 평화와 두 번째 목적인 종교 화합에 대해 말씀 드렸고, 세 번째는 한국인들이 과거 일본식민지 시대에 고통을 겪었던 것처럼 지금 티베트인들이 겪고 있는 고통 때문에 티베트 전 국민들이 존자님만 바라보고 있습니다. 그래서 존자님께서도 그들을 위해 티베트인들의 대변인을 자처하고 계십니다. 티베트 본토에 있는 티베트인들은 말을 하고 싶어도 할 수 없는 처지에 놓여 있기 때문에 존자님께서 대변인이 되어 티베트의 문제 해결을 위해 많은 노력을 하시고 있습니다. 티베트만을 위한 것이 아닌, 티베트와 중국 간의 소통을 통해 모두에게 좋은 해결책이 있다고 하십니다. 존자님께서는 과거 역사를 보면 티베트가 독립국가였듯이 현재에도 중국이 티베트를 말로만이 아니라 진정한 의미의 자치구로서 종교 활동 등의 여러 가지 자유를 보장해주면 서로서로 도와가며 살아갈 수 있다고 하십니다.

이렇게 달라이 라마 존자님께서 하시는 일은 크게 이 세 가지입니다. 세계 평화, 종교 화합, 티베트 문제의 평화로운 해결이라고 늘 존자님께서 말씀하십니다.

그러므로 이 모든 문제들인 세간의 어떠한 허물도 뿌리는 모두 무지로부터 비롯됩니다. 무지는 없을 무(無)에 알 지(知)로써 '아는 바가 없다'라는 뜻입니다. 무명(無明)이라고도 하고, 순 한국말로 어리석음이라고도 합니다. 그런데 무지라고 할 때 모르는 것 자체가 무지입니까? 아니면 또 다른 무지가 있습니까? 무지의 개념에 대해 학파에 따라 견해가 다릅니다. 모르는 것 자체가 무지라고 하는 학파도 있습니다. 스마트폰이 어떤 원리로 작동하는지 우리는 모르고 있습니다. 이와 같이 모르는 것 자체를 무지라고도 합니다. 두 번째로는 지혜의 반대를 무지라고 합니다. 있는 그대로를 보지 않고 반대로 보는 것을 무지라고도 합니다. 아집, 아상으로 집착하고 있는 자아가 없음을 깨닫는 것이 지혜이고, 있다고 믿거나 집착하는 것을 무지, 무명이라고 합니다. 무지와 무명을 이렇게 두 가지로 해석할 수 있습니다. 모르는 것 자체를 무지라고도 하고, 그 모르는 것을 바탕으로 잘못 인식하고 있는 것을 무지라고도 합니다. 내가 없는데도 있다고 착각하거나 허수아비를 사람으로 착각하는 것 등입니다. 《구사론》에서 표현하고 있듯이 멀리서 보면 논 한가운데 사람이 있다고 착각하는데 가까이 가면 허수아비를 사람으로 착각한 사실을 깨닫게 됩니다. 허수아비로 깨닫게 되는 순간 사람이라는 착각이 없어집니다. 그와 같이 자아, 실체가 없다고 깨닫는 순간 실체가 있다고 하는 착각이 없어집니다.

부처님께서 무명과 무지를 제거하기 위한 방법으로 바로 연기법의 가르침을 설해주셨습니다. 법의 이치인 연기법은 세 가지 면에서 생각해 볼 수 있습니다. 첫 번째 인과법, 두 번째 상호의존

즉, 전체와 부분의 관계로 존재하는 것, 세 번째 실체가 없는 것, 자성이 없는 것 또는 이름과 생각만으로 있는 것, 객체가 아닌 주체의 면에서 있다·없다고 말하는 그것뿐으로 그것이 바로 현실입니다. 이 세 번째 연기법을 이해하게 되면 공성을 이해하는 것입니다. 무자성, 무아를 이해하고 체득하는 것입니다.

그리고 앞 시간에도 질문이 나왔습니다. 우리는 한국말을 이해한다고 합니다. 자각(自覺)이라고 해서 스스로 깨달았다, 안다, 본다고 합니다. 우리는 이해한다, 안다, 깨달았다고 하면 단 하나만을 생각하는데 그것은 아닙니다. 양파 껍질을 한 겹씩 벗겨들어가는 것처럼 아는 것도 깊이깊이 들어갈 수 있습니다. 아는 것에도 여러 가지가 있습니다. 경전에서는 문·문혜, 사·사혜, 수·수혜라고 해서 지혜에 세 가지 종류가 있다고 합니다. 들음으로써 생기는 지혜, 생각함으로써 생기는 지혜, 닦음으로써 생기는 지혜 등이 있습니다. 지혜는 티베트어로 '쎄랍'이라고 합니다. 범어로는 '쁘라즈냐' 즉, 반야라고 합니다. 한국에서는 지혜, 중국에서는 '띄휘'라고 합니다. 티베트어로는 뜻으로 풀어서 '쎄랍'이라고 합니다. 지난번 《반야심경》 캠프 때 말씀드렸습니다. '쎄랍'은 알아차림 중에서 최고를 말합니다. 아는 것 중에서 최고를 지혜라고 합니다. 이렇게 티베트에서는 풀었습니다.

지혜에는 문혜, 사혜, 수혜 세 가지가 있습니다. 문혜는 듣고 읽고 생각하는 공부 과정을 통해 대충 이해하는 것입니다. 저는 '남의 지혜'라고 표현하고 있습니다. 물건으로 치면 남의 것을 빌린 것과 같습니다. 그리고 나서 이것을 자신의 것으로 만들기 위해서는 사(思) 즉, 더 깊이 생각할 필요가 있습니다. 듣고 배우고 생각했던 것들에 대해 더 깊이 생각해서 맞는지 맞지 않는지를 따져 보아야 합니다. 이때까지 자기가 듣고 배우고 생각해서 알고 있었던 것들에 대해 더 깊이 생각해서 현실에 맞는지 맞지 않는지를 분석해 봐야 합니다. 생각하고 또 생각하면 확신을 얻을 수 있습니다. 그렇기 때문에 문혜보다 사혜가 더 확실해지는 것입니다. 물건으로 치면 더 튼튼해지는 것입니다. 양파 껍질을 좀 더 벗겨 속으로 들어가는 것입니다. 확신을 얻어서 이해하는 것이 사혜입니다. 이제 남의 것이 내 것으로 되는 것입니다. 또는 흔들리지 않는 지혜를 얻은 것입니다. 그리고 이것보다 더 뛰어난 것은 경험을 반복해서 생기는 지혜가 있다고 합니다. 아는 것보다 경험, 지식보다는 지혜라는 말이 있듯이 닦고 닦음으로써 생기는 지혜인 수혜가 최고입니다.

　이와 같이 지혜에 여러 가지 종류가 있습니다. 공성에 대한 지혜도 마찬가지입니다. 공성에 대한 문혜, 공성에 대한 사혜, 공성에 대한 수혜 등이 있습니다. 공성에 대한 문혜 정도는 오도에 들어가지 않아도, 우리에게도 생길 수 있습니다. 아마 제가 공성에 대해 이해하고 있는 것이 문혜라고 할 수 있을 것 같습니다. 저는 여러 스승님들로부터 배우고, 경전을 통해서 배운 것을 배달꾼이나 택배 기사처럼 전달하는 정도밖에 하지 못합니다. 존자님의 말씀, 람림 린뽀체의 말씀, 용수보살님과 무착보살님의 말씀 등을 통해 배운 것을 배달하는 정도밖에 안 됩니다. TV 광고에서 배달의 민족이라고 하는 것처럼 저도 한국에 와서 배달하는 문화를 익힌 것 같습니다. 메시지를 전달하는 정도밖에 안 됩니다. 제 것이 아닙니다. 이것은 문혜 정도밖에 되지 않습니다. 문혜에서 다시 가만히 앉아서 공성, 무상, 해탈, 전생, 다음 생, 불교에서의 윤회 등에 대해서 생각하고 또 생각하고, 기도하고, 절하고, 수행도 하면 어느 순간 공성, 무상, 해탈에 대해 확신을 얻게 됩니다. 그때 사혜의 경지에 오르게 되는 것입니다. 그 다음에 그것을 익히는 과정이 수와 수혜입니다. 경험을 통해서 공성을 체득하고 자각할 때 나오는 얘기는 다릅니다. 그러니까 아는 것만큼 보인다, 아는 것만큼 말할 수 있다고 하는 것입니다. 이렇게 이해, 앎, 지혜 세 가지로 나눌 수 있다고 봅니다. 공성에 대한 문혜는 어느 정도 공부하면 누구나 갖출 수 있습니다. 우리가 갖고 있는 대부분의 지혜는 문혜 정도밖에 안 됩니다. 문혜는 남의 물건을 빌린 것이기 때문에 자기 것으로 만들기 위해 더 깊게 생각하고, 더 많이 수행하고, 기도하고, 복을 쌓고, 참회하는 등 여러 가지를 함으로써 공성에 대한 흔들리지 않는, 확고한 확신을 얻을 수 있다고 합니다. 이때를 사혜라고 합니다. 그러나 사혜는 자량도, 가행도 등의 경지는 아닙니다. 도의 경지에 들어가기 전에 사혜가 생길 수 있다고 합니다. 수혜는 자량도, 가행도 등을 얘기합니다. 공성을 닦고 닦음으로써 생기는 지혜가 수혜입니다. 자량도, 가행도의 경지도 있고, 견도의 기준으로 공성을 볼 때 현실의 사물을 보듯이 확실하게 공성을 본다는 얘기도 있습니다.

우리는 갈 길이 아직 멀었습니다. 성질이 급해서 기도만으로 바로 해결된다고 생각하면 안 됩니다. 존자님도 머리카락이 이마에서 뒤로 벗겨지는 데까지 80년이 걸렸다고 하셨습니다. 하루 아침에 대머리가 되지 않는 것과 같이 우리가 공부하고 수행하는 데에도 많은 시간이 필요합니다. 꾸준히 공부하고, 수행하고, 기도하고, 복을 쌓고, 참회하는 것이 모두 필요합니다. 예전에 누구도 해보지 않은, 자기만이 알고 있는, 곧바로 성취할 수 있는 법이 있다고 한다면 착각입니다. 이것은 자기가 자기를 속이는 것으로 이런 것은 절대로 없습니다. 시간이 많이 필요합니다.

　　믿음을 가지고 나무아미타불, 나무관세음보살 등 염불하는 것도 무시할 수는 없다고 합니다. 존자님의 말씀은 아니지만 제 도반들이 하는 말을 들어 보면 경전 등에 염불에 대해 많은 얘기를 하고 있다고 합니다. 그래서 '중국과 한국에서 염불을 많이 하는구나!'라고 알게 되었습니다. 어떤 사람들은 염불하는 것이 방편이 아니라고 말하는 사람도 있지만 지금처럼 공부하고, 수행하고, 아미타불을 염불한 공덕으로 극락에 태어나길 발원하면 100% 확신할 수는 없지만 극락에 갈 수도 있는 것 같습니다. 타종교에서 말하는 하나님과 창조주를 믿어서 천국에 가는 정도로 수행하는 것이 하사도 수행에 해당됩니다. 이와 같이 불교에서도 극락에 갈 수 있는 것 같습니다. 극락은 불보살님들만 계신 곳이 아니고 우리도 기도하면 극락에 갈 수 있습니다. 천국에 가면 다시 떨어질 수 있지만 아미타불 정토에 가면 아미타불이 계시고 법우들이 있기 때문에 도반과 함께 수행하면 다시 삼악도로 떨어지지 않고 성불할 수 있다고 합니다. 지금 우리가 생각해보면 깨달음과 성불은 너무 멀리 있습니다. 지금의 생각, 습관 등이 완전히 바뀌어야 하기 때문입니다. 지금하고 있는 생각과 습관들은 이기심과 아집 쪽으로 100% 기울어져 있기 때문에 이것을 완전히 바꿔서 그 반대쪽으로 기울어지도록 해야 합니다. 이렇게 바꾸는 데 시간이 엄청나게 많이 걸린다고 합니다. 그것도 목적으로 삼으면서 일단 나무아미타불, 나무관세음보살 등을 부르며 지금보다 더 수행하기 좋은 곳으로 태어나길 서원하는 것도 나쁘지 않다라는 생각이 들었습니다. '그래서 중국과 한국에서 염불을 많이 하는구나'라고 생각하게 되었습니다. 티베트에서는 '옴마니빼메훔(ༀ་མ་ཎི་པདྨེ་ཧཱུྃ)'이라는 진언을 많이 외웁니다. '이런 것이 모두 이유가 있구나' 하는 생각이 들었습니다. 극락에 가는 것은 해탈하고 성불하는 것보다 어렵지 않습니다.

중생들의 해탈과 성불을 위해 연기법을 설하셨습니다. "그렇기에 현명한 이라면 연기를 깨닫는 것이 부처님 가르침의 정수임을 어찌 모를 수 있겠는가"라고 하셨습니다. 부처님께서 진짜 지혜가 있는 현명한 이라면 연기법을 깨닫는 것이 부처님 가르침의 정수이기 때문에 연기법을 깨닫기 위해 힘써야 한다고 하신 것입니다. 연기를 깨닫는 것이 부처님 가르침의 정수이자 핵심입니다. '그러므로 인도자이신 부처님을 찬탄함에 연기를 설해주신 면에서 찬탄하는 것보다 더한 찬탄이 어디 있겠는가'라고 하셨습니다. 부처님을 찬탄하는 방법은 여러 가지가 있습니다. 지혜롭다, 자비롭다, 상호가 뛰어나다 등 여러 가지 면에서 부처님을 찬탄할 수 있습니다. '연기를 설해주신 면에서'라는 것은 부처님께서 우리가 무지하기 때문에 우리에게 필요한 핵심만 가르쳐주신다는 것입니다. 그렇기 때문에 연기를 설해주신 면에서 찬탄하는 것보다 더 훌륭한 찬탄은 없다고 합니다. 부처님을 찬탄하면 연기법을 설해주신 면에서 찬탄해야 한다고 하는 것입니다.

그렇다면 연기법은 무엇입니까? 앞서 세 가지 연기법을 말씀드렸습니다. 그중에서 "조건에 의지하는 어떠한 것도 그 모두 실체가 없도다."라고 합니다. 티베트어로 '강강껜라라레빠 데데랑신기똥쑹(གང་གང་བརྟེན་པ་རྐྱེན་ལས་སྐྱེས། དེ་དེ་རང་བཞིན་གྱིས་སྟོང་ཞེས།)'이라고 합니다. 조건에 의지하는 그 어떤 것도 자성이 없다는 말입니다. 조건에 의지하면 그 모두는 실체가 없습니다. 좀 더 생각해보십시오. 원인과 조건에 의지해 있기 때문에 여기에도 없고 저기에도 없고 객체나 주체 내에서 찾아보면 아예 찾을 수가 없습니다. 의지하기 때문에 이것입니다라고 말할 수가 없습니다. 손에 의지해서, 발에 의지해서 내가 서 있다고 한다면 손도 내가 아니고, 발도 내가 아닙니다. 하지만 나는 발, 손, 육신, 정신에 의지해서 나라고 말할 수 있는 존재로 있습니다. 그렇기 때문에 육신과 정신 어느 한 쪽에서도 나라고 할 수 있는 어떤 자성이나 실체가 없습니다. 나라고 하는 것을 내 육신에서 찾을 수 있습니까? 내 정신에서 나를 찾을 수 있습니까? 영혼과 아트만은 내가 아닙니까? 나는 없습니까? 없다고 말할 수는 없습니다. 그렇다면 없는 것도 아니고 있는 것도 아닙니까? 없는 것도 아니고 있는 것도 아니라는 말은 말이 되는 것 같지만, 없는 것이 아니라고 할 때 이미 있다는 뜻입니다. 없는 것이 아니라는 말과 있다는 말은 차이가 있습니까? 없는 것이 아니라는 말은 부정적인 면에서 표현하는 것이고, 있다는 말은 긍정적인 면에서 표현한 것입니다.

없다고 할 때는 두 가지가 있습니다. 있다고 할 때도 두 가지가 있습니다. '있다'라고 할 때 첫째 자성으로, 실제로 있는 것과 둘째 연기로 있는 것 두 가지입니다. 연기로 있는 것은 있지만 자성으로, 실제로 있는 것은 없다고 해야 합니다. '없다'라고 할 때는 첫째 아예 없는 것과 둘째 자성으로 없는 것 두 가지로 볼 수 있습니다. 아예 없거나 아무것도 없는 것이 아닙니다. 하지만 자성으로 없는 것은 맞습니다. 그래서 아예 없는 것은 아니고, 자성으로 없는 것은 맞습니다. 자성으로 있는 것은 아니고, 연기로 있는 것은 맞습니다.

이와 같이 있다·없다라고 할 때 이 두 가지를 구분할 수 있어야 합니다. 여기서는 자성과 실체 등을 강조하고 있습니다.

'조건에 의지하는 어떠한 것도 그 모두 실체가 없도다'라는 말씀보다 더 경이로운 가르침이 어디 있겠는가'라는 말씀은 조건에 의지하기 때문에 자성이 없다는 것입니다. 내 몸, 내 정신 등이 모두 조건입니다. 이러한 조건이 있기 때문에 내가 있는 것입니다. 몸과 정신을 조건으로 내가 있기 때문에 나라고 할 만한 자성이나 실체가 없다고 하는 것입니다. 쫑카빠 스승님께서 "이 말씀보다 더 경이로운 가르침이 어디 있겠는가?"라고 하셨는데, 우리는 좀 더 생각해야 합니다. 생각하고 또 생각하면 '이것이 진짜 경이로운 말씀이구나, 참 훌륭한 말씀이구나' 하고 이해할 수 있습니다.

【문】 무자성의 존재를 제도의 대상으로 삼은 이유가 무엇입니까?
【답】 무자성이라고 해서 무자성의 존재가 있다고 생각하면 안 됩니다. 무자성도 자성이 없는 것입니다. 우리는 무자성 그 자체는 자성이 있다고 착각할 수 있습니다. 그러나 무자성 또한 자성이 없습니다.

【문】 그렇다면 무자성이기 때문에 조건에 의지해서 생길 수밖에 없습니까?
【답】 그렇습니다. 조건에 의지해서 일어날 수밖에 없기 때문에 무자성입니다. 무자성이기 때문에 조건에 의지해서 일어나는 것입니다. 이 둘은 똑같습니다. 연기법과 무자성은 같은 내용입니다. 무자성, 무아, 공성 등은 표현은 다르지만 모두 같

은 말입니다. 일본에 가보면 빈 택시에 '공차(空車)'라고 쓰여 있습니다. 이것은 대만이나 홍콩에 가도 마찬가지입니다. 이 공차는 아공, 법공의 개념과 비슷한 것 같습니다. 공차라고 할 때 차가 아예 없다는 말도 아니고, 사람이 없다는 말도 아닙니다. 단지 차에 탄 손님이 없다는 말입니다. 그래서 빈 차라고 하면 언제든지 손님이 탈 수 있습니다. 그와 같이 무자성, 무아, 공성이라고 할 때 아예 없다는 것이 아니라 무언가가 없다는 말입니다. 그런데 무엇이 없다는 말일까요? 무아는 내가 없다는 말입니다.

그렇다면 나라고 할 때 무엇이 없다고 하는지에 대해 우리가 어떻게 생각하고 있는지 먼저 살펴봐야 합니다. 나라고 할 때 내가 때로는 육신에 존재하는 것처럼, 때로는 정신에 존재하는 것처럼, 때로는 심장 가운데 존재하는 것처럼, 때로는 뇌에 존재하는 것처럼 생각할 수 있습니다. 어떤 과학자들은 뇌에 아트만 같은 것이 존재하고 있다고 말하기도 합니다. 하지만 이 모든 것은 착각입니다. 나는 어디에도 없지만 공차와 같이 아무것도 없는 것이 아닙니다. 우리의 생각에는 착각이나 착오가 있다고 말합니다. 이것은 부처님께서 하신 말씀입니다. 이것을 설명하려면 시간이 길어지니까 '무(無)'자 하나로 공을 설명하신 것 같습니다. 생각을 깊이 하라고, 자꾸 생각을 밖으로 향해 두지 말고 가만히 앉아서 내면을 들여다 보라고 합니다. 티베트 속담에는 "밖을 바라보는 눈이 있지만, 자기를 들여다 볼 수 있는 거울이 있어야 한다"는 말이 있습니다. 한국에도 이와 비슷한 말이 있는 것 같습니다. 우리 눈으로는 자기 자신을 직접 볼 수 없습니다. 그래서 자기 자신에 대해서나 자기가 어떻게 살고 있는지에 대해 잘 모르는 것 같습니다. 하지만 다른 사람이 조금이라도 잘못하면 바로 눈으로 보고 비난을 해댑니다. 부처님《본생담》에는 이런 얘기가 있습니다. 온 몸에 흙먼지를 덮어쓴 어떤 원숭이가 그런 자기 모습은 보지 못하고 다른 원숭이의 꼬리에 조금밖에 묻지 않은 먼지를 보고는 먼지가 많이 묻었다며 호들갑을 떨었다고 합니다. 왕이 이런 꿈을 꾸게 된 연유를 부처님께 여쭈자 "석가모니 부처님의 법이 있던 시절에 제자들이 자신의 허물은 아무리 커도 보지 못하고 다른 사람의 허물은 조그만 것도 크게 보고 문제 삼아서 그렇다."고 대답하셨다고 합니다. 그래서 남을 보는 눈이 있듯이 자기 자신을 볼 수 있는 거울이 반드시 있어야 한다고 합니다.

【문】 '조건에 의지하는 어떠한 것도 그 모두 실체가 없다'고 하셨습니다. '의지한다'는 이 말 자체만 놓고 보면, 먼저 조건이 전제가 되잖아요. '조건에 의지한다'고 할 때 사실 그 조건 자체가 성립될 수 없는데, 어떻게 조건에 의지하는 것의 실체가 없다는 말을 할 수 있는 건지 모르겠습니다.

【답】 조건 자체도 조건에 의지하는 것입니다. 불교에서는 조건의 조건, 그 조건의 조건이라는 식으로 따져 보면 그 원인이 시작함이 없다고 합니다. 그와 같이 우리의 태어남도 그 첫 시작이 없다고 하셨습니다.

【문】《중론》의 제1장 관인연품과 제26장 관십이인연품 가운데 먼

저 '관인연품'을 보면 좀 전에 조건의 시작을 분석하셨듯이 인연 자체를 분석함으로써 인연이란 것 자체가 성립되지 않는다며 파(破)하고 있는데, '관십이인연품'에서는 인연을 다시 십이연기로 용수보살님께서 설명하고 계시는데, 이 둘의 관계를 어떻게 설명하면 됩니까?

【답】 앞서 있는 것 두 가지와 없는 것 두 가지를 말씀드렸습니다. 연기적으로 모두 다 있습니다. 빈 차, 공차를 말씀드린 것과 같이 연기적인 측면에서 보면 모두 다 있습니다. 나, 너, 조건, 공성, 윤회, 해탈, 성불, 지옥 등도 연기적인 면에서 모두 다 존재합니다. 지금 내가 있다고 할 때 연기적인 면에서 보면 방석 위에 앉아있는 내가 지금 여기 있습니다. 《중론》 제1장에서는 있는 방법과 어떻게 있는지에 대해 말하고 있습니다. 주체 면에서 있는 것인지, 객체 면에서 있는 것인지를 따져 보아야 합니다. 원인과 조건 면에서 있는 것인지, 부분과 전체 등 상대적인 면에서 있는 것인지, 이름과 생각만으로 있는 것인지 연기를 세 가지 측면에서 따져 보면 있습니다. 이렇게 연기의 측면에서 보면 있지만, 이와 반대로 자성의 측면에서 보면 없습니다.

【문】 그렇다면, 연기 자체가 성립하지 않는다고 보아도 되겠습니까?

【답】 연기 자체도 연기의 면에서 보면 있고, 자성의 면에서 보면 없습니다. 이를 잘 구분하면 제1장에서 없다고 하는 것은 자성의 면에서 보면 없어서 무자성이라고 하는 것이지 아예 없

다고 하는 말은 아닙니다. 만약 아예 없다고 한다면 제26장에서 십이연기 등을 말할 필요가 없습니다. 연기 면에서 있고, 자성 면에서 없다고 하기 때문에 있는 것 두 가지와 없는 것 두 가지를 잘 구분할 수 있어야 합니다. 뒤에 게송에도 나옵니다만 사람들이 부처님의 말씀을 자기 식대로 잘못 알아듣고서 큰 혼란에 빠지게 되었다고 합니다. 쫑카빠 스승님께서도 처음에는 혼란스러웠지만, 나중에 용수보살님의 《중론》을 월칭보살님의 주석서를 통해 부처님의 깊은 뜻을 정확하게 이해하게 되었을 때 부처님께 감동을 받아 가슴 깊이 우러난 찬탄이 저절로 나온다고 하십니다. 조금 뒤에 나옵니다. 조금만 더 기다려주세요.

【대중 웃음】

그렇기 때문에 '조건에 의지하는 어떠한 것도 그 모두 실체가 없다'고 하는 말에만 집착하지 마세요. 경전이나 논서 등을 볼 때 일부분만 보고 이렇다 저렇다고 판단하면 안 됩니다. 전체를 봐야 무슨 뜻인지 정확하게 이해할 수 있습니다. 경전뿐만 아니라 살아가는 것 자체도 부분에만 치우쳐서 보고 있습니다. 부분만 보고 그게 다라고 착각해서 좋고 나쁨과 옳고 그름을 따지며 싸우고 있습니다. 존자님께서도 늘 비유하십니다. 공부를 잘하는 한 학생이 있습니다. 늘 열심히 공부하는 학생이지만 24시간 내내 공부만 할 수는 없습니다. 잠도 자야 하고, 밥도 먹어야 하고, 쉬기도 해야 합니다. 그런데 어떤 사람이 이 학생의 집에 자주 왔는데, 올 때마다

이 학생은 쉬고 있었습니다. 그 사람은 올 때마다 학생이 공부하는 모습은 보지 못하고 쉬는 모습만 볼 수 있었기 때문에, 학생이 공부는 하지 않고 늘 놀기만 한다고 생각했습니다. 이 학생의 하루일과를 다 보지 못하고 자기가 학생의 집에 찾아간 시간에 보이는 것만 봤기 때문에 이 학생이 공부하지 않는다고 착각한 것입니다. 하지만 이 학생의 하루일과를 다 보고 있는 사람은 그렇지 않고 공부를 잘하는 학생으로 알고 있습니다.

그와 마찬가지로 연기법을 보라고 하는 것은 전체를 보라고 하는 말입니다. 영화도 마찬가지여서 한 장면만 보고 영화가 좋은지 나쁜지 말할 수 없습니다. 전체를 보고 난 뒤라야 액션도 좋고, 풍경도 좋고, 스토리도 좋다고 그 영화를 평가할 수 있는 것입니다. 그와 같이 전체를 봐야 합니다. '조건에 의지하는 어떠한 것도 그 모두 실체가 없다'고 할 때 그것도 깊이 생각해야 하지만, 좀 전에 하신 질문처럼 뭔가 조건이 있고 여기에 의지하고 있는 것만 실체가 없다는 말이 아닙니다. 조건은 자성이 있고 그 조건에 의지하고 있는 것만 자성이 없다고 하면 모순이 됩니다. 조건 자체도 실체가 없습니다. 연기법의 면에서 보면 조건도 있고, 결과도 있습니다. 하지만 자성의 면에서 보면 조건도 없고, 결과도 없고, 윤회도 없고, 해탈도 없고, 다 없습니다. 그래서 쫑카빠 대사님께서 있는 것 두 가지와 없는 것 두 가지를 잘 구분해서 이해해야 혼란에 빠지지 않고, 부처님의 말씀을 잘 이해할 수 있게 된다고 하셨습니다. 없다고 하는 것은 모두 무자성, 무아, 공성의 면에서 말하는 것입니다. 공성의 면에서 보면 부처도 없고, 중생도 없고, 윤회도 없고, 해탈도 없고, 다 없습니다. 우리들 세속의 마음이나 연기법에 의지하면 모두 있습니다. 그렇기 때문에 선업을 쌓아야 하고, 악업을 참회해야 합니다. 결과인 행복도 있고 고통도 있기 때문입니다. 하지만 그것을 보는 생각에 문제가 있고, 아는 것은 티끌만큼밖에 되지 않아서 지혜가 너무나 부족하기 때문에 공부를 많이 했다고 거드름을 피울 것이 아니라 항상 하심(下心)을 해서 아는 바가 없으니 고개 숙여야 합니다.

'경이로운 가르침'이라고 할 때 '조건에 의지하는 어떠한 것도 그 모두 실체가 없다'고 하신 말씀을 자꾸 생각해야 합니다. 부처님께서 제법무아, 무자성이라고 하신 궁극적인 의미가 무엇인지를 자꾸 생각해서 잘 살펴야 합니다. 이 네 게송이 연기를 설하신 면에서 부처님께 예경을 올리는 이유입니다. 쫑카빠 스승님께서 연기를 설해주신 면에서 부처님을 찬탄해야 할 이유를 밝히신 것입니다. 이것을 좀 더 풀면 '세간의 어떠한 허물도 그 뿌리는 무지에서 비롯되니'로 시작되는 게송에 나오는 무지에 대해 유부, 경량부, 유식, 중관학파의 주장이 모두 다릅니다. 무지로 허물인 생로병사의 윤회를 어떻게 하는지에 대한 십이연기 등에 대해서도 견해가 모두 다르기 때문에 오늘 안에 다 설명할 수 없습니다. 그래서 이 정도로 하고 다음 게송으로 넘어가겠습니다.

세 번째 '싸쩨'로 들어가서 '연기라는 이유로 어떤 이에게는 윤회하게 하고, 어떤 이에게는 해탈하게 하는 원인이 되게 하는 것'에 대해 공부하겠습니다. 연기라는 이유 하나로 어떤 사람에게는 윤회를 하는 원인이 되고, 어떤 사람에게는 해탈을 하는 원인이 됩니다. 여기에 관련된 게송은 하나입니다. 게송과 설명을 같이 읽어 보도록 하겠습니다.

3. 연기라는 이유로 어떤 이에게는 윤회하게 하고 어떤 이에게는 해탈하는 원인이 되게 하는 것

གང་དུ་བཟུང་བས་བྱིས་པ་རྣམས།། 강두 숭외 지빠남
མཐར་འཛིན་འཆིང་བ་བརྟན་བྱེད་པ།། 타르진 징와 땐제빠
དེ་ཉིད་མཁས་ལ་སྒྲོལ་བ་ཡི།། 데니 켈라 되빠이
དྲ་བ་མ་ལུས་གཅོད་པའི་སྐྱོ།། 다와 마뤼 쬐빼고

어리석은 이는 연기를 보면 극단의 견해가 더 강해지고, 지혜로운 이는 연기를 보면 무명의 그물을 끊는다네.

【설명】

어리석은 이는 연기라는 이유 때문에 자성이 실재한다고 생각해서 극단의 견해가 더 강해지게 됩니다. 예를 들면 어리석은 중생들의 생각에는 원인과 조건에 의지해서 생기는 것들이 반드시 원인과 조건에 의지해서 자성으로 성립된 실체가 있다고 착각하여 계속 윤회합니다. 반면 지혜로운 자는 자성으로 성립된 실체가 없다고 깨달았기 때문에 무명의 그물을 끊고 해탈의 길로 나아갑니다. 요약하면 열매 등 모든 존재들이 무자성입니다. 왜냐하면 연기이기 때문입니다. 이

논리는 공성을 깨닫게 하는 최상의 방법입니다.

티베트에서는 연기법을 논리로 딱썰할 때 '~최쩬, ~탈, ~치르'라고 하는데 이것은 아주 중요합니다. 예를 들면 열매 등 제법(諸法)인 모든 존재는 '최쩬'입니다. 논쟁의 대상인 주제입니다. 그 목적은 무자성임을 밝혀 깨닫게 하기 위해서입니다. 왜냐하면 연기법이기 때문입니다. 이것을 '모든 존재[최쩬] 무자성[탈] 연기이기 때문에[치르]'라고 할 수 있습니다. 연기법이기 때문에 반드시 무자성입니다. 무엇이? 열매 등 모든 법. 모든 법이 연기하기 때문에 무자성하다는 말로, 좀 전에 말씀드린 '원인과 조건에 의지하는 어떠한 것도 실체가 없다'는 말과 같은 의미입니다. 연기법이기 때문에 무자성, 무자성이기 때문에 연기법 이 둘은 동전의 양면과 같이 표현만 다를 뿐 같은 의미입니다. 연기법의 뜻은 공성, 무아, 무자성입니다.

이 게송에 어리석은 이와 지혜로운 이라는 표현이 나옵니다. 어리석은 이는 티베트어로 '지빠'라고 해서 어린아이라는 뜻입니다. 세속에서 아이라고 하면 나이가 어려 아직 몸이 덜 자란 어린아이를 말합니다. 하지만 경전에서 아이라고 하면 나이를 떠나 정신적인 면에서 지혜가 없어 어리석은 어린아이와 같다는 뜻으로 씁니다. 견도 이상의 수행자가 봤을 때 우리의 생각이 너무나 어리석기 때문에 아이라고 표현한 것입니다. 몸은 많이 자랐지만 정신은 아직 어린아이처럼 생각이 너무 짧은 것입니다.

【문】 티베트에서는 몇 살까지를 어린이라고 보는 기준이 있습니

까?

【답】 어린이, 청년 등 사람의 성장 과정을 다섯 단계로 나눕니다. 어머니 뱃속에 있을 때도 다섯 단계로 나눕니다. 처음에는 정자와 난자가 만나서 요쿠르트 같은 상태로 있다가 점점 자라서 버터처럼 딱딱해지고, 그것이 점점 자라서 머리가 나오고 몸이 만들어져 출생하기 전까지를 갈칠람, 알부담, 폐시, 건남, 발라싸거의 다섯 단계로 나누어 경전에서 설명하고 있습니다. 그와 마찬가지로 태어난 뒤에도 어린아이, 동자, 소년, 성년, 노년 등 다섯 가지로 나눕니다. 그래서 달라이 라마 존자님께서 《반야심경》에 나오는 만트라 '가떼 가떼 빠라가떼 빠라쌈가떼 보디 쏘하'를 자량도, 가행도, 견도, 수도, 무학도의 다섯 단계의 수행을 통해 성장하는 것이라고 설명하셨습니다. 이처럼 우리가 공부하고 수행하는 등의 노력을 해서 도달할 수 있는 다섯 가지 위치가 있는가 하면, 수행하지 않아도 자연스럽게 도달할 수 있는 오도가 있는데, 여기에 이미 설명해드린 어머니 뱃속에 있을 때의 오도와 어머니 뱃속에서 나왔을 때의 오도가 있다고 하셨습니다.

【문】 경전 상에서는 정자와 난자가 만날 때부터를 인간으로 인정하는 것입니까?

【답】 예, 그렇습니다. 그때 죽이는 것도 사람을 죽이는 살생과 같다고 합니다. 사람을 죽이는 살생의 대상이 되는 사람은 정자와 난자가 만날 때부터 사람으로 태어나서 죽기 전까지의 모두를 말하는 것입니다.

【문】 십이연기처럼 육근이 처음 생겼을 때를 사람이라고 보는 견해가 없습니까?

【답】 십이연기와 개념이 조금 다릅니다. 정자와 난자가 만나는 동시에 의식이 들어가기 때문에 그때부터 사람으로 봅니다. 그때부터 태어나기 전까지의 다섯 단계를 태내오도(胎內五道)라고 할 수 있습니다. 자량도, 가행도, 견도, 수도를 거쳐 무학도가 되면 태어나는 것입니다. 그리고 태어난 뒤에도 태외오도(胎外五道)가 있어서 어린아이는 자량도, 동자는 가행도, 소년은 견도, 성년은 수도, 노년은 무학도라고 볼 수 있습니다. 존자님께서 이 두 가지 오도는 별다른 노력 없이도 이룰 수 있는 자연의 오도라고 하셨습니다. 반면에 공부하고 수행하는 노력을 해야 이룰 수 있는 오도인 '가떼 가떼 빠라가떼 빠라상쌈가떼 보디 쏘하'를 다섯 단계로 나누어 설명하면 다음과 같습니다. 공부하고 수행해서 처음에 발심하고 출리심을 일으켜서 자량도에 들어가면 이제부터 수행을 시작하는 것입니다. 여기서 선정과 지혜를 닦아 사마타와 위빠사나 함께하는 수행을 할 수 있는 데까지 이르면 가행도라고 합니다. 그 두 가지 힘으로 무아, 무자성, 공성을 직접 자각하거나 눈으로 현상을 보듯이 확실하게 볼 때를 견도라고 합니다. 견도에서 더 수행해서 수도로 나아갑니다. 완전히 깨달아서 번뇌가 완전히 소멸되고 지혜가 완전히 성장되면 무학도입니다. 이것은 공부하고 수행하려는 의지를 가지고 문사수를 부지런히 해서 이룰 수 있는 오도입니다. 어머니 뱃속에서의

다섯 가지와 어머니 뱃속에서 나와서 노년에 이르기까지의 다섯 가지를 자연의 오도라 한다고 존자님께서 말씀하셨습니다. 이렇게 오도에 두 가지가 있다고 하셨습니다.

【문】 티베트에서도 깨치신 분에게서 사리가 나옵니까?

【답】 잘 생각해보면 사리가 나왔다고 해서 다 대단한 일은 아닌 것 같습니다. 진짜 열심히 수행한 분들에게서 사리가 나오는 경우도 있지만, 일반인들도 화장을 하면 사리가 나오는 경우가 있다고 합니다. 법신사리 등 내댓 가지 종류의 사리가 있다고 합니다. 예전에도 말씀드렸듯이 믿음만 있다면 개 이빨에서도 진신사리가 나툴 수 있다고 합니다.

티베트의 어떤 할머니에게 인도를 오가며 장사하는 아들이 있었는데, 아들이 인도로 갈 때마다 이 어머니는 부처님의 진신사리를 모시는 것이 소원이라며 구해달라고 매번 당부하셨습니다. 하지만 아들은 장사하느라고 바빠서 번번이 어머니의 당부를 잊어버렸고, 또다시 장사하러 떠나는 아들에게 어머니는 이번도 진신사리를 모셔오지 않으면 아들이 보는 앞에서 죽어버리겠다는 말까지도 했습니다. 그러나 아들은 장사하느라 바빠서 이번에도 잊어버렸고 뒤늦게 기억난 아들은 걱정이 이만저만이 아니었습니다. 어머니가 너무나 단호하게 말씀하셨기 때문입니다. 그런데 아들이 집으로 돌아오는 길에 개 이빨이 하나 떨어져 있는 것을 보았습니다. 아들은 그것을 주워서 정성스럽게 포장해서 어머니께 부처님 진신사리라고 하며 드렸습니다. 어머니는 너무나 순수하고 믿음이 간절하신 분이어서 그 개 이빨을 부처님 진신사리라고 굳게 믿고 환희심을 내셨습니다. 그랬더니 부처님 진신사리가 그 개 이빨에 나투셨다고 합니다. 어머니의 믿음이 너무나 순수하고 강했기 때문입니다.

이 이야기를 통해 알 수 있듯이 진신사리라고 할 때 부처님 육신 어디에서 나온 사실이 중요한 것이 아니라 믿음이 더 중요함을 알 수 있습니다. 그래서 티베트 속담에도 "믿음만 있다면 개 이빨에서도 진신사리가 나올 수 있다."는 말이 있습니다.

사리에는 여러 가지가 있습니다. 어떤 밀교 수행자를 화장했는데, 뼈까지 다 타서 재가 되었는데도 심장, 혀, 눈동자 이 셋은 타지 않았다고 합니다. 심장 속에 혀가 들어가 있고, 그 혀 안에 눈동자가 타지 않고 놓여 있는 경우도 있었다고 합니다. 과학적으로는 설명할 수 없습니다. 뼈는 탔는데 심장, 혀, 눈동자가 왜 안탔는지를 물으면 대답할 수 없습니다. 하지만 티베트에는 이런 경우가 있었다고 합니다. 순수한 마음으로, 바른 말을 하고, 바르게 보았기 때문에 이 세 가지는 어떤 불로도 태울 수 없다고 합니다.

부처님 당시에 어떤 제자가 한 가난한 여인이 부처님께 자기가 가진 모든 것을 바쳐 진심으로 등불을 공양 올렸는데 사바세계가 다할 때까지 이 등불이 꺼지지 않는 것을 보고, "부처님께서는 왕이나 여러 고관대작이 올린 화려한 등불은 기뻐하지 않고 왜 저런 초라한 등불을 좋아하십니까?"하고 여쭈자, 부처님께서는 "마음이 순수하고 진심으로 공양을 올렸기에 윤회세계가 다할 때까지 이 등불은 끌 수도 없고 꺼지지도 않는다."고 대답하셨습니다. 이런 것을 과학적으로는 설명할 수 없습니다. 이뿐만 아니라 요즘 과학적으로 설명할 수 없는 진실이 많이 드러나고 있습니다.

그리고 환생한 아이들 중에서 전생을 뚜렷하게 기억하고 있는 아이들에 대한 과학적인 연구 자료도 많다고 합니다. 전생을 기억하고 있는 사례 중에는 아이가 말한 장소에 가보니 아이가 설명한 대로 전생의 아버지와 어머니가 있고, 그래서 이번 생의 아버지와 어머니까지, 모두 아버지와 어머니가 2분씩인 경우도 있다고 합니다. 이와 비슷한 많은 사례들을 보면 전생과 다음 생이 분명히 있다는 것을 증명할 수 있는 것입니다. 그러므로 믿음이 얼마나 중요한 것인지 잘 알 수 있습니다.

모든 종교는 믿음을 기반으로 하고 있습니다. 불교에 대한 믿음만으로 하는 수행은 하사도의 수행 정도라고 볼 수 있습니다. 천국이나 극락에 갈 수 있는 수행이지요. 공부를 해서 지혜를 발전시켜 윤회를 벗어날 수 있는 수행은 중사도의 수행입니다. 그리고 일체중생을 위해 성불하려고 하는 수행은 상사도의 수행입니다. 지혜가 없으면 해탈과 성불이 불가능하다고 합니다. 새가 하늘을 날기 위해서는 두 날개가 필요하듯이 해탈과 성불을 하기 위해서는 지혜와 방편이 필요합니다. 믿음, 자비, 보리심 등은 모두 방편입니다. 무상과 공성을 깨닫는 지혜, 세간과 출세간의 지혜, 궁극적인 지혜 등 지혜도 여러 가지가 있습니다. 이와 같이 지혜와 방편 혹은 복덕과 지덕은 새의 두 날개와 같아 해탈과 성불을 위해서는 반드시 필요합니다. 믿음은 어머니와 같다고 합니다. 티베트어로

'꼰촉된메레 데빠왼도마따르께빠떼 왼뗀탐쩨쑹싱뻴와르제(དཀོན་མཆོག་ སྨོན་མེ་ལམ། །དད་པ་སྟོན་འགྱི་མ་ལྟར་བསྐྱེད་པ་སྟེ། །ཡོན་ཏན་ཐམས་ཅད་སྐྱེད་ཞིང་ལ་བར་བྱེད།)'라고 해서 믿음은 모든 선업의 어머니로 선업의 원인입니다. 모든 선업은 믿음으로 시작됩니다.

그러나 믿음만으로는 한계가 있어서 궁극적인 자리까지는 갈 수 없습니다. 지혜가 있어야 합니다. 지혜에도 여러 면이 있는데, 반야의 지혜인 공성을 깨닫는 지혜가 있어야 합니다. 공성은 연기법입니다. 오늘 우리는 연기법에 대한 얘기를 많이 했습니다. 좀 전에 말씀드렸던 어린아이라는 표현이 있습니다. 세속에서는 육체적으로 덜 성장한 사람을 아이라고 하지만 경전에서는 정신적으로 덜 성장한 사람을 가리켜 아이라고 합니다. 우리도 육체적인 면에서는 많이 성장했지만 정신적인 면에서는 아직 어리석기 때문에 어린아이라고 할 수 있습니다.

그렇기 때문에 인과라고 할 때, 연기를 볼 때 극단의 견해가 더 강해질 수 있다고 합니다. '조건에 의지해서'라고 하니까 조건이 있는 것처럼 생각되고, 조건이 있다고 생각하니까 마치 본래부터 원인과 결과가 있는 것처럼 생각해서 극단적인 견해가 더 강해집니다. 연기법을 무자성으로 이끌어야 하는데, 연기법이라고 하니까 어떤 자성이 있는 것처럼 보여 극단의 견해가 더 강해지는 것입니다. 더 윤회하게 되는 것입니다. 이것은 연기법에 문제가 있는 것이 아니고, 연기법을 이해하는 데 문제가 있는 것입니다. 연기법을 잘 이해하지 못하기 때문에 극단의 견해가 더 강해지고 계속 윤회하게 되는 것입니다. 연기법을 정확하게 잘 보면 공성의 뜻을 이해하게 되고, 무자성의 뜻을 이해하게 됩니다. 그러면 무명의 그물을 끊게 되어 윤회로부터 벗어나 해탈하게 되는 것입니다. 이것이 어리석은 이와 지혜로운 이의 차이입니다. 해탈하는 원인이 되는 것입니다.

4. 부처님의 가르침보다 더 수승한 법이 없기에 부처님보다 더 위대한 설법자가 없음

བསྟན་འདི་གཞན་དུ་མ་མཐོང་བས།། 뙨디 셴두 마통외
སྟོན་པ་ཤེས་བྱ་མཆོག་ཉིད་དེ།། 뙨빠 셰자 쾌니데
ཝ་སྐྱེས་ལ་ནི་སེང་གེ་བཞིན།། 와께 라니 쎙게신
མུ་སྟེགས་ཅན་ལ་གཞམ་བྱའི་ཚིག།། 무떽 짼랑 쨤뷔찍

ཨེ་མའོ་སྟོན་པ་ཨེ་མའོ་སྐྱབས།། 에모 뙨빠 에모꺕
ཨེ་མའོ་སྨྲ་མཆོག་ཨེ་མའོ་མགོན།། 에모 마촉 에모괸
རྟེན་ཅིང་འབྲེལ་འབྱུང་ལེགས་གསུངས་པའི།། 뗀찡 델중 렉쑹빼
སྟོན་པ་དེ་ལ་བདག་ཕྱག་འཚལ།། 뙨빠 델라 닥착첼

이 가르침은 어디에도 없으니 부처님만이 바른 설법자이시네.
여우를 사자라고 부르는 것처럼 외도에게는 아첨이라네.

아! 세존이시여, 경이로운 귀의처시여, 설법자이시여, 위대한 구제

주이시여! 연기를 바르게 설하신 설법자 당신을 예경합니다.

이 게송에서는 부처님의 설법보다 더 수승한 가르침이 없기 때문에 부처님보다 더 수승한 설법자가 없다고 합니다. 설명을 같이 읽어보도록 하겠습니다.

【설명】

연기법을 바르게 설하신 이 가르침은 외도의 가르침 어디에도 없기 때문에 부처님만이 바른 설법자이십니다. 그러므로 외도의 인도자를 설법자라고 부르는 것은 마치 여우를 사자라고 부르는 것과 마찬가지로 아첨의 말입니다. 그래서 연기를 바르게 설하신 부처님은 해탈의 길을 가르쳐주시기에 세존이시고, 모든 두려움에서 구제해 주시기에 귀의처이십니다. 또한 연기법을 자유자재로 설하시기에 설법자이시며, 윤회세계로부터 구제해 주시기에 위대한 구제주이십니다. 쫑카빠 대사님께서 부처님의 공덕에 감동을 받아 가슴 깊은 곳으로부터 우러난 감탄을 표하시고 있습니다.

'아! 세존이시여, 경이로운 귀의처시여, 설법자이시여, 위대한 구제주이시여!'라고 쫑카빠 스승님께서 부처님의 공덕에 감동을 받아 가슴 깊은 곳으로부터 우러난 감탄을 표하셨습니다. 이렇게 훌륭한 부처님의 가르침을 만난 것이 너무나도 소중합니다. 부처님의 가르침보다 더 훌륭한 가르침이 없기 때문에 부처님보다 더 위대한 스승은 없습니다. 그렇다면 부처님의 가르침보다 더 훌류한 가르침이 왜 없는지에 대해 의문이 들 수도 있습니다. 타종교나 외도에서는 자아가 있다고 합니다. 무자성을 인정하지 않습니다. 자아가 있다, 아트만이 있다, 영혼이 있다고 외도들은 주장합니다. 부처님께서 연기법이라고 할 때 자아가 없어서 무자성이라고 말씀하시면 외도들은 절대로 아니라고 합니다. 비불교도와 불교도의 차이는 자아가 있다고 보고, 없다고 보는 차이라고 합니다. 외도들은 자아가 있다고 합니다. 불교에서는 유부, 경량부, 유식, 중관 모두 자아가 없다고 인정합니다. 제법무아는 모두 인정합니다. 삼법인이라고도 하고, 티베트에서는 사법인이라고도 합니다. 아무튼 제행무상과 제법무아에 대해 불교도라면 모두 자아가 없다는 것을 인정합니다.

그러나 외도는 자아가 있다고 합니다. 그러면서 윤회와 해탈을 말하기도 합니다만, 불교에서 말하는 해탈과는 다른 의미로 말을 합니다. 윤회에서 벗어나는 해탈이 아니라 자기들 나름의 의미로 해탈을 말합니다. 외도와 불교도의 가장 근본적인 차이는 자아가 있고 없는 것이라고 합니다. 이 지구상에 많은 인도자나 설법자가 있지만, 제법무아를 설하신 분은 오직 부처님밖에 없다고 합니다. 제법무아를 설하는 종교는 어디에도 없다고 합니다. 일체법은 모두 연기법이기 때문에 무아, 무자성이라고 하는 가르침은 부처님만의 가르침이라고 합니다. 타종교에는 이런 가르침이 없다고 합니다. 무언가 있다고 합니다. 아집과 아상 등의 집착이 있는 상태에서 내면적으로 주인공처럼 실체가 있다고 해서 그것을 더 크게 키우고 강하게 합니다. 불교에서는 모두 없다고 합니다.

달라이 라마 존자님께서 늘 사상 면에서 혹은 견해 면에서 종교마다 차이가 있다고 말씀하십니다. 불교 안에서도 유부, 경량부, 유식, 중관 등 견해가 서로 다를 수 있습니다. 사상 면에서는 차이가 있지만 다른 면에서는 종교들 간에 공통적인 목적도 있다고 합니다. 사람을 구제해 주는 자비, 배려하는 마음, 용서하는 마음, 선업을 쌓고 악업을 참회하는 마음, 신심 등의 면에서 모든 종교는 공통점이 있습니다. 이런 면에서 자기 종교를 귀하게 여기는 것처럼 타종교도 존중해야 한다고 합니다. 하지만 존중해야 한다고 해서 믿어서 받아들여야 한다는 것은 아닙니다. 존자님께서 늘 타종교도 존중해야 한다고 말씀하시는데, 모든 종교에는 궁극적인 공통점이 있기 때문입니다. 모든 종교는 신앙 즉, 믿음을 근본으로 하고 있습니다. 불교에서도 믿음이 아주 중요합니다. 하나님이 아니라 개 이빨을 부처님 진신사리로 여겨 간절히 믿어도 사리가 증식한다고 하는데, 하나님이 있든지 없든지 간에 간절하게 믿으면 그 믿음으로 인해 가피를 입을 수 있다고 합니다. 간절한 믿음을 가진 기독교나 천주교 신자들 중에서 불자들보다 훌륭한 사람이 없는 것이 아닙니다. 불자들만 훌륭한 것이 아닙니다.

앞서 사구에 대해 말씀드린 것과 같이 겉은 익지 않았지만 속은 익은 것, 속은 익지 않았지만 겉은 익은 것, 겉과 속이 다 익은 것, 겉과 속이 다 익지 않는 것 등 감에도 사구가 있는 것처럼 타종교인에게도 사구가 있습니다. 타종교인이지만 진짜 무소유를 실천하는 사람이 있습니다. 천주교에도 무소유를 실천하고 무문관 수행을 하는 사람이 있습니다. 기독교에도 마찬가지입니다. 또 자기도 잘살면서 다른 사람에게도 피해를 주지 않고 사는 타종교인도 있습니다. 불자라고 하면서 다른 종교인보다도 더 못하게 나쁜 짓도 하고 다른 사람을 해치며 사는 사람도 있습니다. 그래서 겉만 보고 좋다, 나쁘다고 말할 수 없습니다.

모든 종교가 믿음을 근본으로 하기 때문에 그런 공통적인 면에서는 종교 간에 화합할 수 있다고 존자님께서 말씀하십니다. 하지만 좀 더 깊이, 좀 더 정확하게 "정말 윤회세계에서 벗어나 해탈 혹은 성불할 수 있습니까?"라고 묻는다면 전문가처럼 공부하지 않고, 공부해서 생긴 지혜가 없으면 해탈할 수 없습니다. 《람림》의 삼사도 수행 중에서 중사도부터는 지혜가 필요합니다. 중사도부터는 타종교와는 다른 불교의 특징이 드러나 있습니다. 중사도부터는 믿음만으로는 해탈할 수 없고 공부를 많이 해서 지혜가 있어야 합니다. 타종교에서는 천국에 가는 것을 해탈이라고 생각하는 것 같습니다. 하지만 불교에서는 천국에 가도 한계가 있어서 언젠가는 천국에서 떨어진다고 합니다. 복이 있을 때는 천국에 머물 수 있지만, 가진 돈이 다 떨어지면 노숙자로 살아가야 하는 것처럼 복이 떨어지면 지옥, 아귀, 축생 등으로 떨어진다고 합니다. 사람으로 태어나더라도 천국에서 너무 편안하게 살았기 때문에 생각하기 싫어하고 지나치게 깔끔을 떨어서 먼지 하나라도 있으면 안 되는 사람으로 태어납니다. 스님 중에도 그런 사람이 있으면 "너는 전생에 천국에서 왔구나." 하고 말하기도 합니다. 어떤 사람은 침대 밑조차도 깨끗하게 청소해야 해서 "이 사람을 못 찾으면 침대 밑에서 찾아라."는 말도 있습니다. 이런 성품들을 갖고 있는 것은 과거 천국에 살았기 때문에 그 습이 남아 있어서 신처럼 까다로운 것이고 합니다. 남부 인도에서 율장을 공부할 때 큰스님들께서 그렇게 말씀하곤 하셨습니다. 이와 같이 불교에서는 천국에 가는 것은 해탈이 아닙니다. 우리도 비상비비상천에 헤아릴 수 없을 만큼 태어나고 여기 왔습니다. 육도윤회하는 곳 중에 우리가 가보지 않은 곳이 없습니다. 모든 것을 다 가진 제석천왕으로 태어나기도 하고, 때로는 아무것도 없는 거지로 태어나기도 했으며, 이 육도 중에 우리가 가보지 않은 곳이 없고, 먹어보지 않고 입어보지 않은 것이 없다고 합니다. 우리가 마셨던 물만 다 합쳐도 이 지구의 바닷물보다 더 많다고 합니다. 우리 몸의 뼈만 다 모아도 수미산보다도 높다고 합니다. 경전에 나오는 부처님 말씀입니다.

그렇기 때문에 '부처님만이 설법자 가운데 최고의 설법자'라고 하는 것은 연기법을 깨달아서 연기법을 자유자재로 설해 주시기 때문에 다른 어떤 누구와도 비교할 수 없을 정도로 최고의 설법자라고 하는 말입니다. 외도에 훌륭한 사람이 없다는 말이 아닙니다. 다른 종교에도 훌륭한 사람과 설법자가 있지만 연기법을 설하신 면에서는 부처님만이 최고라고 하는 것입니다.

【문】 외도의 견해는 근원적인 무엇이 있다고 말씀하셨는데, 불교에서 자성법신이라고 하는 법신의 개념과 외도에서 근원적인 무엇이 있다고 하는 것을 비교해서 설명해주십시오.

【답】 좀 전에 말씀드린 것처럼 제법무아는 유부, 경량부, 유식, 중관 등 모든 불교학파가 다 인정합니다. 거칠고 미세한 차이는 있지만 모든 불교도가 제법무아는 인정하고 있습니다. 제법무아의 반대인 자아가 있다고 하는 주장은 외도들의 주장입니다. 외도들은 무아가 아니라고 합니다. 무언가 있다고 하는 것으로 내 육신과 내 정신이 아닌 별도의 나라고 하는

어떤 실체가 있다고 합니다. 예를 들면 이 염주가 이 책과 따로 있는 것처럼 내 몸과 내 마음이 아닌 '나'라고 할 수 있는 아트만 즉, 자아가 따로 있다고 합니다. 그래서 둘(異)의 개념으로 완전히 따로따로 있다고 합니다.

모든 불교도는 내 몸과 내 마음이 아닌 나라고 하는 실체가 따로 없다고 합니다. 그렇다면 불교도 안에서 "나는 어디에 있습니까?"라고 질문하면 내 육신이 아니라 내 정신인 마음에 있다고 합니다. 내 마음이 바로 나라고 주장합니다. 내가 기분이 좋다거나 안 좋다고 하면서 마음에 따라 나를 표현하기 때문에 마음을 나라고 하는 것입니다. 경전에서는 마음을 의식 즉, 식(識)이라고 하고, 이 식이 나라고 합니다. 식이 다음 생으로 가기 때문에, 식이 흐름 상에서 계속 윤회하는 것이지 외도가 말하는 것처럼 육신도 의식도 아닌 독립적이고 변하지 않는 뭔가가 있는 것이 아닙니다.

외도가 말하는 근원적인 것은 세 가지 특징이 있습니다. 첫째, 영원히 변하지 않고 항상 있습니다. 둘째, 사람은 머리, 손, 발 등으로 나눌 수 있지만 이것은 부분과 전체의 관계에서 벗어나 나눌 수 없는 하나의 존재입니다. 셋째, 독립적으로 존재합니다. 상일주재(常一主宰)의 이 세 가지 특징을 티베트어로 '딱찍랑왕쩬(དག་གཅིག་རང་དབང་ཅན)'이라고 합니다. 혼자 있는 것이라고 할 때 혼자는 나눌 수 없는 것으로 혼자 사는 사람을 독신자라고 하는 것과 같습니다. 그리고 '랑왕' 자유가 있다고 할 때 자유는 누구에게도 의지하지 않고 독립적으로 있다는 것입니다. 이렇게 세 가지 특징을 가진 '나'라는 실체가 있다고 외도는 주장합니다. 하지만 불교도는 이것을 완전히 부정하며 이런 개념의 자아는 아예 없다고 합니다.

그리고 법신은 자성법신과 지혜법신으로 나눌 수 있으며, 우리한테도 이 자성법신과 지혜법신의 종자가 있다고 봐야 합니다. 자성법신의 종자는 우리 식이 원래 공함, 자성이 없는 것을 바탕으로 합니다. 그런데 번뇌장과 소지장이라는 습(習) 때문에 밝히지 못하고 있습니다. 하지만 식의 자성이 없는 것이 불성(佛性)입니다. 법신 중에서도 자성법신의 바탕입니다. 번뇌장과 소지장이 아직 제거되지 않았기 때문에 자성법신이 아니라고 합니다. 이 장애들이 다 없어지면 자성법신으로 변하는 것입니다. 마찬가지로 우리의 식은 지혜법신의 종자입니다. 번뇌장과 소지장이 다 제거가 될 때 우리의 식도 지혜의 법신으로 변하는 것입니다.

색신에는 보신과 화신이 있습니다. 보신은 우리가 친견할 수 없습니다. 견도 이상의 보살이나 십지 이상의 대보살님들만이 친견할 수 있는 부처님을 보신불이라고 합니다. 업이 가벼운 우리와 같은 중생도 볼 수 있는 석가모니불 같은 부처님을 화신불이라고 합니다. 보신과 화신의 두 부처님은 중생을 구제하기 위해서 설법을 하십니다. 보신 부처님의 설법은 대보살님들만 들을 수 있고, 우리 같은 중생들은 들을 수 없습니다. 인연 있고, 업이 가볍고, 복이 많은 사람들은 화신 부처님의 설법을 들을 수 있다고 합니다. 그렇게 보면 부처님께서 계시던 당시 부처님 주위에 있던 사람뿐만 아니라 동물들조차도 참 대단하다고 볼 수 있습니다. 그때 우리는 아마 무간지옥에 있었을 것입니다. 그 자리에 없었습니다. 만약 그 자리에 있었다면 오늘 이 모양 이 꼴로 있지는 않을 겁니다. 이보다 더 나을 겁니다.

【대중 웃음】

삼신과 사신을 부처님 과위라고 합니다. 그뿐만 아니라 십력(十力) 등 부처님의 공덕은 엄청나게 많아서 우리는 상상조차 다 할 수 없습니다. 부처님 몸의 공덕, 부처님 말씀의 공덕, 부처님 자비의 공덕, 부처님 지혜의 공덕 등이 있습니다. 부처님의 신(身)·구(口)·의(意) 가운데 신(身)은 부처님의 몸입니다. 부처님의 몸은 32상 80종호를 갖추신 아무런 문제도 없는 완벽한 몸이라고 합니다. 요즘 말로 하면 누가 봐도 인정할 수 있을 정도로 멋지고 잘생긴 분이라고 할 수 있습니다.

그리고 부처님의 말씀(口) 즉, 음성의 공덕으로 우리가 말할 때는 통역도 필요하고, 마이크도 필요하고, 발음도 정확하지 않고, 가까이서는 잘 들리는데 멀리서는 잘 들리지 않는 문제가 있지만, 부처님께는 이런 문제가 하나도 없다고 합니다. 부처님 말씀은 통역할 필요 없이 사람이 들으면 사람의 말로, 천신이 들으면 천신의 말로, 동물이 들으면 동물의 말로 들린다고 합니다. 그 각각의 말로 듣고 이해할 수 있다고 합니다. 또한 부처님의 음성은 가까이서 듣거나 멀리서 들어도 똑같이 들려서 마이크가 필요 없다고 합니다. 부처님 말씀이 어디까지 들리나 해서 신통제일 목련 존자가 신통으로 아무리 멀리 가고 또 가도 부처님의 말씀이 한결같은 목소리로 들렸다고 합니다. 그리고 우리가 즉문즉답을 한다고는 하지만 한 가지 질문에 대해서만 대답할 수 있지 동시에 다른 질문에 대한 대답은 할 수 없습니다. 하지만 부처님께서는 우리가 각자 모두 다른 질문을 하더라도 이 질문들에 대해 동시에 대답하실 수 있다고 합니다. 이것이 말씀의 공덕입니다. 구업을 짓지 않고 바른 말을 하는 수행을 하기 때문에 나중에 부처의 경지에 오르면 세간의 모든 사람들이 각자의 말로 질문을 해도 동시에 대답하실 수 있는 것입니다. 부처님 음성의 공덕은 60가지가 있는데, 그중 몇 가지에 대해서만 설명드렸습니다.

그리고 부처님 자비의 공덕이라고 할 때, 부처님의 자비는 한량없다고 합니다. 우리의 자비는 제 자식만 생각하지 더 이상 생각하지 못하기 때문에 치우친 자비라고 할 수 있습니다. 하지만 부처님의 자비는 평등한 자비입니다. 누구에게나 차별 없이 다 외자식처럼 여기는 한량없는 대자비입니다.

부처님 지혜의 공덕이라고 할 때, 걸림이 없고 모르는 것이 하나도 없어서 있는 만큼 다 보이는 최상의 지혜를 말합니다. 부처님이라고 할 때 이런 부처님의 공덕을 떠올려야 합니다.

그런데 우리는 부처님이라고 하면 불상(佛像)만 생각합니다. 한국에는 한국 사람 모습의 불상이 있고, 일본에는 일본 사람 모습의 불상, 티베트에는 티베트 사람 모습의 불상이 있습니다만 이것은 겉으로 보이는 특징일 뿐입니다. 진짜 부처님은 지금까지 말씀드린 부처님의 공덕을 잘 생각해서 알아야 합니다. 그래서 쫑카빠 스승님께서 연기법을 설해주신 부처님의 공덕을 생각하고 크게 감동하여 "아! 세존이시여, 경이로운 귀의처이시여, 설법자이시여, 위대한 구제주이시여!"라고 가슴 깊이 우러나온 찬탄을 하시고 있습니다.

여기까지 하겠습니다. 저녁 공양을 하고 다시 시작하겠습니다.

Bhudapalita 불호보살

Candrakirti 월칭보살

제 4 강

앞 시간에 '부처님의 가르침보다 더 수승한 가르침이 없기에 부처님보다 더 위대한 설법자가 없음'에 대해 설명드렸습니다. '승리자'는 여래십호에는 들어가지 않지만, 티베트에서는 부처님의 명호로 사용하고 있습니다. 티베트어로 '뙨빠'라고 하는 '설법자' 또한 한국에서는 세존이나 여래, 부처님처럼 익숙하지 않아서인지 부처님의 명호로 별로 많이 사용하지 않는 것 같습니다. 하지만 티베트에서는 승리자와 설법자라는 명호를 많이 사용하고 있습니다.

여우를 사자라고 부르는 것처럼 외도에게 설법자라고 부르는 것은 아첨하는 거라는 말이 나옵니다. 설법자라고 부를만한 분이 아니라는 말입니다. 제대로 가르칠 수 있지 못하기 때문입니다. 제대로 잘 가르치는 분은 오직 부처님뿐임을 강조하고 있습니다. 한국의 큰 사찰에는 설법전이 따로 있는데 대웅전과 같이 아주 중요한 의미가 있다고 생각됩니다. 설법하는 법당을 일컫는 말이 따로 있을 정도로 '설법'은 아주 중요합니다. 부처님께서 중생을 구제하기 위해 하실 수 있는 일은 오직 설법뿐으로, 설법만이 유일한 방법이지 다른 방법이 없습니다. 설법은 말할 설(說)자에 법 법(法)자를 써서 '법을 말하다', '법을 가르치다'라는 뜻을 가지고 있습니다. 부처님께서 방법을 가르치는 것입니다. 윤회에서 성불할 수 있는 방법을 가르치는 역할을 하시고 있습니다. 부처님께서 우리의 죄업을 물로 씻어주거나, 우리의 고통을 부처님의 자비로운 손으로 제거해주거나, 부처님의 자비나 지혜와 같은 공덕을 선물하듯이 우리에게 주실 수 없습니다. 우리는 흔히 부처님을 구제주나 구세주의 개념으로 받아들입니다. 말로는 불교는 다른 종교와는 달리 자력의 종교라고 하면서도, 생각으로는 타력의 종교처럼 우리가 아무것도 하지 않아도 부처님께서 알아서 모든 것을 다 해주실 거라고 생각한다는 것입니다. 이것은 부처님에 대한 바른 귀의법이 아닙니다. 부처님은 그러실 수 없습니다. 오직 설법만으로 우리를 도와주실 수 있을 뿐입니다. 그것을 강조하기 위해 부처님을 설법자라고 하는 것입니다.

  그리고 설법자라고 할 때 '법을 설하시는 분'이라는 의미도 있지만, '반야의 지혜, 공성을 깨닫는 지혜'를 가리켜 설법자라고 할 때도 있습니다. 설법자를 글자의 뜻 그대로 풀이하면 법을 설하시는 분이라는 말이지만, 법칭보살님께서 티베트어로 '둡제툭제곰레데(སྟོན་བྱེད་ཐུགས་རྗེ་གོམས་ལས་རེད)'라고 해서 "부처님은 가능하다. 대자비심이 있어서 반야의 지혜와 더불어 성장하면서 부처의 경지까지 갈 수 있다."고 하는 논리가 있습니다. 여기서 반야의 지혜를 설법자라고 하는데, 티베트어로는 '뙨빠닥메똑빼셰랍(སྟོན་པ་བདག་མེད་རྟོགས་པའི་ཤེས་རབ)'이라고 합니다. 이때 '뙨빠' 즉 설법자는 사람이 아니라 반야의 지혜를 가리켜 설법자라고 하고 있습니다. 그렇기 때문에 설법자 중에서도 연기를 설하신 이와 법을 깨닫는 지혜 중에서도 연기법을 깨달은 지혜가 세상의 제왕처럼 최고임을 부처님만이 잘 아시고 다른 사람은 모른다는 게송이 뒤에 나옵니다.

　부처님께서 하신 설법의 깊이는 요즘 흔하게 접할 수 있는 것과 확연히 다릅니다. 그냥 법을 설하시는 정도가 아닙니다. 부처님 설법의 특징은 지혜가 원만합니다. 부처님의 지혜는 모든 것을 다 깨달은 일체종지이기 때문에 걸림이 없습니다. 법을 듣는 사람의 근기, 생각, 습성 이 세 가지를 모두 잘 알고 설법을 하시는 것입니다. 의사로 치면 환자의 병을 정확하게 잘 알고 있기 때문에 치방을 줄 수 있는 것과 같습니다. 이 사람에게는 이렇게, 저 사람에게는 저렇게 부처님은 정확하게 처방해 주실 수 있습니다. 일체종지인 최고의 지혜를 갖추고 계시기 때문에 부처님의 설법 또한 최고의 설법입니다. 여기서 위없는 최고의 설법이라고 하는 것은 연기법을 자유자재로 설할 수 있는 분은 오직 부처님뿐이라는 말입니다. 저도 지금 연기법에 대해 말하고 있기는 하지만 자유자재로 할 수 있는 것이 아니라 존자님을 비롯한 여러 스승님들로부터 배운 것을 여러분들에게 전달하는 역할밖에 할 수 없다고 말씀드렸습니다. 자유자재로 법을 설할 수 있으려면 아직 많이 멀었습니다. 이렇게 여러분을 가르치면서 저도 함께 공부하고 있습니다. 이렇게 함께 공부하면 오히려 제가 더 많이 배우는 것 같습니다. 강의하기 전에 준비도 많이 해야 하고 또 여러분에게 말로 전달하는 과정에서 이것저것 신경도 써야 해서 제가 더 공부가 많이 됩니다. 쫑카빠 스승님께서 이렇게 훌륭하고 위대한 가르침을 주셨습니다. 예전부터 《연기찬탄송》에 대한 법문을 많이 들었습니다. 큰스님께도 듣고, 달라이 라마 존자님께도 들었습니다만, 티베트말로 된 것이다 보니 한국어로 옮기는 과정에서 단어나 용어, 표현방법 등에 대해 신경을 많이 써야 했습니다. 그래서 이번에 '싸쩨'도 넣고, 게송도 넣었으며, 게송에 대해 미세하게는 아니지만 피상적인 이해를 돕기 위해 설명도 추가했습니다.

《연기찬탄송》안으로 더 들어가면 엄청나게 깊은 내용이 있습니다. 불교를 소개하고 있습니다. 불교는 무엇인가에 대한 답입니다. 부처님은 어떤 분이신가에 대한 답입니다. 《연기찬탄송》은 부처님은 다른 인도자나 지도자, 스승들보다 이런 면에서 더 훌륭하고 위대하다, 불교의 특징은 이러한데 거기에 대해 어떤 학자나 제자들이 잘못 해석하고 있다, 그리고 쫑카빠 스승님께서 공성을 깨우치기 위해 오랫동안 공부하고 수행 정진해서 마침내 공성을 확실히 깨우쳤을 때, 가슴속 깊이 우러나온 부처님에 대한 감동으로 연기법을 자유자재로 설하신 부처님을 찬탄하신 것입니다. 그 내용은 '색즉시공 공즉시색'이라고 해도 되고, 연기법과 공성 이 두 가지를 말하고 있습니다. 한국에서는 늘 "진리는 무엇입니까?", "참 나는 누구입니까?", "진제는 무엇입니까?"라는 질문을 많이 하는데, 이런 질문들에 대한 답을 바로 이《연기찬탄송》에서 찾을 수 있을 거라고 저는 생각합니다.

게송에서 설법자라고 할 때 연기를 자유자재로 설하신 분을 말합니다. 그리고 연기법에 대해서 세 가지로 나누어 생각해야 합니다. 일단 연기법은 인연법이라고 생각할 수 있습니다. 우리의 만남은 우연이 아니고 좋은 인연으로 만나게 된 것입니다. 원인과 조건에 의지해서 결과나 모습이 나타나는 것으로, 인과법에 포함되지 않는 것이 없습니다. 거친 인과는 사람뿐만 아니라 동물들도 안다고 합니다. 비가 내릴 것을 미리 알고 개미들도 피할 줄 압니다. 이렇게 말 못하는 작은 개미조차도 인과법을 알고 있습니다. 거친 인과는 자연스럽게 알 수 있는 것이어서 우리는 불이 있으면 타 죽을 것을 알고 함부로 들어가지 않습니다. 하지만 불나방은 불이 아름다워 보이는 착각으로 들어가 타 죽습니다. 얼마 전 아이패드 안에 쥐가 나와 돌아다니니까 고양이가 실제로 쥐가 있다고 착각해서 잡으려고 하는 동영상을 보았습니다. 우리는 착각하는 고양이가 어리석다고 생각하지만, 우리도 마찬가지입니다. 가싸를 진짜로 착각해서 이것을 전부라고 생각합니다. 우리도 착각 속에 빠져서 연기도 모르고 인과도 모르는 채 살고 있습니다. 아는 인과도 있지만 모르는 인과도 많습니다.

  인과에도 세 가지가 있습니다. 거친 인과, 미세한 인과, 아주 미세한 인과입니다. 아주 미세한 인과는 불가사의해서 설명할 수 없습니다. 오직 믿음으로 받아들일 수 있을 뿐이지 이유를 따져서 알 수 있는 내용의 인과가 아니라고 합니다. 거친 인과는 부모로부터 자식, 씨앗으로부터 열매, 날씨의 변화 등 우리가 쉽게 알 수 있는 인과입니다.

  그리고 좀 더 생각해보고 이유를 통해서 어느 정도 이해할 수 있는 인과가 있습니다. 미세한 인과입니다. 태어나서 죽을 때까지의 거친 변화는 눈으로 보고 알 수 있지만, 시시각각으로 일어나는 미세한 변화는 미세한 무상이라고 해서 눈으로 보고 알 수 없습니다. 예를 들면 제행무상과 같습니다. 어떤 스님이 불교방송에 나와 "시시에 변하는 것이 아니라 초초에 변하는 것."이라고 말씀하셨는데 그 말씀이 맞는 것 같습니다. 시시각각 찰나찰나 변화하는 것처럼 항상 변하고 있습니다. 생각해 보면 맞는 말입니다. 우리는 사람이나 사물을 볼 때 한 달 전이나 지금이나 그대로 변하지 않는 것처럼 보지만 실제로는 변하고 있습니다. 왜냐하면 생기기 때문입니다. 생기는 그 순간부터 변하기 시작합니다. 우리에게는 생기고, 어느 정도 머물고, 변하고, 늙어 죽는 순서가 있는 것처럼 보이지만, 실제로는 생기는 그 순간부터 사라지기 시작합니다. 생기면서 사라지는 것입니다. 생멸(生滅)은 둘이 아니기 때문입니다. 생기는 그 자체가 사라지는 원인입니다. 불교 논리로 따져보면 생기는 원인과 사라지는 원인이 따로 없다고 합니다. 돌 하나를 하늘을 향해 던지면 위로 올라가는 힘 자체가 아래로 내려오는 힘이 되는 것입니다. 올라가는 힘과 내려오는 힘이 따로 있는 것이 아니라 올라가는 힘 하나로 올라갔다가 그 힘이 다하면 떨어집니다. 그러므로 생멸은 둘이 아니고 생멸의 원인은 하나입니다. 생겨나는 원인 자체가 사라지는 원인입니다. 이렇게 시시각각으로 변하고 있다는 것을 논리를 통해 미세한 인과를 설명하면 우리는 받아들일 수 있습니다.

아주 미세한 인과는 이런 만남으로, 이런 생각으로, 이런 행동으로 나중에 이런 결과가 온다는 것을 부처님만이 아실 수 있는 특별한 인과입니다. 아주 미세한 인과는 믿음만으로 받아들이는 것이지 미세한 인과처럼 우리가 확인하는 과정을 거쳐서 받아들일 수 있는 것이 아닙니다. 현전(現前)과 비현전(非現前)이라고 할 때 비현전도 두 가지로 나누는데, 불가사의한 아주 미세한 인과는 비현전에 들어갑니다.

다시 한번 더 세 가지 연기법에 대해 말씀드리자면, 첫 번째 연기법은 앞서 설명드린 인과법을 말합니다.

두 번째 연기법은 여기 이 염주 하나만 보더라도 염주 만드는 사람, 나무 염주알, 실 등을 인과로 해서 염주가 만들어집니다. 이 보띠염주가 오래되었다, 반짝거린다, 길다, 크다고 하는 것은 두 번째 연기에 해당됩니다. 염주라고 할 수는 없지만, 이 염주알 하나하나 말고 염주라고 할 수 있는 것 또한 따로 없습니다. 염주알, 실 등의 부분들을 모두 합쳐서 여기에 염주라고 존재합니다. 이 염주는 하나의 조합이자 모임이며, 108염주라고도 하고, 보띠염주라고도 합니다. 부분과 전체의 관계 상에서 염주라고 이름 짓고, 저도 여러분도 이것을 염주라고 생각하고 염주로 다들 인정합니다. 어떻게 존재하는지의 방식에 대해 설명하는 것이 두 번째 연기법입니다.

세 번째 연기법에서 보면, 염주라고 말할 수 있는 실체나 자성이 주체(의식)의 면에서 있느냐, 객체(대상)의 면에서 있느냐는 큰 의문입니다. 우리는 대부분 염주라고 할 때 염주 자체에 있다고 생각합니다. 염주 자체에 있어야지 다른 데 있다는 것은 말도 안 되는 소리라고 생각합니다. 유식의 입장에서 보면 생각뿐이라고 합니다. 일체유심조(一切唯心造)라고 해서 모두 다 마음이 만들어낸 것일 뿐이라고 합니다. 마음이 만들었다고 해서 밀가루를 반죽해서 빵을 만들듯이 만들었다는 말이 아닙니다. "모든 법을 다 마음이 만들었다고 할 때 어떤 개념입니까? 유식학파의 개념에 따라 일체유심조입니까? 아닙니까?"라고 따져서 물으면 일체유심조라고 대답해야 합니다. 일체유심조라고 하면 보이는 것이나 존재하는 것 모두 다 마음으로부터 비롯된다거나 마음이 만들었다고 하는 것입니다. 그러면 "그 만드는 방식이 제빵사가 빵을 만드는 것처럼 생각이 만든 것입니까?" 하고 다시 질문할 수 있습니다. "생각이 만들었다."고 대답합니다.

또다시 "생각이 어떻게 만드느냐?"고 질문을 하면, 유식에서는 외경이 없다고 해서 유식무경(唯識無境)을 말합니다. 밖에 무언가 있다고 생각하는 것 자체가 착각이라는 말입니다. 유식에서 없다고 하는 그 자체를 중관학파의 견해에 따르면 있다고 봐야 합니다. 중관학파 모두가 인정하는 것은 아니지만, 귀류논증중관학파의 견해에 따르면 유식에서 외경이 없다고 하는 것처럼 이 학파에서는 외경이 있다고 합니다. 외경이 없다고 하는 유식사상도 쉬운 것이 아닙니다. 무착보살과 세친보살 등 위대한 스승님들께서 세우신 이 유식사상을 유식무경이라고도 합니다. 생각일 뿐이지 밖에 물질들이 있는 것이 아니라고 하는 것입니다. 더 이상 나눌 수 없는 극미들이 모여서 물질이 존재하는 것이 아니고 생각뿐이라고 합니다. 유식에서는 극미가 아무리 작아도 나눌 수 있다고 봅니다. 과학이 발달하면 아무리 작은 원자라도 쪼개고 쪼개어 나중에는 극미조차도 쪼갤 수 있다고 합니다. 예전에는 원자가 가장 미세한 물질이라고 했는데, 지금은 아니라고 합니다. 더 미세한 물질도 있다고 합니다. 과학을 모두 믿을 수 없다고 하는 말이 그래서 나온 것 같습니다. 세월이 흘러서 과학이 더 발달하면 극미조차 나눌 수 있다고 말할지도 모릅니다.

부처님께서 설하신 제행무상은 어느 누구도 반대할 수 없습니다. 과학자도 반대할 수 없습니다. 모두가 인정합니다. 현실이기 때문입니다. 제법무아는 이해하기가 조금 어렵기는 하지만 대화를 통해 자꾸 설명하면 인정할 수밖에 없습니다. 근래 들어 서양에서 과학자들이 새롭게 발견했다고 하는 양자물리학(量子物理學 Quantum Physics)은 용수보살님께서 《중론》에서 이미 밝히신 내용 그대로라고 합니다. 원자핵을 계속 쪼개어 들어가면 더 이상 나눌 수 없어서 질량은 가지고 있는데 보이지는 않는 입자를 쿼크(quark)라고 합니다. 하지만 논리적으로 생각해 보면 아무리 작아도 나눌 수 있다고 합니다. 만약에 가장 미세해서 더 이상 나눌 수 없는 무엇이 있다고 한다면 물어서 따져봐야 합니다. "이것이 가장 미세한 것입니까?"라고 질문하면 "네."라고 대답해야 합니다. "그렇다면 이것을 두 개로 합치면 커집니까?"라고 물으면 "커진다."고 대답해야 합니다. 그러면 다시 "합쳐서 커질 때 이쪽 면과 저쪽 면이 따로 있습니까?" 하고 물어봐야 합니다. 아무리 미세한 물질이라고 해도 윗면과 아랫면, 이쪽 면과 저쪽 면이 다 있어야 합니다. 만약에 없다고 하면 두 개, 세 개씩 합쳐도 커질 수가 없습니다. 그렇기 때문에 아무리 작은 것이라도 쪼갤 수 없다고 하면 안 되는 것입니다. 논리적으로 따져 보면 그렇습니다. 아주 미세한 물질이 모여서 물질이 성립되는 것이 아닙니다. 물질은 볼 수 없지만 에너지는 있다고 하는 양자이론은 이미 오래전에 용수보살님께서 밝히신 내용이라고 합니다. 의식과 상관없이 밖에서 물질만으로 이루어진 외경은 없다고 합니다. 주된 원인이 의식인 마음이라고 하는 것입니다. 마음이 있어서 이런 것들이 가능한 것입니다. 마음이 아니라 외경 즉 밖에서 어떤 물질이 모여서 이루어진 것이라고 생각하는 것은 전도몽상이고 착각이라고 유식에서 말합니다.

귀류논증중관학파에서는 마음이 있는 것처럼 물질도 있다고 합니다. 물질이 없다고 하면 마음도 없다고 해야 합니다. 물질 없이 마음만 있다는 것은 말이 안 되고, 물질이 없으면 마음도 없고 마음이 없으면 물질도 없다고 봐야 합니다. 따라서 물질과 정신은 있으면 둘 다 있고, 없으면 둘 다 없다고 보아야 하는 것입니다. 월칭보살님께서 《입중론》에서 유식학파에게 "너는 하나는 있다고 하고, 하나는 없다고 하니 문제가 있다."고 논리적으로 따지니 대답을 하지 못했다고 합니다. 유식학파의 일체유심조는 궁극적인 사상이 아니라고 하는 것입니다. 공성을 이해하는 데 있어서 대단히 중요한 사상이기는 하지만 최고의 사상은 아니고, 최고의 사상으로 이끌 수 있는 최고의 방법이라고 합니다. 우리가 너무 밖으로만 집착하고 있기 때문에 그 집착부터 제거하기 위해서 유식사상이 필요하다고 합니다. 욕계에 살고 있는 우리는 색성향미촉에 대해 있다고 하는 집착이 너무 강하기 때문에 그 집착을 어느 정도 줄이기 위해 외경이 없다고 하는 무경(無境)을 말하는 것입니다. 예쁘다거나 좋다고 보는 것이 착각으로 실제가 아니라고 유식에서 주장합니다. 유식학파는 자신의 견해를 최고의 견해라고 합니다. 이들의 입장에서 보면 중관학파의 견해가 아예 없다는 단견에 빠져 있다고 해서 용수보살과 월칭보살의 견해에 문제가 있다고 봅니다. 유식만이 부처님의 본뜻을 드러내는 최고의 견해라고 유식을 공부하면, '팔식'과 의타기성·원성실성·변계소집성의 유식삼성에 대해 말합니다. 부처님의 원뜻은 《해심밀경》에도 나오는 것처럼 유식사상이 최고라고 주장합니다.

한국이나 중국에서는 유식을 최고의 사상이라고 봐서인지

용수보살이나 월칭보살이 티베트만큼 유명하지 않은 것 같습니다. 용수보살과 무착보살은 부처님께서 직접 수기하신 분이라고 경전에 나와 있습니다. 부처님이 열반하시기 전에 "내가 열반한 후 400년 뒤와 900년 뒤에 용수보살과 무착보살이 나와서 내 뜻을 널리 알릴 것이다."라고 수기하셨다고 합니다. 용수보살과 무착보살을 티베트에서는 '두 분의 씽따쐴제(ཤིང་རྟ་སྲོལ་འབྱེད)'라고 합니다. 길이 없는 곳에 새로이 길을 내는 사람이라는 뜻으로 개척자라고 할 수 있습니다. 이 두 분이 오시기 전까지 부처님의 뜻은 초기 불교를 통해 알려지면서 대승의 가르침은 몇 백 년 동안 잠시 사라져 있었는데, 나중에 용수보살과 무착보살이 나타나서 대승의 가르침이 더 많이 알려지게 된 것입니다. 그중에서 유식도 중요하지만 용수보살, 월칭보살, 성천보살, 불호보살, 청변보살 등 많은 중관학파의 위대한 스승께서 큰 역할을 하셨습니다. 우리 법당에 모셔져 있는 날란다대사원 17분의 위대한 스승님들을 통해 티베트 불교의 근간이 세워졌습니다. 그래서 존자님께서 티베트 불교는 날란다 전통이라고 늘 말씀하십니다. 날란다에서 가르치고 배우던 방식을 그대로 가져와서 티베트에서는 지금도 공부하고 있습니다.

【문】 최근에도 중관과 유식의 흐름은 예전과 똑같습니까? 과거에는 그랬지만 최근에는 좀 다르지 않습니까?

【답】 "불자입니까?"라고 물어보면 우리는 "불자입니다."라고 대답합니다. 여기 오신 분들은 모두 불자라고 할 수 있습니다. 비록 참된 불자는 아닐 수도 있지만 부처님을 믿는 사람들입니다. 한 걸음 더 들어가서 "정말 부처님을 알고 있습니까?

부처님을 귀의처라고 알고 있습니까?"라고 하면 이제 좀 생각해 봐야 합니다. 아무것도 모르는 것 같습니다. 귀의심부터 배워서 다시 따져 봐야 합니다. 이미 불교의 깊은 사상인 유부, 경량부, 유식, 중관 등에 대해서 모두 배웠지만, "당신의 사상은 무엇입니까?"라고 물으면 아무 사상이 없습니다. 내 견해가 없습니다. 유식도 아니고 중관도 아닙니다. 우리는 남이 가지고 있는 물건을 알고 있는 것처럼 이 사람에게는 이것이 있고 저 사람에게는 저것이 있다는 정도로 알고 있습니다. 자기 사상이 없습니다. 깊이 생각하지 않습니다. 깊이 생각해서 생긴 자기 견해가 없습니다. 이런 걸 보고 티베트에서는 남의 물건을 세는 것과 같다고 말합니다. "정말 무경입니까? 무아입니까?" 하고 따져서 불교의 견해에 대해 깊이 들어가면 잘 모르고 있습니다. 지금 우리는 문(聞)·문혜(聞慧)의 수준에 해당된다고 제가 말씀드렸듯이 아직 공부하는 과정이기 때문에 내 것이 없고 남의 것을 빌려서 있는 상태입니다. 자기가 생각해서 확신을 얻을 때 비로소 자기 견해와 자기 주장이 생깁니다. "무경입니다. 무아입니다."라고 말로는 쉽게 하지만 정말 무아를 바르게 보고 있는지, 생각하고 있는지, 이런 견해를 어떻게 보고 있는지에 대해서는 좀 더 공부도 많이 해야 하고 시간도 오래 걸립니다.

그래서 논쟁을 해서 "당신은 불자입니까?"라고 물으면 "불자입니다."라고 대답합니다. 다시 "당신은 불교 학파입니까?"라고 물으면 "부처님의 사상을 믿는 불교 학파입니다."라고 대답합니다. 불교 학파라고 하면 유부, 경량부, 유식, 중관의 이 네 가지밖에 없습니다. 학파는 종파의 개념이 아닙니다. 종파는 다양하게 있지만, 부처님의 사상을 말할 때는 4대 학파 외에 5대 학파는 없다고 합니다. 불교 학파라고 하면 4대 학파만을 말하는 것으로 유부, 경량부, 유식, 중관의 네 가지 학파를 종파로 생각하면 안 됩니다. 깊은 공성의 뜻을 이해하는 데 필요한 계단처럼 생각하라고 합니다. 유부나 경량부의 견해는 초기 불교의 견해입니다. 물론 이 두 학파 간에도 견해 차이가 있긴 하지만, 사성제, 팔정도, 삼십칠조도품, 십이연기법 등 초기 불교에서 밀하는 서의 대부분이 유부와 경량부의 견해입니다.

좀 전에 말씀드린 것과 같이 "당신은 중관학파입니까? 유식학파입니까?"라고 물으면 답이 없습니다. 왜냐하면 배우기는 다 배웠지만 자기의 주장이나 자기의 견해가 없기 때문입니다. 어떤 견해가 가장 옳다고 하는 고집 비슷한 것이 필요합니다. 내 견해, 내 사상이라고 합니다. 뒤에 나오는 '무서운 극단에 빠지게 된다네'라는 말처럼 사람의 견해가 잘못되면 그 행도 몹시 나쁜 쪽으로 가게 됩니다. 그러니 견해를 아주 조심해야 합니다. 그렇기 때문에 좀 전에 말씀드린 것과 같이 불교 4대 학파를 종파로 생각하면 안 됩니다. 티베트 불교의 4대 종파인 겔룩파, 닝마파, 샤까파, 까규파처럼 생각하면 안 됩니다. 한국의 조계종, 천태종처럼 생각해서도 안 됩니다. 불교 4대 학파는 학자들이 만든 것이 아니라 부처님의 경전을 근거로 생긴 것입니다. 부처님의 가장 궁극적인 깊은 뜻을 이해하기 위해서는 유치원, 초·중·고등학교, 대학교의 단계처럼 상대적으로 쉬운 유부와 경량부의 견해부터 먼저 이해하는 것이 아주 중요합니다. 이것을 어느 정도 익힌 상태에서 유식의 견해를 공부하면 이해하기가 쉽습니다. 유식의 견해를 어느 정도 익히고 나면, 중관학파의 아무것도 없다, 자성이 없다, 실체가 없다, 이름뿐이고 생각뿐이다라고 하는 견해도 이해할 수 있게 됩니다. 아주 뛰어난 방법으로 제자들의 견해를 발전시켜 주시는 것입니다. 처음부터 무자성이라고 하면 아무것도 없는 것으로 여겨서 견해가 극단에 빠지게 될 수도 있습니다.

그리고 오전에 외도의 질문에 대해 답하지 않았던 것 자체가 부처님께서 이미 그 사람이 질문하는 의도를 아시기 때문이라고 했습니다. 너무 어려운 질문이라서 부처님께서 몰라서 답을 못하신 것이 아니고, 있다고 해도 없다고 해도 질문하는 사람에게 해로울 수밖에 없어서 도움이 되지 않기 때문에 대답하지 않으신 것입니다. 불교도의 입장에서는 부처님께서 너무나 지혜롭고 자비로우셔서 그렇게 하셨다고 말하지만, 외도의 입장에서는 부처님이 몰라서 대답을 못한다고 말할 수도 있습니다. 부처님 당시에 어떤 비구는 부처님께서 하시는 일마다 모두 거짓되다고 보았습니다. 무엇을 하든 자신의 욕심을 채우려고 하는 것으로 보았기 때문에 부처님께서 보시에 대해 설법하시는 것조차도 모두 부처님 자신을 위해서 하신 것이라고 보았습니다. 이렇게 부처님께서 하시는 일을 모두 허물로 보게 된 것은 실제로 부처님께 허물이 있어서가 아니라 그 비구의 업장 때문에 그렇게 보였던 것입니다.

이런 이야기도 있습니다. 티베트의 라싸에 있는 조캉사원에 가면 석가모니 부처님의 상을 뵐 수 있습니다. 그런데 먼 지방에 사는 어떤 업장이 두꺼운 사람이 조캉사원에 와서 참배를 했는데, 불상이 모셔진 자리에 가서 아무리 부처님을 뵈려고 해도 볼 수가 없어서 텅 비어 있는 것으로 보였다고 합니다. 또 다른 이야기도 있습니다. 어떤 큰스님이 하루 종일 법문을 하고 계셨습니다. 법을 들으려고 온 어떤 사람이 왜 큰스님은 하루 종일 법문은 하지 않고 법상 위에서 무언가 계속 잘라서 드시기만 하느냐고 투덜거렸지만, 이 역시도 그 사람의 업장이 두꺼워 법문을 들을 수조차 없었기 때문입니다. 자신의 업대로 보는 것이지 있는 그대로 보는 것이 아닙니다.

그렇기 때문에 견해가 무섭다고 하는 것입니다. 견해가 잘못되면 사람도 잘못될 수 있으니까 부처님께서 아주 조심스럽게 처음에는 있다고 하고, 다시 천천히 마음이라고 하고, 나중에는 이 마음도, 주체도, 객체도 다 이름뿐이라고 해서, 이같은 아주 뛰어난 방법으로 중생을 제도하시고 있습니다. 유부와 경량부, 유식, 중관 등 불교 4대 학파의 개념은 이렇다고 나와 있습니다. 불교 4대 학파라고 할 때 계단과 같은 단계라고 합니다. 우리 스님들도 처음 경전 공부할 때 유부와 경량부의 견해부터 배웠습니다. 《뒤다》를 배울 때 나오는 정의들은 모두 유부와 경량부의 수준에서 말하고 있습니다. 나중에 유식학파의 입장에서는 또 다르게 설명합니다. 중관학파에 들어가면 또 다릅니다. 중관학파도 귀류논증중관학파와 자립논증중관학파로 다시 나뉩니다. 이렇게 자꾸 세분화해서 견해에 대해 배우는데, 이 모두가 정견 즉, 바른 견해를 세우기 위해서입니다. 바른 견해를 세우는 것은 쉬운 일이 아닙니다. 바른 견해를 세우기 위해서 불교 4대 학파는 아주 중요합니다.

"무슨 학파입니까?"라는 질문을 받는다면 아직 연구 중이라고 해야 합니다. 어느 학파의 견해가 나에게 맞는지 생각해 봐야 합니다. 불교를 공부하고 생각을 해서 자기 견해를 세워야 합니다. 지금 우리는 견해가 없습니다. 하지만 모두 없다고 말할 수도 없습니다. 아무도 모릅니다. 겉만 보고 속을 알 수 없기 때문입니다. 속담에 "겉 다르고 속 다르다."는 말도 있듯이 사람은 겉만 보고 속을 알 수 없습니다. 함께 시간을 보내면서 겪어 봐야 그 사람을 어느 정도 알 수 있습니다. 처음 볼 때는 좋았지만 함께 지내보면 아니라고 말하기도 하는 것처럼 사람을 제대로 아는 데는 시간이 필요합니다. 그와 마찬가지로 불교 4대 학파에 대해서도 꾸준히 공부하고, 기도하고, 수행도 하면서 자기 견해를 세워야 합니다. 유식이 좋을지, 중관이 좋을지를 잘 생각해 봐야 합니다.

아까 게송에서 쫑카빠 스승님께서 부처님에 대해 "아! 세존이시여, 경이로운 귀의처시여!"라고 하신 것과 같은 찬탄이 아직 우리에게는 나오지 않습니다. 그렇지만 쫑카빠 스승님이 부처님에 대한 감동으로 가슴속 깊이 우러나오는 찬탄을 게송으로 쓰신 것을 보고 부처님께서 얼마나 거룩하고, 위대하신지에 대해 우리가 어느 정도 이해할 수는 있습니다.

그리고 내년에는 《람림》과 함께 티베트의 논리에 대해서 《뒤다》의 기초부터 공부하려고 합니다. 기성(基成), 소지(所知), 유(有), 법(法), 존재(存在) 등은 동의로 이를 나누면 무상(無常)과 유상(有常), 사물(事物)과 비사물(非事物), 유위법(有爲法)과 무위법(無爲法), 자상(自相)과 공상(共相), 승의제(勝義諦)와 세속제(世俗諦) 등이 있습니다. 이처럼 불교 용어들에 대한 정의를 내려서 기초 불교 교재를 만들고 싶습니다. 좀 더 나아가 오온(五蘊), 심왕(心王), 심소(心所) 등 마음의 작용에 대해서 공부하고 나서 과정인(果正因), 자성정인(自性正因), 불가득정인(不可得正因[)의 삼종정인(三種正因)이라고 하는 불교 논리도 공부하려고 합니다. 예를 들면, 저 산 뒤에 불이 있습니다. 왜냐하면 연기가 있기 때문에. 저 산 뒤에 불이 있는 것은 눈으로 볼 수는 없지만 연기가 나는 것을 보고 불이 난 것을 알 수 있습니다. 결과를 통해 원인을 알 수 있는 것을 과정인이라고 합니다. '연기법이기 때문에 무자성하다'라고 하는 것은 자성정인이라고 합니다. 연기법과 무자성은 원인과 결과의 관계가 아니고 자성이 하나로 표현만 다를 뿐입니다. 'A는 C이기 때문에 B이다'라고 하는 서양철학의 삼단논법과 비슷합니다. '연기이기 때문에 무자성하다'고 하는 것도 하나의 논리입니다.

저 산 뒤에 불이 있습니다. 연기가 있기 때문에. 연기가 있으면 왜 불이 있어야 합니까? 연기는 반드시 불을 따라서 있기 때문입니다. 그러면 논쟁을 합니다. 담배를 피우는 사람은 입 안에 연기가 있습니다. "그렇다면 그 사람의 입 안에 불이 있습니까?"라고 묻습니다. 그 사람의 입 안에는 불이 없지만 담배에는 불이 있습니다. 하지만 입 안에 있는 연기도 담뱃불이 있어야 날 수 있는 것이지 원인 없이 연기가 날 수는 없습니다. 그와 같이 원인과 결과의 관계이기 때문에 결과가 있으면 반드시 그 원인이 있다는 말입니다. 내가 있어서 내 아버지가 있습니다. 내 아버지가 있기 때문에 내 할아버지가 있는 것입니다. 내 할아버지가 있는 것은 그 할아버지의 아버지가 있기 때문입니다. 이렇게 계속 따져가며 논리로 알게 되는 것입니다.

지금 우리들의 모습과 상태를 보면 분명히 과거 전생에 선업을 많이 쌓았고 부처님과도 인연이 있었음을 알 수 있습니다. 티베트어로 '앙마강제다때뤼라뙤 치마강제다때쎔라뙤(ཞུས་གདུངས་དཔྱད་པའི་ལྟོས། ཞུས་གདུངས་དཔྱད་སེམས་ལ་ལྟོས།)'는 '지금 이 몸을 보면 과거 생에 우리가 무엇을 했는지 대충 알 수 있다'는 말입니다. 나쁜 짓도 많이 했겠지만 좋은 업도 많이 쌓았기 때문에 인연이 있어서 여기까지 사람 몸을 받아 온 것이지, 사람 몸 받기가 그렇게 쉬운 일이 아닙니다. 사람보다 축생이 더 많고, 바다 속에는 더 많은 축생이 있습니다. 축생과 사람의 수를 비교해 보면 태산과 티끌의 차이일 것입니다. 인신난득(人身難得) 즉 사람 몸을 받기가 어렵다고 하는 것처럼 선한 마음으로 선업을 하나라도 쌓아야 사람 몸을 받을 수 있습니다. 그중에서 부처님 법을 만나서 수행하고, 기도하고, 또 금생에만 집착하지 않고 다음 생에 사람과 천신의 몸을 받고, 더 나아가 해탈과 성불까지도 이해하고 공부할 수 있는 것은 복을 많이 쌓아야 가능하지 아무나 할 수 있는 것이 아닙니다. 부처님 법을 만나기가 어렵기 때문입니다. 이와 같이 인과관계 속에서 정인(正因)이 나오는 것입니다.

이렇게 전부 다 번역할 수는 없지만 핵심만 간추려서 번역해서 교재를 만들고 2~3년 정도 불교 기초 공부부터 해야겠다고 늘 같이 공부하러 오시는 분들에게 말하고 있습니다. 지난번에 인도에 가서 18일 동안 관정법회에 참석하면서 프랑스에 가 계시는 닥뽀 린뽀체께 프랑스 불자들은 어떻게 공부하고 있는지에 대해 여쭤보았습니다. 린뽀체께서는 프랑스에 가서 처음에는 학교 선생님으로 오래 계셨다고 합니다. 지금은 명상할 때 200명 정도의 인원이 모여서 집중적으로 수행하고 있다고 합니다. 처음부터《람림》을 가르친 것이 아니고 불교 교리의 기초부터 가르치셨다고 합니다. 우리가 티베트에서 배운 것과 같이 기성, 소지, 유, 법, 존재 등의 존재론에 대한 공부부터 시작해서 무상과 유상, 사물과 비사물, 유위법과 무위법, 자상과 공상, 승의제와 세속제 등의 개념을 정리하고 삼구, 사구, 동의, 상위의 관계를 묻고 따지는 기본적인 논리 방법에 대해 먼저 가르치셨습니다. 그런 뒤에 두 번째 단계로 불교 심리학인 오온 중에서 수, 상, 행, 식 등 마음에 어떤 종류가 있는지에 대해 가르치셨다고 합니다. 그런 다음 유부, 경량부, 유식, 중관의 불교 4대 학파에 대해 간단하게 소개하고 나서 오도(五道)와 십지(十地)에 대해 앞으로 우리가 공부해 나가는 데 있어 이런 단계가 있다는 것을 가르치셨습니다. 오도인 자량도, 가행도, 견도, 수도, 무학도와 십지인 초지부터 십지까지의 보살 지위와 부처의 경지에 대해 도(道)와 지(地)의 개념을 정리해서 다 배운 상태에서《람림》 공부를 시작하면 내용을 이해하는 데 훨씬 더 도움이 많이 된다고 하셨습니다. 프랑스 불자들은 이렇게 공부하고 있다고 합니다.

그래서 이제 저도 한국말을 어느 정도 할 수 있고 도와주시는 분만 있으면 교재를 하나 만들어서 공부해봐야겠다는 생각이 많이 들었습니다. 다들 직장도 다녀야 하고 공부에 모든 시간을 투자할 수 없으니까 한 달에 한두 번 정도 정기적으로 캠프에 참석해서 체계적으로 공부하는 것이 중요한 것 같습니다. 이렇게 교재를 만들어 체계적으로 공부하면 불교를 이해하는 데 많은 도움이 되겠다는 생각이 들었습니다.

5. 공성과 연기를 모순으로 본 허물

པན་མཛད་ཁྱོད་ཀྱིས་འགྲོ་བ་ལ།།	펜제 쾌끼 도와라
སྨན་པའི་སྙད་དུ་བཀའ་སྩལ་པ།།	멘빼 레두 까짤빠
བསྟན་པའི་སྙིང་པོ་སྟོང་པ་ཉིད།།	땐빼 닝뽀 똥빠니
དེས་པའི་རྒྱུ་མཚན་བླ་མེད་པ།།	에빼 규첸 다메빠
རྟེན་ཅིང་འབྲེལ་བར་འབྱུང་བའི་ཆོས་ལ།།	뗀찡 델와르 중외출
འགལ་བ་དང་ནི་མ་གྲུབ་པར།།	겔와 당니 마둡빠르
མཐོང་བ་འདི་ཡིས་ཁྱོད་ཀྱི་ལུགས།།	통와 디이 쾌끼룩
ཇི་ལྟར་ཁོང་དུ་ཆུད་པར་ནུས།།	지따르 콩두 취빠르뉘

대자비로 모든 중생을 돕기 위해 설하시어, 불법의 정수 공성을 최상의 논리로 가르치셨네.

이러한 연기의 논리가 모순되거나 터무니없다고 여긴다면, 부처님의 심오한 이치를 어찌 알 수 있겠는가.

【설명】

대자비로 오직 모든 중생을 위해 이타행 하시는 부처님께서 어렵고 힘든 중생들을 구제하기 위해 설하신 가르침 중에서 최고는 불법의 핵심인 공성을 깨닫게 하는 길뿐입니다. 이 공성을 깨우치게 하는 최상의 논리는 오로지 '제법이 연기이기 때문에 공하다'는 연기의 논리 하나뿐입니다. 그럼에도 불구하고 연기와 공함을 모순으로 주장하는 불교도의 자성이 있다고 인정하는 학파들과 제법이 연기임을 인정하지 않는 외도들은 부처님의 심오한 공성의 이치를 이해할 수 없습니다.

자성이 있다고 인정하는 불교 학파라고 하면 자립논증중관학파 이하의 모든 학파로 유부, 경량부, 유식, 자립논증중관학파는 모두 자성이 있다고 주장합니다. 귀류논증중관학파만이 자성이 없다고 주장합니다. 용수보살, 불호보살 같은 분들이 주장하셨습니다. 오직 중생만을 생각하는 부처님께서 중생들을 돕기 위해 설하신 핵심은 공성입니다. 공성을 이해하는 최고의 논리는 연기법의 논리입니다. '제법이 공하다. 연기법이기 때문에'라고 하는 논리입니다. 이를 정인(正因)이라고 합니다. 정인은 바른 논리입니다. '제법이 무엇 때문에 공합니까?'라고 하면 '연기법이기 때문에 공하고 무자성입니다'라고 하는 논리입니다.

'이러한 연기의 논리가 모순되거나'라는 말을 살펴보면, 자립논증중관학파 이하의 불교 학파들은 연기는 주장하지만 무자성을 주장하지는 않습니다. 연기법과 무자성이 모순된다고 생각하기 때문입니다. '제법이 무자성이다. 연기이기 때문에'라고 할 때 연기하는 것은 자성이 없어서 무자성인데도, 반드시 자성이 있어야 한다고 생각합니다. '어떤 논리가 누구에게는 견해와 아집을 더 굳게 만든다'고 할 때 그렇게 만드는 것은 자성이 있다고 주장하는 불교 학파들입니다. 원래부터 갖고 있던 아집이 이들 학파의 견해 때문에 더 단단하게 굳어지게 되는 것입니다. 그래서 연기의 논리가 모순이라는 생각을 하게 됩니다. 하지만 연기하면 자성이 불가능해서 무자성이므로 자성으로 존재할 수 없습니다.

'터무니없다'고 하는 것은 제법이 연기법임을 부정하는 것입니다. 이는 외도들의 견해입니다. 외도들은 연기법을 부정합니다. 외도들에게 원인과 결과를 인정하지 않느냐고 물어보면 원인과 결과의 연기는 인정합니다. 그런데 연기법을 인정하지 않는다는 것은 궁극적으로는 인정하고 있지 않다는 것을 의미합니다. 원인을 궁극적으로 따져 보면 결국 창조주를 말하고 있어서 결과와 일치하지 않는 원인을 주장하고 있습니다. 지금의 나는 어머니와 아버지로부터 생겼다고 인정합니다. 그러나 궁극적인 핵심에 들어가면 원인이 없다고 하거나 일치하지 않는 원인에서 생기는 것이라고 주장합니다. 그래서 외도들은 연기라고 하면 터무니없다고 말하는 것입니다. 그렇기 때문에 부처님께서 말씀하신 공성의 심오한 뜻을 이해할 수 없는 것입니다. 공성을 이해할 수 있게 하는 연기에 대해 잘못 알고 있기 때문에 무자성과 공성을 이해할 수 있는 최고의 논리인 연기가, 자성이 있다고 하는 불교 학파들에게는 모순이 되고, 외도들에게는 터무니없는 것이 됩니다. 외도들도 연기를 어느 정도 인정하고는 있지만 궁극적인 면에서 따져 보면 결국 연기가 아니라는 견해를 드러냅니다.

앞서 말씀드린 것과 같이 '나'라고 할 때 세 가지 특징을 가진 자아가 있습니다. 내가 어떻게 있느냐고 물어보면 나는 육신과 정신에서 벗어나 마치 염주와 염주의 주인처럼 완전히 분리되어 따로따로 있다고 합니다. '나'라는 것은 육신과 정신에서 벗어나 따로 있으며, 영원하고, 전체와 부분으로 나눌 수도 없고, 원인과 조건에서 벗어나 독립적으로 있다고 합니다. 이렇게 세 가지 특징을 말합니다. 영원하고, 나눌 수 없고, 독립적으로 있다고 하는 것이 외도가 주장하는 자아입니다. 그렇기 때문에 거친 인과는 인정하지만 미세한 인과로 들어가면 부정하는 것입니다. 아예 원인이 없다고 하거나, 원인이 있다고 해도 결과와 일치하지 않는 원인인 하느님이나 창조주가 만들었다고 하거나 어떤 다른 원인이 있어서 이렇게 된 거라고 주장합니다. 우리의 원인은 어머니, 어머니의 어머니 하는 식으로 따져서 어느 정도까지는 말할 수 있지만, 시원(始原)이 있냐는 질문을 하면 과학자들은 빅뱅을 말합니다. "그렇다면 그 빅뱅은 어떻게 일어났습니까?"라고 다시 질문하면, 빅뱅 이전에도 무언가 있어야 부딪칠 수 있으므로 답을 하지 못합니다. 불교의 입장에서는 원인이 시작이 없다고 봅니다. 그래서 최초의 원인은 없다고 합니다.

최초의 원인을 받아들일 수 있습니까? 아니면 시작 없이 여기까지 왔다고 생각합니까? 시작이 없다고 하는 것에 대해 생각을 좀 해보아야 하지만 논리적으로는 맞습니다. 연기법이 아니라고 하는 입장에서는 시작이 있다고 합니다. 그러나 불교에서는 원인이 시작이 없다고 합니다. 윤회의 시작이 없다고 합니다. 무시이래(無始以來) 여기까지 온 것입니다. 허공이 끝이 없는 것과 같다고 합니다. 중생의 수를 헤아릴 수 없어서 아무리 성불해도 중생은 남아 있습니다. 우리 몸 자체를 하나의 지구로 볼 수 있습니다. 지금 나는 내 몸을 지구라고 생각하지 않지만, 내 몸 안에는 많은 미생물들이 있어서 춥다고도 하고 덥다고도 합니다. 이처럼 우리 몸 자체가 어떤 면에서는 지구와 같다고 볼 수 있습니다. 그래서 '중생무변'이란 말처럼 중생의 수는 헤아릴 수 없다고 합니다. 중생 하나하나를 살펴보면 나도 성불할 수 있고 여러분도 언젠가는 성불할 수 있습니다. 우리가 성불하면 우리만큼의 중생의 수가 줄어드는 것일까요? 줄어든다고 생각할 수도 있지만 아닙니다. 얼마만큼의 양이 정해져 있다면 그보다 늘거나 줄었다고 말할 수 있지만, 중생의 수는 헤아릴 수가 없어서 얼마나 있다는 기준이 없으므로 성불하는 중생의 수만큼 줄어든다고 말할 수 없는 것입니다.

중생이 다할 때가 없다고 주장하는 불교 학파도 있습니다. 중생이 다 없어져서 윤회세계가 텅 비고, 모두 부처가 되어서 부처의 세계만 존재하는 일은 없다고 합니다. 중생들 각자에게는 시작은 없지만 끝은 있다고 합니다. 각자가 성불할 수도 있고 윤회세계에서 벗어날 수도 있다고 합니다. 하지만 윤회세계 자체가 완전히 텅 비고 모두 다 성불하는 날이 있느냐고 물으면 있다고 하는 학파도 있고, 없다고 하는 학파도 있습니다. 생각해 봐야 합니다. 모두 성불하고 나면 부처님은 무엇을 하시겠습니까? 모두 성불하면 제자도 없고 중생도 없습니다. 부처님은 중생을 제도하고 가르쳐야 하는데, 모두 다 부처가 되면 누구를 가르치고 누구를 제도하시겠습니까? 이렇게 논리적으로 생각해 봐야 합니다. 각자에게는 끝 즉 성불이 있지만 윤회세계 전체가 다 성불할 수는 없다고 하는 학파도 있고, 모두 성불할 수 있다고 하는 학파도 있습니다.

그렇기 때문에 시간의 시작이 없다고 하는 것이 불교의 견해입니다. 시간도 하나의 개념입니다. 요즘은 과학이 발달해서 과거나 미래로 시간여행을 하는 영화나 드라마가 만들어지기도 하지만, 실제로 불교의 관점에서는 시간은 돌이킬 수 없다고 합니다. 이미 지나간 시간은 지나갔기 때문에 그것으로 끝입니다. 의미 있게 보내든, 의미 없게 보내든 한번 지나간 시간은 아무도 돌이킬 수 없다고 합니다. 단지 기억으로만 남을 뿐입니다. 태어나 지금까지 살아오면서 지나갔던 시간들은 기억으로만 남아있을 뿐 어린 시절로 돌아가고 싶다고 해서 돌아갈 수 있는 일이 아닙니다. 돌아가고 싶다는 생각만 할 수 있을 뿐이지 시간을 돌이킬 수는 없다고 합니다. 또한 시간은 그 시작이 없다고 합니다. 만약 시간이 시작이 있다면, "첫 번째 시작은 어떻게 생겼습니까?"라는 질문을 해 볼 수 있습니다. "원인이 있습니까? 없습니까?"라고 물으면 원인이 없다고 하는데, 이런 면에서 연기법을 인정하지 않는 것입니다. 씨앗을 심으면 열매가 나오고, 아버지와 어머니로부터 내가 태어나는 것은 외도들도 인정합니다. 외도들도 나름대로 생각을 많이 합니다. 우리는 외도도 아니고 불교 학파도 아닌 중간학파인 것 같습니다.

【대중 웃음】

외도들도 진짜 생각을 많이 한다고 합니다. 그렇게 생각을 많이 하기 때문에 그 생각이 한번 바뀌면 견해에도 엄청난 변화가 일어날 수 있다고 합니다. 자기 나름대로 깊이 생각해서 주장을 내세우기 때문입니다. 그런데 우리는 지금 주장이 없습니다. 이것도 아니고 저것도 아닙니다. 이것저것 하기는 다 하지만 정작 자기 것은 없습니다. 술이나 취미 등 어디 한군데 빠지면 거기서 나오기 힘든 것처럼 자기 견해에 한번 빠지면 아주 무섭습니다.

이와 같이 '터무니없다'고 주장하는 외도들은 연기법을 아예 인정하지 않습니다. 연기법을 아예 인정하지 않는다는 것은 무언가 시작이 있다고 생각한다는 말입니다. 그 첫 시작은 어떻게 시작되었느냐고 질문하면 원인이 없다고 하거나, 그냥 우연히 생겨났다고 하거나, 창조주가 만들었다고 합니다. 불교의 입장에서는 이것을 원인이 없다고 하거나 결과와 일치하지 않는 원인을 말하는 것이라고 봅니다. 이 두 가지를 모두 인정하지 않습니다. 원인이 없다면 항상 생기거나 항상 없어야 하는 것으로 둘 중에 하나입니다. 이것이 불교의 논리입니다. 티베트어로는 '딱뚜외빠암메빠르규르 (རྟག་ཏུ་ཡོད་པའམ་མེད་པར་འགྱུར)'라고 합니다. 원인이 없이 생긴다면 항상 있어야 합니다. 아니면 항상 없어야 합니다. 둘 중에 하나입니다. 왜냐하면 원인이 없기 때문에 항상 있거나 아예 없습니다. 원인이 있기 때문에 생기고, 원인이 없으면 생기지 않습니다. 그러므로 원인이 없다면 항상 있거나 항상 없게 됩니다. 불교 논리로 따질 때 "항상 있거나 항상 없습니다. 왜냐하면 원인이 없기 때문에."라고 한다면 그 이유가 딱 맞습니다. 원인이 없기 때문에 항상 있거나 항상 없는 둘 중에 하나여야 합니다. 항상 있는 것도 아니고 항상 없는 것도 아니라고 하면, 이미 원인이 있다고 주장하게 되는 것입니다. 왜냐하면 항상 있는 것이 아니라고 하면 원인이 있어서입니다. 원인이 있을 때 있다고 주장하는 것이기 때문입니다.

【문】 스님의 논리에 따르면, 원인이 없기 때문에 창조주인 신은 원래부터 항상 있는 것이라는 주장이 맞게 됩니다.

【답】 예, 항상 있다고 해야 합니다. 그리고 거기에 대해 두 번째 논리로 따져 보아야 합니다. 원인 없이 항상 있다고 한다면, 창조주가 모든 것을 만들 수 있는 힘을 가지고 있다고 했는데, 그렇다면 그 창조주는 누가 만들었습니까? 모든 것을 만들었다고 할 때 그 모든 것 속에 창조주는 포함되지 않습니까?

【문】 예.

【답】 창조주를 만든 이가 없이 모든 것을 만들었다고 하면 논리적으로 맞지 않습니다. 이런 것을 결과와 일치하지 않는 원인이라고 합니다. 창조주가 항상 모든 것을 만들 수 있다면 이 창조주는 어떻게 생겼습니까? 어떻게 존재합니까? 사람, 동물, 지구 등 모든 것을 만들 수 있는 힘을 가진 창조주 같은 존재가 있다고 주장하는 학파가 있습니다. 그들에게 그러면 그 창조주는 누가 만들었냐고 질문할 수 있습니다. 창조주 자신을 만든 이가 없음에도 불구하고 자기는 모든 것을 다 만들었다고 말한다면 이것은 말도 되지 않는 소리입니다. 논리적으로 그 이유를 바르게 증명할 수 없습니다. 그러면 믿을 수 없습니다. 믿을 수 있어야 합니다. 믿는 대상이 있거나 없거나 상관 없이 있는 것도 믿을 수 있고, 없는 것도 믿

을 수는 있습니다. 하지만 믿는다고 해서 모두 있는 것은 아닙니다. 믿음은 가질 수 있지만 그렇다고 모두 있는 것은 아닙니다. 없는 것도 믿을 수 있습니다. 있다고 믿으면 그것이 진짜 나타나는 것처럼 믿음의 힘은 큽니다. 믿음이 간절하기 때문에 개 이빨에서도 부처님의 진신사리가 나왔습니다. 과학적으로는 설명할 수 없습니다. 오직 믿음의 힘입니다.

무착보살이 12년간 고행을 해서 미륵보살님을 친견했습니다. 처음으로 미륵보살님을 만나뵙고 "미륵보살님은 자비심이 없습니다. 12년간이나 고생하면서 기다렸는데 이제서야 나타나시다니요." 하며 무착보살이 억울해하자 미륵보살님이 "나는 처음부터 한 번도 네 곁을 떠난 적이 없었는데, 단지 네가 나를 보지 못했을 뿐이다."라고 대답하셨습니다. 무착보살이 그 말씀을 믿지 못하니, "그러면 나를 업고 시장을 한바퀴 돌아보거라."하고 말씀하셨습니다. 무착보살이 미륵보살님을 등에 업고 시장을 한바퀴 도니 업장이 두꺼운 시장 사람들의 눈에는 개의 모습조차도 볼 수가 없어서 이제 무착이 미쳐서 저렇게 시장을 돌아다닌다고 말했습니다. 그중에 업장이 가벼운 할머니 한 분만이 무착이 개를 업고 돌아다닌다는 말을 했다고 합니다.

앞서 조캉사원에 가서도 부처님의 상을 친견하지 못하는 사람이 있다고 말씀드렸습니다. 업장이 너무 두꺼운 사람은 조캉사원 한가운데 계신 부처님조차도 뵐 수 없습니다. 그런 분에 비하면 그래도 우리는 업장이 조금 더 가볍습니다. 다들 부처님을 친견할 수는 있으니까요. 따라서 우리들의 업장이 너무 두꺼워서 불보살님이 옆에 계시는데도 우리 눈에는 보이지 않는 것이지 불보살님이 안 계시는 것이 아닙니다. 번뇌장과 소지장이 너무나 많기 때문에 옆에 계셔도 보지 못하는 것입니다. 불보살님이 옆에 계시는데도 보지 못하는 것은 우리의 업 때문입니다. 그렇기 때문에 원인 없이 시작이 있다는 것과 창조주가 모든 것을 만들었다고 하는 것은 연기법에 따르면 둘 다 있을 수 없습니다. 그래서 모순되거나 터무니없다고 하는 것입니다. 그런데 어떻게 부처님께서 말씀하시 심오한 공성을 이해할 수 있겠습니까? 이해할 수 없습니다.

그렇기 때문에 인과의 연기법이 아주 중요합니다. 원인과 결과의 연기법을 말하는데 원인을 이해하기가 간단하지 않습니다. 우리가 인과를 공부할 때 원인을 나누는 방법이 여러 가지가 있습니다. 티베트어로 '윙규 괴규(རྒྱུ་དངོས་རྒྱུ་དངོས་)'라고 해서 직접적인 원인과 간접적인 원인 두 가지로 나눕니다. 직접적인 원인은 그 결과 바로 앞의 그 순간의 원인입니다. 간접적인 원인은 엄청나게 많습니다. 그리고 원인 가운데 티베트어로 '녤렌 헨찍제껜(ཉེར་ལེན་ལྷན་ཅིག་བྱེད་རྐྱེན་)'이라고 해서 주된 원인과 부수적인 원인도 있습니다. 빵으로 치면 주된 원인은 밀가루입니다. 빵을 만들려면 빵 만드는 사람도 필요하고, 물도 필요하고, 그릇도 필요하고, 불도 필요합니다. 이런 것들을 부수적인 원인이라고 할 수 있어서 주원인이 아닌 부원인이라고 말할 수 있습니다. 물론 조건도 원인에 포함되지만 원인과 조건 둘로 나눌 때, 원인은 주원인이고 조건은 부원인이라 할 수 있습니다. 그러면 밀가루로 만든 빵의 원인이 밀가루라고 할 때, 왜 밀가루가 밀가루로 만든 빵의 주된 원인이냐고 물어볼 수 있습니다. 빵 만드는 사람, 불, 그릇 등 여러 가지 원인들이 있는데 왜 밀가루가 밀가루로 만든 빵의 주된 원인입니까?

【대중】 쌀을 넣으면 밥이 되고, 밀가루를 넣으면 빵이 되기 때문입니다.

【답】 예, 그렇습니다. 그 밀가루로 만든 빵이라고 말할 수 있는 것은 밀가루가 있어야지만 빵으로 변할 수 있지 조건인 만드는 사람이 빵으로 변할 수는 없습니다.

【대중 웃음】

밀가루를 반죽해서 구우면 지금은 밀가루이지만 나중에 빵이 되는 것입니다. 한국의 주식인 쌀은 밥의 주된 원인입니다. 밥을 하는 데에도 밥하는 사람, 냄비, 물 등 여러 가지 원인이 있지만 쌀이 변해서 밥이 되기 때문에 쌀이 밥의 주된 원인인 것입니다. 이런 논리로 생각하면 어떤 결과도 주원인과 부원인 두 가지를 원인으로 해서 나타납니다. 그리고 원인 가운데도 빵으로 변하기 전의 밀가루 같은 직접적인 원인과 농부, 땅, 햇빛, 거름 등의 간접적인 원인이 있습니다. 이렇게 직·간접적인 여러 가지 원인으로 빵 하나가 나오는 것이지 원인 없이 나오는 것도 아니고 창조주가 만들어낸 것도 아닙니다. 하늘에서 뚝 떨어지는 것도 아닙니다. 따져 보면 빵도 주원인, 부원인 등 여러 가지가 모여서 우리가 먹을 수 있는 빵이 되는 것입니다. 얼마 전에 '제빵왕 김탁구'라는 TV 드라마를 아주 재미있게 봤습니다. 그 드라마를 보니까 맛있는 빵을 만드는 것도 쉬운 일이 아닌 것 같습니다. 맛있는 빵을 만들기 위해서는 많은 정성이 들어가야 하고, 재료도 좋아야 하고, 시간도 잘 맞추어야 하고, 여러 가지 재료의 양도 적당하게 넣어야지 아무렇게나 해서는 맛있는 빵이 되지 않습니다.

그렇기 때문에 원인에는 직접적인 원인, 간접적인 원인, 주원인, 부원인이 있습니다. 티베트어로 하면 '윙규 괴규 넬렌 헨찍제껜'이라고 해서 원인만 해도 네 가지로 나눕니다. 그리고 각각의 정의도 있습니다. '윙쑤께제(དངོས་སུ་སྐྱེད་བྱེད)'라고 해서 직접적으로 생기게 하는 것은 직접적인 원인의 정의이고, 간접적으로 생기게 하는 것은 간접적인 원인의 정의입니다. 주원인과 부원인의 정의도 따로 있습니다. 결과로 변할 수 있는 원인은 주원인입니다. 결과로 변하지 않고 결과가 생기는 데 도움을 주는 원인이 부원인의 정의입니다. 이렇게 원인이 네 가지가 있는 것처럼 결과도 네 가지가 있습니다. 직접적인 결과, 간접적인 결과, 주결과, 부결과입니다. 우리는 인과라고 할 때 딱 하나만 생각하기 쉽지만 인과에도 여러 가지가 있습니다.

오늘 첫 번째 연기법인 인과에 대해 공부했는데, 불교를 공부하려면 생각을 많이 해야 합니다. 멀리서 공부하러 오시느라 피곤하실 텐데 일찍 주무십시오. 너무 늦게 잠이 들면 내일 공부할 때 잠이 옵니다. 그리고 아침 6시 30분에 해가 뜨니까, 그전에 내일 아침 6시까지 법당에 모이십시오. 《해탈을 원하는 행운아가 날마다 해야 할 기도문》에 대승포살수계에 대한 설명이 있으니 미리 읽어 보고 마음의 준비를 해두시는 것도 좋을 듯합니다. 내일 하루 동안 보살계를 지킨다고 생각하시면 됩니다. 지켜야 할 8가지 계가 있습니다. 여지껏 나 자신만을 위해 살아왔지만, 내일 하루는 무엇을 하더라도 남을 위해서 봉사하겠다는 보리심의 마음으로 내일 아침에 계를 받고 다음 날 해가 뜰 때까지 24시간 동안 지키면 됩니다. 그 지계의 공덕은 보리심의 마음으로 하는 것이기 때문에 한량이 없습니다. 계는 하루 동안 지키지만 그 공덕은 한량없어서 성불하는 날까지 이어집니다. 내일 계를 받아 하루 동안 지켜 보고, 다시 수계하면 좋겠다는 마음이 나면 자기가 다니는 절이나 집에서 부처님을 모시고 스스로 계를 받으시면 됩니다. 그러니 될 수 있는 대로 많이들 참석하시고 내일 또 의미 있게 보리심, 보살, 그리고 《연기찬탄송》 공부도 잘 마무리지어 봅시다.

Shantideva 적천보살

제 5 강

어제에 이어 공부를 다시 시작하도록 하겠습니다. 먼저 다함께 《연기찬탄송》을 천천히 독송하겠습니다.

【독송】

어제도 말씀드렸고 오늘 아침에 대승포살 수계식을 하면서도 여러 번 말씀드렸습니다. 이 가르침을 제대로 배우기 위해서는 무엇보다 마음동기가 아주 중요합니다. 어제도 말씀드렸지만 항상 불법승 삼보에 대해 제대로 이해하고 있어야 합니다. 이미 부처님에 대한 소개도 여러 번 했습니다. 부처님이라고 하면 역사 속에 있는 아주 훌륭한 한 사람만을 이야기하는 것이 아닙니다. 부처님의 몸의 공덕, 말씀의 공덕, 자비의 공덕, 지혜의 공덕, 중생을 제도하시는 행의 공덕 등 여러 가지 면에서 부처님을 잘 생각해 보면 《연기찬탄송》에서 쫑카빠 스승님께서 가슴속 깊이 우러난 감동으로 부처님을 찬탄하신 것과 같이 우리도 이 가르침을 배우고 나면 부처님에 대한 인식이 좀 바뀌어야 합니다. 부처님에 대해 제대로 알고 부처님께 귀의해야 합니다. '부처님께 귀의합니다'라고 할 때, 부처님은 위에 계시고 나는 아래에 있어서 '부처님, 저 좀 도와주세요. 구제해 주세요'라고 하는 방식의 귀의도 있지만, 진짜 귀의는 '나도 부처님처럼 되겠다'는 마음, '부처님을 닮아가겠다'는 마음, '나도 성불하겠다'는 마음이 있어야 하는데, 우리는 법회를 마치고 나서 "성불하세요."라고 말하지만 실제로 '나도 부처가 되겠다'는 의지도 없고, 부처가 될 수 있다는 것도 모르고, 설령 안다고 하더라도 '언젠가는 나도 되겠지' 하는 정도의 마음밖에 없는 것 같습니다. 정말 '중생을 구제하기 위해 내가 부처가 되어야겠다'고 하는 간절한 마음은 공부도 하고 좀 더 노력해야 생기지 저절로 생겨나지 않습니다. 인과 관계로 생깁니다.

  보리심도 원인이 있어야 합니다. 보리심도 배워야 합니다. 닦아야 합니다. 한두 번이나, 한 생만이 아니라 여러 생에 걸쳐서 배워야 합니다. 부처님께서도 연기를 깨닫기 위해 때로는 자신의 몸과 목숨을 주시기도 하고, 자신의 자식과 재물까지도 무한 겁 동안 내어주셨다고 게송에 나옵니다. 부처님께서도 오랫동안 힘든 고행을 통해서 얻으신 이 깨달음을 우리는 아무런 고행도 하지 않고 편안하게 얻으려 해서는 안 됩니다. 예전에도 말씀드렸지만, '또당니메도뒤최빼숙 껜엔톡뚜베뒤타멜라 (བསོད་བགྲུ་ཆུས་རྟོ་དུས་ཆོས་པའི་གཟུགས། །རྒྱུན་དང་ཐོག་ཏུ་བབས་དུས་ག་ལས་པ།)'라는 말처럼 춥지 않아서, 따뜻하고, 배부르고, 별 문제도 없어서 편안할 때는 기도하고 참선하는 수행자의 모습으로 있다가, 세상에 나와서 사람들과 지내다가 안 좋은 일이 생겼을 때 바로 화를 내거나, 욕을 하는 등 부처님 말씀과 반대로 하면 안 됩니다. 큰스님들께서도 자주 하시는 말씀입니다. 우리는 문제가 없고 편안할 때는 수행자처럼 행동하고, 어렵고 힘들 때는 수행하는 마음을 잊어버립니다. 이런 사람은 종교가 없는 사람보다도 더 나빠서 범부 중에 범부라고 할 수 있습니다. 진짜 수행자는 편안하거나 편안하지 않거나, 힘들거나 힘들지 않거나, 언제 어디서나 한결같이 좋은 일이 생기면 불법승 삼보의 은혜에 감사할 줄 알고, 나쁜 일이 생기면 남의 탓으로 돌리지 않고 바로 내 마음의 무지, 무명, 어리석음과 나를 귀하게 여기는 이기심 때문인 것을 바로 알아차려야 합니다. 내 마음속에 있는 것이 주된 원인이지 밖에 있는 것이 아닙니다. 내가 과거에 지은 업과 내 마음속에 있는 번뇌 때문에, 무지 때문이라고 생각하며 내 탓이고, 내 문제라고 생각할 수 있어야 진짜 수행자의 모습입니다. 힘들수록 더 참된 수행자의 모습이 나와야지 힘들다고 해서 공부도 수행도 뒤로 미루는 것은 아직 수행이 덜 되어서 그렇습니다. 진짜 수행이 되면 힘들면 힘들수록 더 강해지고 더 튼튼해진다고 합니다. 그래서 힘들 필요가 있다고 합니다. 따라서 불법승 삼보에 대해 귀의하는 마음과 이 공부가 나 혼자만을 위해서가 아닌 일체중생을 위해서라는 마음을 흉내라도 내어 오늘 하루만이라도 남을 위해서 공부하겠다는 마음을 자주자주 내어야 합니다.

우리 생각에 마음동기는 딱 하나밖에 없다는 생각이 들 수도 있지만 하나만 있는 것이 아닙니다. 제가 《연기찬탄송》을 공부하겠다는 마음을 한두 달 전 인도에 있을 때 처음으로 내었습니다. 인도로 떠날 때 5개월 정도 머물면서 칼라차크라 관정까지 모두 받고 돌아오려고 했습니다. 하지만 연로하신 존자님의 건강을 고려

해 칼라차크라 법회가 취소되는 바람에 한 달 반 정도 무문관 수행터에서 수행을 하려고 했습니다. 그러다가 다른 큰스님께서 밀교 관정을 20일 동안 주겠다고 하셔서 받으려고 했는데 그 일에도 차질이 생겨서 한국에 돌아가 《연기찬탄송》 공부나 해야겠다고 결심한 간접적인 마음동기가 있었습니다. 그렇게 시작해서 어제 공부를 시작하기 전까지의 직접적인 마음동기 등 여러 가지 마음동기가 있습니다. 이와 같이 마음동기에도 간접적인 마음동기, 직접적인 마음동기 등 여러 가지가 있습니다. 여러분도 마찬가지입니다. 공부해야겠다는 마음을 낼 때부터 마음동기가 시작됩니다. '갈까? 말까? 다른 일이 생기면 못가는데……' 하는 생각이 들면 마음이 흔들립니다. 그럼에도 불구하고 멀리서 여기까지 오신 여러분과 저는 아주 좋은 인연일 거라고 생각됩니다. 우리는 늘 여러 가지 일들로 많이 바쁩니다. 다른 말로 하면 여러 가지로 핑계를 대고 있습니다. 시간이 없는 것도 아니고 모두 할 수 있지만 언제 무슨 일이 있다는 핑계를 대면서 하지 않는 경우가 많습니다.

따라서 마음동기는 하나만이 아니어서 바르지 않은 마음동기도 일어납니다. 바르지 않은 마음동기도 어쩔 수 없이 일어납니다. 하지만 잘 생각해서 빨리 포기하고 보리심을 흉내라도 내어 '부처님 닮아가겠습니다. 일체중생을 위해 공부하겠습니다'라는 마음을 잊지 않고 반복하면 습으로 들어갑니다. 끊임없이 반복하다 보면 좋은 것도 나쁜 것도 다 습으로 들어갑니다. 육체적인 것도, 정신적인 것도 마찬가지입니다. 몸으로 하는 요가 같은 것도 한두 번 해서 잘할 수 있는 것이 아니고 시간을 들여 훈련해야 하는 것처럼 마음도 고쳐야겠다는 의지를 가지고 '로종(蘿蔔)', 랑리탕빠 스승의 마음 다스리는 8가지 게송, 마음 닦는 7가지 가르침, 까담 스승들의 마음 닦는 기도문 등을 반복해서 읽고 마음에 새겨야 합니다. 기도문이라고 하지만 수행법입니다.

《연기찬탄송》도 부처님에 대해 찬탄할 뿐만 아니라 불교에 대해 소개하고 있습니다. '불교는 무엇인가?'에 대한 답을 해주신 것입니다. 부처님 말씀의 핵심을 쫑카빠 스승님께서 여러 가지 비유와 방법으로 소개하시고 있습니다. 한번 읽기만 해도 쫑카빠 스승님께서 부처님에 대해 어떻게 감동받으셨는지 대강이라도 알 수 있습니다. 마음을 고쳐야겠다는 의지를 가지고 공부도 하고 여러 가지 다른 수행들도 해야 합니다. 원인도, 조건도, 마음동기도 하나가 아니고 여러 가지입니다. 우리가 자량도, 가행도, 견도, 수도, 무학도, 해탈, 성불 등의 결과를 정말 원한다면 그 결과에 맞는 원인을 만들어야 합니다. 그저 "해탈하게 하소서. 윤회세계를 벗어나게 하소서. 성불하게 하소서."라고 하며 바라기만 해서는 해탈하고 성불할 수 없습니다. 무언가 움직여야 합니다. 마음을 바꿔야 합니다. 현재 우리 마음을 보면 탐진치의 악습으로 물들어 있습니다. 이런 악습을 하루아침이나 몇 달, 몇 년만에 다 제거하고 선습만으로 가득 차게 할 수는 없다고 존자님께서 자주 말씀하십니다. 어제는 범부였는데 오늘 갑자기 아라한이 되거나 성불했다고 하면 이는 새빨간 거짓말이어서 이런 일은 절대로 없다고 하셨습니다. 존자님의 머리카락이 빠져서 이렇게 대머리가 되는 데에도 팔십년이 걸렸는데, 하루아침에 머리카락이 모두 다 빠지면 사람이 견딜 수 없다고 하셨습니다. 머리카락이 이만큼 빠지는 데도 팔십년이 걸리는데 더군다나 마음을 발전시켜 수행과를 얻는 데는 시간이 더 많이 필요하다고 합니다. 급한 마음에 금강승 밀교가 지름길이라고 해서 서둘러 수행하려고 하지만 아무나 할 수 있는 것이 아니라고 합니다. 다른 사람들이 몇 겁이나 걸려서 이루는 것을 최상승 밀교 수행을 해서 하루아침에 이루겠다고 하는 것은 욕심입니다. 현실과 맞지 않는 욕심이라고 합니다. 밀교 수행을 하면 한 생 한 몸으로 성불할 수 있다고 하지만, 밀교 수행을 하기 위해서는 기초인 현교 수행이 먼저 되어 있어야 합니다. 현교의 바탕 없이 하는 밀교 수행은 진언을 외우거나 관상하는 정도는 할 수 있지만, 본격적으로 생기차제와 원만차제 등 밀교의 치제를 닦는 것은 불가능하다고 합니다.

밀교의 기초는 보리심까지 닦아야 하는 현교 수행입니다. 보리심까지 되어 있는 상태에서 본격적으로 밀교를 수행을 할 수 있습니다. 정확하게 말하면 보리심을 닦지 않은 상태에서 밀교의 가피를 받고, 밀교의 스승으로부터 허락을 받아, 진언을 외우고, 관상하는 것도 큰 공덕은 있지만, 이것은 밀교 수행의 전부가 아닌 일부일 뿐입니다. 부분적인 수행은 할 수 있지만 전체적인 수행은 아닙니다. 제대로 된 밀교 수행을 하기 위해서는 보리심까지 이룬 상태에서 해야 한다고 밀교 경전에서 가르치고 있습니다. 뿐만 아니라 공성을 자각해야 합니다. 공성을 깨닫지 못한 상태에서는 밀교 수행이 불가능하다고 합니다. 보리심이 없는 상태에서도 밀교 수행이 불가능합니다. 존자님께서도 60년 이상 보리심을 수행했지만 아직도 보리심이 생기지 않았다고 하십니다. 60년 이상 공성을 연구하고 생각했지만 아직까지도 공성을 깨우치지 못했다고 하십니다. 존자님께서 자신은 관세음보살도 아니고 공성을 깨달은 것도 아니라고 늘 말씀하십니다. 제자들이 존자님을 살아있는 관세음보살이나 살아있는 부처라고 믿고 있지만 정작 존자님 자신은 관세음보살도 아니고 13대 달라이 라마의 의식을 그대로 이어받는 것도 아닌 것 같다고 하십니다.

몇 번 꿈에서 13대 달라이 라마를 뵙고 슬픔이 느껴지기도 하는 것을 보면 특별한 인연이 있는 것 같기는 하지만, 그분의 의식을 그대로 이어받은 것은 아니라고 하십니다. 우리는 13대, 14대라고 하면 하나라고 생각합니다. 1대부터 14대까지 달라이 라마의 의식이 하나로 이어진다고 우리는 생각하지만, 존자님께서는 13대 달라이 라마의 의식을 그대로 이어받았다고 말씀하시지 않습니다. 존자님도 어렸을 때 티베트어 알파벳인 '까(ཀ)', '카(ཁ)'부터 배우셨다고 합니다. 공부를 많이 했다고 합니다. 존자님도 어렸을 때는 공부하기 싫어하고 놀기 좋아하는 보통 아이들과 똑같았다고 합니다. 16세 때 정식으로 즉위해 나라의 막중한 짐을 지고 1959년도 마지막 시험이었던 게셰 하람빠 시험을 통과하신 후 인도로 망명 와서 오히려 더 공부를 많이 하셨다고 합니다. 처음에는 존자님이 많이 알려지지 않아서 시간도 많았고 젊은 시절이라 공부에 많은 힘을 쏟았다고 하십니다. 관세음보살이라면 공부할 필요 없이 편안하게 있어도 되겠지만 존자님께서는 아주 많이 노력하셨다고 합니다. 존자님은 새벽 3시가 되면 일어나서 저녁 아홉 시 정도에 일찍 잠자리에 드십니다. 새벽에 일어나서 공양수를 올리고, 오체투지를 하고, 만달라 공양을 올리고, 참선하고, 독경하고, 공양을 드시면서도 시간을 낭비하지 않고 열심히 공부하십니다. 언제 어디서든 틈나는 대로 책을 펴서 공부하시는 모습을 볼 수 있습니다. 이런 모습은 우리를 참 부끄럽게 만듭니다. 제자들인 우리를 깨우치기 위해 연기하신다고 생각할 수도 있지만 실제로 존자님께서는 그렇게 생활하시고 있습니다. 존자님은 일찍 일어나시지만 우리는 늦잠을 잡니다. 존자님은 공양수를 올리지만 우리는 공양수도 올리지 않습니다. 제일 좋은 것을 바라면서 하는 일은 별로 없습니다. 그런 원인으로는 그런 큰 결과를 얻을 수 없습니다. 이렇게 하는 일 없이 헛된 꿈이나 꾸고 있으니 '꿈 깨라'는 말이 딱 맞는 것 같습니다. 요샛말로 '뻥치지 마라'고 하는 겁니다.

【대중 웃음】

그런 일은 있을 수 없습니다. 존자님께서 하시는 일을 보면 여러 가지로 공부도 많이 하고 시간 낭비를 조금도 하지 않으십니다. 긴 공부와 수행, 그리고 또 아침부터 사람들도 많이 만나셔야 합니다. 많은 사람들에게 불법도 전하셔야 합니다. 정치에 관여도 하셔야 합니다. 다른 나라는 정부에서 여러 가지 지원을 해주지만, 존자님께서는 거의 대부분의 일을 미리 준비하는 법 없이 그때그때 스스로 준비해서 하신다고 합니다. 연세가 80이신데도 세계 평화, 종교 간 화합, 티베트 문제의 평화로운 해결을 위해서 죽을 때까지 힘닿는 대로 전 세계를 다니면서 활동하겠다는 목표를 가지고 계십니다. 생각해 보면 우리에게는 이루고 싶은 목표나 꿈이 없는 것 같습니다. 어제 여기 왔던 10살짜리 아이에게 "출가할래?"라고 물으니 "저는 꿈이 있습니다."라고 대답했습니다. 우리는 꿈이 있습니까? 다 자라서 성인이 되었기 때문에 이제 더 이상 꿈이 필요 없는 것일까요? 따져 보면 없는 것 같습니다. 어떤 목적을 이루기 위해 부지런히 노력하고 있는 것이 전혀 없다고는 할 수 없지만, 제대로 된 게 있다고 말할 수도 없는 것 같습니다.

여기서 말하는 꿈은 일시적인 목적과 궁극적인 목적 두 가지가 다 필요합니다. 정말 다음 생에 삼악도에 안 떨어지고 다시 사람 몸을 받아 불법이 있고, 수행을 더 잘할 수 있는 곳에 태어나는 것을 티베트말로 '왼토(མངོན་མཐོ་)'라고 하고 한자로는 증상신(增上身)이라고 합니다. 삼악도에도 떨어지지 않고 인간과 천신의 몸을 받는 것은 일시적인 목적입니다. 그리고 궁극적인 목적은 해탈과 성불입니다. 일시적인 목적은 두 가지입니다. 삼악도에 떨어지지 않고 인간과 천신의 몸을 받는 것과 살아있는 동안 편안하게 사는 것이라고 존자님께서 말씀하셨습니다. 불교에서는 종교라고 해서 꼭 다음 생만을 위해서 뭔가를 하는 것이 아닙니다. 자기가 잘 배워서 불교의 가르침대로 실천하면 죽기 전에도 원하는 것을 이룰 수 있다고 합니다. 우리는 누구나 저절로 고통을 피하고 행복을 원합니다. 몸 자체 내에서도 행복을 추구합니다. 어디선가 돌이 날아오면 몸이 저절로 피합니다. 또한 몸에 맞지 않는 음식을 먹으면 몸 자체 내에서 거부한다고 합니다. 마음도 마찬가지로 그 자체 내에서 행복을 추구합니다. 몸과 마음 모두에서 행복을 원하고 있습니다. 죽기 전까지 편안하고 행복하게 살고 죽을 때도 미련 없이, 걸림 없이 편안하게 죽는 것이 일시적인 목적이라고 할 수 있습니다. 간추리면, 존자님께서 늘 될 수 있는 대로 남을 많이 도와야 하고, 도울 수 없다면 적어도 남을 해치지는 말라고 하셨습니다. 남을 해치지 말라고 하는 것은 초기 불교의 근본적인 가르침이고, 해치지 않을 뿐만 아니라 남을 도우라고 하는 것은 대승의 이타를 위한 보살행을 말하는 근본적인 가르침입니다. 불교를 요약하면 남을 해치지 않고 남을 돕는 이 두 가지라고 말씀하셨습니다. 이렇게 하는 것은 죽기 전까지, 우리 의식과 몸의 관계가 다할 때까지 편안하고 행복하게 하는 원인이 됩니다. 이것이 일시적인 첫 번째 목적입니다.

그리고, 일시적인 두 번째 목적은 죽은 뒤 삼악도에 떨어지지 않고 인간과 천신의 몸을 받는 것입니다. 지옥과 아귀가 보이지는 않지만 없는 것은 아닙니다. 여러 면에서 생각해 보면 지옥과 아귀가 분명히 있다고 믿을 수밖에 없는데, 왜 없다고 생각하는지 그 이유를 물으면 믿을 수 없다고 대답할 뿐 없는 이유를 밝힐 수 없습니다. 오히려 삼악도가 있는 이유와 증거는 많지만, 없는 이유는 없습니다. 우리는 다음 생에 대해서도 있다는 확신이 아직 없습니다. 다음 생을 주제로 연구해서 다음 생이 있다는 확신만 생긴다면 생각이 바뀔 수밖에 없다고 합니다. 우리는 종교적인 믿음만 있을 뿐 다음 생에 대한 확신이 없기 때문에 무엇을 하든지 이번 생을 위해서만 하게 되는 것입니다. 하사도 수행자는 이번 생보다 다음 생을 중요하게 생각할 수 있어야 하므로, 다음 생에 대한 확신 없이는 하사도조차 닦을 수 없습니다. 이번 생보다 다음 생이 더 중요해야 하사도를 닦을 수 있습니다. 왜냐하면 이번 생은 아무리 길어도 100년 이상 더 살기가 어렵습니다. 여기에 계시는 분들도 지금부터 100년 안에 모두 사라집니다. 이 광성사도 100년 후에 티베트 절로 그대로 남아 있을지는 아무도 장담할 수 없습니다. 이번 생이 바로 눈앞에 있어서 중요하기는 하지만, 다음 생에 비하면 중요하지 않습니다. 다음 생은 헤아릴 수 없기 때문입니다. 100년도 안 되는 짧은 이번 생보다 헤아릴 수 없는 다음 생이 훨씬 더 중요합니다. 이건 바보도 알 수 있습니다.

"한 사람이 중요해요? 많은 사람이 중요해요?"라고 질문하면 당연히 많은 사람이 중요합니다. 많은 사람을 위해 한 사람이 희생하는 것은 마땅한 일입니다. 한 사람을 위해 많은 사람이 희생하는 것은 마땅한 일이 아닙니다. 이런 이치로 이번 생보다 다음 생이 정말로 더 중요하고, 다음 생에 삼악도에 떨어지지 않아야 합니다. '람림남둘락짱(ལམ་རིམ་རྣམ་འགྲེལ་)'이라는 《손안에 있는 해탈 람림》에 다음과 같은 내용이 나옵니다. 다음 생에 머리에 뿔이 달리고 말도 못하는 소나 짐승으로 태어나면 어떻게 됩니까? 그렇게 태어나지 않는다고 장담할 수 없습니다. 이번 생은 사람 몸을 받았지만, 다음 생에는 축생으로 태어날 수 있습니다. 물고기로 태어날 수도 있습니다. 지금은 물고기가 너무 맛있고 멸치는 뼈를 튼튼하게 만든다고 하지만, 다음 생에 멸치로 태어날 수도 있습니다. 모기로 태어날 수도 있습니다. 모기는 늘 모기로만 태어나는 것이 아닙니다. 모기도 한 때는 사람 몸을 받은 적이 있습니다. 다른 종교에서는 다르게 주장하고 있지만, 불교의 사상에 따르면 생사는 모두 바뀔 수 있다고 합니다. 남자는 죽어서 다시 남자로만 태어나는 것이 아니라 여자로도, 짐승으로도, 물고기로도, 모기로도 태어날 수 있다고 합니다. 내가 좋아하는 물고기 같은 것으로 태어날 수 있다고 합니다. 지금은 내가 사람 몸을 받아서 이것들을 즐기고 있지만, 나중에는 이들이 사람 몸을 받고 나는 그들의 몸을 받는 과보를 받게 됩니다. 이렇게 돌고 도는 것입니다. 윤회에 대해서 잘 생각해 보면 모두 맞는 말입니다. 인과는 절대로 거짓이 아닙니다. 믿을 수 있습니다.

"남의 눈에 눈물 나게 하면 자기 눈에 피눈물 난다."는 속담을 한국에 와서 알게 되었는데 정말 맞는 말인 것 같습니다. 남을 아프게 한 만큼 그 두 배, 열 배, 백 배로 다시 돌아오는 것 같습니다. 그러니까 절대로 남을 해치지 말라고 하는 것은 남을 너무 사랑해서가 아니고, 자신을 위해서라도 남을 해치지 말라고 하는 것입니다. 왜냐하면 남을 해치면 해치는 만큼 그보다 더 많이 자신에게 되돌아오기 때문입니다. 남을 속이지 마라, 남을 무시하지 마라, 남에게 거짓말하지 말라고 하는 데는 다 이유가 있습니다. 그냥 도덕적인 면에서 착하게 살라는 말이 아니고 착하게 사는 만큼 자신에게 되돌아온다는 인과를 말하는 것입니다.

따라서 이번 생과 다음 생을 위한 일시적인 목적만이라도 연구해서 잘 살피고 좀 더 깊이 생각해서 이제라도 마음을 바꿔 이번 생에 내 주위 사람과 내 자식이 전부라는 생각에서 벗어나 좀 더 마음을 열고, 좀 더 멀리 내다보고, 좀 더 크게 볼 수 있는 마음 자세로 바뀌어야 합니다. 그렇게 해야 해탈과 성불도 할 수 있겠다는 희망이 생겨납니다. 하사도의 수행인 이번 생과 다음 생에 대해서 중요하게 여기는 마음도 없고 별로 생각도 해보지 않은 사람이 해탈해야 한다, 성불해야 한다고 하면 말뿐입니다. 해탈이 무엇인지도 몰라서 해탈이라는 말을 하기는 하지만 천국에 가는 것을 해탈이라고 생각합니다. 불교적인 입장에서 보면 천국에 가는 것은 해탈과는 요샛말로 게임도 안 됩니다. 천국에 가는 것이 해탈이라면 우리는 벌써 많이 해탈했습니다. 해탈하고 다시 윤회하는 것입니까? 천국에 수천 번이나 태어났다가 다시 왔습니다. 정말 해탈했다고 하면 윤회세계에서 완전히 벗어나 다시 윤회하지 않을 것입니다. 다시 윤회한다면 해탈한 것이 아닙니다. 그렇기 때문에 초기 불교의 견해에서 보면 자기는 해탈했다고 생각했지만 다시 윤회하는 것을 보고 의심이 생기는 것입니다.

윤회세계는 완전히 벗어날 수 없겠다고 하는 의심이 생기고, 부처님 법에 대한 삿된 견해가 생겨 무간지옥에 떨어지는 경우도 있다고 경전에 나옵니다. 자기는 해탈했다고 생각하고, 아주 거친 번뇌들도 많이 제거했고, 비상비비상천의 사마타까지 도달했다고 생각합니다. 하지만 번뇌의 뿌리까지 완전히 제거하지 못해서 거친 번뇌만 일시적으로 없어졌기 때문에 조건이 맞으면 번뇌가 또다시 일어나는 것입니다. 그래서 번뇌를 완전히 제거할 수 없다는 의심이 생기게 되고, 그것으로 인해 지옥에 떨어지는 경우도 있다고 합니다. 그렇기 때문에 번뇌의 뿌리를 뽑아야 하는 것입니다. 《연기찬탄송》에서 부처님 가르침의 정수이자 핵심인 무명과 무지의 뿌리를 뽑는 방법을 계속해서 강조하고 있습니다. 그런 면에서 부처님을 볼 때 예전에 가졌던 부처님에 대한 인식이 싹 바뀌게 됩니다. 쫑카빠 스승님처럼 진짜 부처님에 대한 믿음과 의지 같은 것들이 저절로 가슴속에서 우러나와 특별한 환희심이 일어나서 부처님께 감명받을 수 있는 것입니다. 마음동기, 삼귀의, 보리심 등은 말로 하면 간단하지만 그 속에 들어가면 큰 바다와 같이 아주 깊고 심오하며 광대한 내용을 가지고 있습니다. 삼귀의와 보리심만 제대로 배워도 엄청나게 큰 이득이 있고 너무나도 중요합니다. 이제 그런 마음으로 '자성이 공함을 연기로 설함'을 살펴보겠습니다. 자성이 공한 것, 자성이 없는 것, 무자성, 연기로 있는 것 등을 같은 의미로 생각해야 합니다. 그것이 연기법이라는 의미입니다. 부처님께서 무자성을 연기의 의미로 설하고 계십니다. 먼저 게송과 설명을 읽어보도록 하겠습니다.

6. 자성이 공함을 연기로 설함

རྐྱེན་ནི་རྣམས་ཞིག་སྐྱོང་བ་ཉིད།། 쾌니 남식 똥빠니
རྟེན་འབྱུང་དོན་དུ་མཐོང་བ་ན།། 뗀중 된두 통와나
རང་བཞིན་གྱིས་ནི་སྐྱོང་བ་དང་།། 랑신 기니 똥빠당
བྱ་བྱེད་འཐད་པའང་མི་འགལ་ཞིང་།། 자제 테빵 미곌싱

དེ་ལས་ལྡོག་པར་མཐོང་བ་ན།། 델레 독빠르 통와나
སྟོང་པ་བྱ་བ་མི་རུང་ཞིང་།། 똥라 자와 미룽싱
བྱ་དང་བཅས་ལ་སྐྱོང་མེད་པས།། 자당 째라 똥네빼
ཉམ་ངའི་གཡང་དུ་ལྷུང་བར་བཞེད།། 냠에 양두 훙와르셰

부처님께서는 공성을 연기의 뜻으로 보셨기에, 자성이 없는 것과 인과 사이에 모순이 없네.

이와 반대로 보아 공하다고 인과를 부정하고, 인과라고 공을 부정하면 무서운 극단에 빠지게 된다네.

【설명】

자성으로 성립되어 있다고 주장하는 불교 학파들과 연기법 자체를 아예 부정하는 외도들과는 달리 부처님께서는 자성으로 공한 공성의 의미를 연기의 뜻으로 보셨습니다. 자성으로 없는 공성과 인과 사이에는 모순이 없고, 이와 반대로 자성이 공함과 연기를 모순으로 본다면 공하다고 인과를 부정하거나 인과라고 하여 공함을 부정하게 됩니다. 다시 말해서 '공' 또는 '공성'을 바르게 이해하지 못하면, 인과에 대한 바른 견해를 가질 수 없게 됩니다. 또는 인과에 대한 바른 견해를 가지고 있다고 착각해서 공성을 부정하게 되는 경우도 생길 수 있습니다. 요약하면 공성의 측면에서 연기를 바르게 이해하여 세우지 못한다면 단견에 빠지게 되고, 연기의 면에서 공성을 바르게 이해하여 세우지 못한다면 상견에 떨어지게 된다는 의미입니다.

연기로 있는 것, 공성, 무자성을 같은 의미로 생각해야 합니다. 그것이 연기법이라는 의미입니다. 부처님께서 무자성을 연기의 의미로 설하시고 있습니다. 그렇기 때문에 무자성과 연기 사이에는 모순이 없습니다. 하지만 무자성과 연기 사이에 모순이 있다고 하는 학파가 있습니다. 예를 들면 유식학파에서 연기법의 정의를 내릴 때 '원인과 조건에 의지해서 생기는 것'이 연기법의 정의입니다. 연기법이라면 무조건 원인과 조건에 의지해서 생겨야 합니다. 원인과 조건에서 생기지 않는 무위법과 변하지 않는 유상(有常) 등은 연기법이 아니라고 합니다. 왜냐하면 원인과 조건으로 생기는 것이 아니기 때문입니다. 유식의 견해에서 보면, 어제 말씀드린 연기법의 세 가지 중에서 첫 번째만 연기의 뜻으로 인정합니다. 의타기성(依他起性)이라고 해서 원인과 조건에 의지해서 생기는 변하는 모든 법이 바로 연기법이라고 하는 것입니다. 변하지 않고, 원인과 조건에 의지하지 않는 무위법은 연기법이 아니라고 합니다. 그리고 연기법이라면 자성이 공하다고 하면 절대로 안 된다고 합니다. 유식학파의 주장에 따르면 자성이 공하지 않다고 해서 무자성을 인정하지 않습니다. 자성이 있다고 봅니다. 인과가 있기 때문에 자성이 있어야 원인과 결과의 관계를 설명할 수 있습니다. 그래서 연기법은 자성이 있다고 하는 것입니다. 자성이 없다면 자성이 없는 것과 자성이 아예 없는 것을 구분하지 못하게 됩니다. 무자성이라고 하면 아예 자성이 없다고 보는 것입니다. 연기법으로 있다면 반드시 원인과 조건에 의지해서 생겨야 하기 때문에 자성이 반드시 있어야 된다고 해서 무자성이 아니고 유자성이라고 하는 것입니다.

'자성이 없는 것과 인과 사이에 모순이 없네'라는 게송은 부처님께서 말씀하신 연기법의 뜻을 정확하게 알면 자성이 없는 것과 인과 또는 연기법의 사이에는 모순이 없다고 말합니다. 부처님께서 공성을 연기의 뜻으로 보셨는데, 유식학파는 원인과 조건에 의지해 생기는 것만 연기의 정의로 생각하기 때문에 무자성과 연기 사이에는 모순이 있다고 하는 것으로, 연기법이라면 반드시 자성이 있어야 된다고 합니다.

'이와 반대로 보아 공하다고 인과를 부정하고, 인과라고 공을 부정하면'이라는 게송에서 만약 공성의 뜻을 무자성으로 설명해 버리면 무자성을 아예 없는 것으로 보고, 아예 없는 것이라면 인과도 부정하게 되어 존재하지 않는 것으로 보게 됩니다. 반면에 연기법인 인과는 자성이 있다고 생각해서 공을 부정하게 되어 공하지 않다고 봅니다. 공성을 부정하는 학파는 유부와 경량부입니다. 인과는 있다고 주장하지만 공성은 인정하지 않습니다. 제법무아의 아공은 주장하지만 법공은 주장하지 않습니다. 유부와 경량부의 견해에 따르면 인무아는 주장하지만 법무아는 아니라고 보아서 법에 자성이 있다고 봅니다. 유식학파의 견해는 공성을 인정하긴 하지만, 공성의 뜻을 자성이 없는 것으로 보지 않고, '유식삼성'인 의타기성, 변계소집성, 원성실성이라는 세 가지 측면에서 유식학파 나름대로 공성을 설명합니다. 그러므로 이런 문제들로 인해 극단의 견해에 빠지게 된다고 말씀하셨습니다.

【문】 지난번에 법문하실 때 유식학파 안에서도 서로 견해가 조금씩 다르다고 말씀하셨습니다.

【답】 예, 유식학파도 두 가지로 나눕니다. 논리를 따르는 유식학파와 경전을 따르는 유식학파가 있습니다. 티베트어로 '릭빼제당 룽기제당(རིགས་པའི་རྗེས་འབྲང༌། ལུང་གི་རྗེས་འབྲང༌།)'이라고 합니다. 진나보살, 법칭보살 두 분께서는 유식사상을 강조하셨다고 합니다. 논리 면에서 크게 깨어있으신 분들인데도 사상은 유식의 사상을 가지고 있었습니다. 용수보살과 월칭보살의 입장에서 볼 때 진나보살과 법칭보살은 공성을 깨우치지 못한 것이냐는 질문이 쫑카빠 대사님의 주석서에 나와 있습니다. 귀류논증중관학파의 견해가 부처님의 원뜻을 가장 잘 드러낸다고

합니다. 그렇다면 유식학파인 스승들께서 이것을 못 깨우치신 것이냐라는 질문이 나왔는데, 이에 대해 쫑카빠 스승님께서 대답하시기를 "유식학파인 스승들께서 실제로 공성을 깨우쳤는지 아닌지는 모른다. 대보살님들이시기 때문에 공성을 깨우쳤다고 볼 수 있다. 하지만 그분들이 쓰신 논서를 보면 유식학파의 견해를 주장하기 때문에 중관학파의 공성을 제대로 깨우치신 분이라고 할 수 없다. 대보살님들이시기 때문에 실제로 공성을 깨우치셨는지의 여부는 우리가 알 수 없다."고 하십니다. 우리의 지혜는 티끌만큼이고 부처님의 지혜는 태산과 같아서 보살님의 지혜가 얼마나 높은지, 어떤 수행의 경지에 오르셨는지 등을 우리가 알 수는 없습니다. 우리들 또한 성품이 서로 달라도 겉보기에는 비슷하기 때문에 서로가 어떤 사람인지 완전히 알기가 어렵습니다. 그 사람이 부처님의 화신인지, 보살님의 화신인지, 평범한 사람인지, 마군이 사람의 모습으로 나타난 것인지 도저히 알 수 없습니다. 여기에 대한 논쟁이 있습니다. 그 사람이 누구인지 100% 판단할 수 없습니다. 왜냐하면 그 사람에 대해 100% 알 수 없기 때문입니다. 겉으로 보기에 평범해 보여도 불보살님의 화신일 수도 있고 마군일 수도 있습니다. 자기가 잘 알 수 있는 것은 자기 자신뿐입니다. 자기가 부처인지 마군인지는 자신이 잘 알 수 있습니다. 부처의 정의를 정확히 내렸기 때문에 "내가 부처"라는 말을 우리는 함부로 하지 않습니다. 부처님의 정의는 허물이 티끌만큼도 없고 모든 공덕을 원만구족하신 분입니다. 그런 의미에서 보면 저는 제가 부처님이 절대로 아니라고 확실하게 말씀드릴 수 있습니다. 부처인지, 보살인지, 평범한 사람인지는 자기가 잘 압니다. 그러나 나 이외 다른 사람에 대해서는 알 수 없습니다. 어느 정도의 가능성을 두고 추측해서 말할 수는 있지만 완전히 알 수는 없습니다. 그렇기 때문에 유식에도 논리를 따르는 유식학파와 경전을 따르는 유식학파 두 가지가 있습니다. 불교 논리학에 관련해 가장 위대한 두 분의 스승이신 진나보살님과 법칭보살님은 인명학을 처음으로 집대성해서 널리 알리신 분들입니다. 티베트에서는 두 분께서 쓰신 인명학에 대한 주석서를 바탕으로 불교 논리를 공부하고 있습니다.

7. 무엇보다 연기를 보는 것이 최고라고 칭송함

དེ་ཕྱིར་ཁྱོད་ཀྱི་བསྟན་པ་ལ།།	데치르 쾨끼 땐빠라
རྟེན་འབྱུང་མཐོང་བ་ལེགས་པར་བསྔགས།།	땐중 통와 렉빠르악
དེ་ཡང་ཀུན་ཏུ་མེད་པ་དང་།།	데양 꾼뚜 메빠당
རང་བཞིན་གྱིས་ནི་ཡོད་པས་མིན།།	랑신 기니 외빼민

그러므로 부처님 가르침 가운데 연기를 보는 것은 최고라네. 이 또한 아예 없다거나 자성으로 있다고 보는 것이 아니네.

175

【설명】

공성과 연기가 모순된다고 주장하면 무서운 극단의 견해에 빠지게 됩니다. 그러므로 부처님의 가르침 가운데 신통력 등을 얻는 것보다 연기의 뜻을 바르게 이해하는 것이 최고라고 할 수 있습니다. 그리고 공성의 뜻 또한 아예 없거나 자성으로 존재하는 것이 아니라 연기의 뜻으로 이해하여야만 합니다.

공성이 아예 없는 것이라고 한다면 나와 너뿐만 아니라 행복이나 고통 같은 느낌으로 느껴지는 것들을 어떻게 표현할 수 있습니까? 여러 가지 감정들이 일어나서 느껴지는 것은 아예 없는 것이 아니어서 뭔가 있다고 하는 것입니다. 있기는 있는데 어떻게 있는지에 대해 주장이 달라집니다. 유부, 경량부, 유식학파에서는 자성으로 있다고 합니다. 그 있는 방식에 대해 물론 이름 등에도 의지하지만, 자체 내에서 뭔가 있어야 이것이 있다고 주장할 수 있다고 합니다. 존자님께서는 이렇게 말씀하셨습니다. 있기는 있는데 어떻게 있는지 그 방식에 대해 생각해 보면 의지해서 있는 것, 원인과 조건으로 있는 것, 그 자체 내에서 있는 것 등입니다. 염주가 있다고 하면, 염주가 있는 그 자체 내에서 뭔가 있다고 해야 합니다. 자성이 없다고 하는 것은 그 자체 내에서 없다고 하는 것입니다. 어떻게 없느냐 하면 이름과 생각으로만 있을 뿐 그 자체 내에서는 없습니다. 염주를 예로 들면 염주 객체의 면에서 염주가 있다고 할 만한 것이 없습니다. 과연 객체인 염주의 면에서 염주가 있다고 할 만한 것이 무엇이 있습니까? 우리가 있다고 생각해서 여기 있는 것입니다. 우리가 이걸 염주라고 이름 지으니까 염주가 되는 것이라는 말입니다. 주체 면에서 있다 없다고 말하는 것입니다. 생각도 없고 이름도 없으면 있다·없다고 하는 개념조차도 없습니다. 그래서 아예 없다는 말이 아닙니다. 있습니다.

여기 딱딱하고, 길고, 오래된 108개의 알을 가진 이것을 염주라고 합니다. 염주라고 하면 우리가 이름으로 생각해서 만든 것이 염주가 아닙니다. 나무 열매 108개를 사람이 구멍을 내고 줄을 끼워서 만든 것으로 오래 사용해서 이렇게 반짝거리기까지 합니다. 저의 작은아버지께서 이 염주를 가지고 긴 '21분의 따라보살 예찬문' 기도를 십만 번씩 두 번이나 하셨다고 합니다. 작년에 제가 작은아버지께 새 염주를 하나 드리고 기도하시던 이 염주를 달라고 하니 저에게 주셨습니다. 작은아버지는 다람살라 근처에 있는 달라하우스라는 티베트 마을에 살고 있었는데, 어느 날 탑돌이하러 갔다가 산에서 넘어져서 바위에 부딪쳐 돌아가셨습니다. 작은아버지께서는 여든이 넘은 연세에도 꽤 건강하셨습니다. 그런데 제가 뵌 지 1년도 채 안 되는 사이에 돌아가셨습니다. 마음이 따뜻해서 다른 사람에 대해 이러쿵저러쿵 말씀하시지도 않고, 귀가 잘 안들려서 기도만 열심히 하셨습니다. 능엄경 독송과 능엄주 기도도 많이 하고 출가하신 적도 있습니다. 제가 작은아버지와 함께 버스를 타고 다람살라에 간 적이 있습니다. 저는 차멀미를 해서 작은아버지의 무릎을 베고 갔습니다. 하지만 작은아버지는 차가 출발하면서부터 다람살라에 도착할 때까지 네다섯 시간 정도를 발음도 정확하게 '21분 따라보살 예찬문' 기도만 하셨습니다. 평생을 기도하고 착하게 살면서 선업을 많이 쌓았는데도 이렇게 갑작스런 죽음을 맞으셨습니다. 수행하고 기도한 공덕은 있지만 이렇게 돌아가시게 된 인과는 따로 있다고 보아야 합니다. 하지만 수행 정진했음에도 이런 죽음을 맞이해야 한다고 하면 인과에 모순이 있는 것처럼 느껴집니다.

기도와 수행을 많이 하신 분들에게도 장애가 많이 생깁니다. 그러나 수행을 해서 장애가 많아지는 것은 아닙니다. "나는 이렇게 수행도 많이 하고 기도도 많이 하는데, 왜 이렇게 장애가 많이 생깁니까?"라고 억울해 하는 사람들도 있습니다. 열심히 기도해도 아무 소용이 없다고 여기는 사람들이 티베트에도 있습니다. 수호신 기도를 열심히 하고 공양도 많이 올렸는데도 장사가 잘 되지 않으니까 이제는 기도를 하지 않겠다고 하는 장삿꾼들도 있다고 합니다. 인과를 모르기 때문입니다. 장사가 잘 안 되거나, 안 좋은 일이 생기는 것 등은 그 원인인 악업이 따로 있기 때문입니다. 이번 생에 지은 것일 수도 있고, 과거 생에 지었던 것일 수도 있습니다.

그리고 이번 생에 수행하고 선한 마음으로 쌓은 공덕은 없어지지 않습니다. 중간에 화내지 않고 삿된 견해도 일으키지 않아 회향해서 보관을 잘하면 공덕이 없어지지 않습니다. 공덕을 쌓는 것도 중요하지만 회향을 잘해서 보관도 잘해야 합니다. 김치도 보관을 잘해야 오랫동안 맛있게 먹을 수 있는 것처럼, 선업을 쌓는 것도 중요하지만 중간중간 화내거나 삿된 견해에 빠져서 선업을 사라지게 하지 말아야 합니다. 이렇게 화를 내거나 극단적인 견해나 삿된 견해에 빠지게 되면 자기가 쌓았던 선업이 약해지거나 아예 없어진다고 합니다.

그러므로 염주 내에서 염주라고 할 수 있는 자성이나 실체

또는 객체 내에서 있다고 할 수 있는 것은 티끌만큼도 없습니다. 진짜 뱀을 보면 다들 무서워 하는데, 코브라에게 물리면 일곱 걸음도 다 걷기 전에 죽게 된다고 합니다. 그러나 뱀처럼 생긴 밧줄을 보면 무서워하지 않습니다. 조금 어두운 곳에서 뱀 모양의 밧줄을 진짜 뱀으로 착각하는 경우를 보면, 진짜 뱀이나 가짜 뱀 둘 다 그 자체 내에서 뱀이라고 말할 수 있는 것이 하나도 없다는 면에서는 100% 똑같습니다. 그러나 우리는 진짜 뱀은 그 자체 내에서 뱀이라고 할 만한 뭔가가 있다는 생각이 듭니다. 진짜 뱀 자체 내에서 뱀이라고 할 만한 것이 없다면 진짜 뱀에게 물려서 어떻게 죽을 수 있겠습니까? 뱀에게 물렸는데도 죽지 않았다고 한다면 진짜 뱀이 아니구나 하는 생각이 들 것입니다. 유식학파의 견해도 생각을 많이 한 것입니다. 어제도 말씀드린 것과 같이 우리는 생각을 별로 안 해서 견해가 없습니다. 우리가 주로 생각하는 것은 먹고 사는 일, 직장 일 등 주변의 일들만 신경을 쓰지 불교의 사상, 해탈, 성불 등에 대해서는 멀리서 여기까지 공부하러 오시는 것을 보면 관심이 전혀 없는 것은 아니지만, 그래도 정말 깊이 생각해서 생긴 자기 주장이 있는 견해가 없으므로 우리는 학파가 아닙니다. 남의 물건을 구경하는 것처럼 생각하고 있습니다. 아띠샤 스승님께서 "아주 뛰어난 지자가 100명 있으면 그중에 견해 있는 사람이 1명 있고, 견해 있는 사람이 100명 있으면 그중에 진정한 불자가 1명 있다."고 말씀하셨습니다. 그만큼 자기의 견해를 세우는 것은 어려운 일입니다. 아직 우리는 견해가 없기 때문에 그냥 이런 말 저런 말, 이 책 저 책을 보고 알게 된 내 것이 아닌 남의 말만 계속 반복하고 있는 것입니다. 이 사람에게 이런 것이 있고, 저 사람에게 저런 것이 있다, 이 사람은 이렇게 생겼고, 저 사람은 저렇게 생겼다고 말하는 것처럼 우리의 견해도 이와 같습니다.

그러나 진짜 뱀과 가짜 뱀 둘 다 그 자체 내에서 뱀이라고 말할 수 있는 것이 티끌만큼도 없습니다. 그러면 진짜 뱀은 물 수도 있고 가짜 뱀은 물 수도 없는데 어떻게 다릅니까? 진짜 뱀과 가짜 뱀의 차이는 무엇입니까? 그 있는 방식에서 차이가 있습니다. 어떻게 있느냐고 하면 자체 내에서 없다고 합니다. 티베트어로는 '랑외 네마둡빠(རང་རོས་ནས་མ་གྲུབ་པ་)'라고 합니다. 한국어로 무자성, 공, 무아 등을 뜻하는데, 티베트에서는 이것에 대해 표현할 수 있는 용어가 부적 많습니다. 티베트어로는 '랑왕기마둡빠, 랑신기마둡빠, 랑춥끼마둡빠, 된뗑네마둡빠, 덴빠르마둡빠, 준빠르둡빠(རང་དབང་གིས་མ་གྲུབ་པ། རང་བཞིན་གྱིས་མ་གྲུབ་པ། རང་ཆོགས་གྱིས་མ་གྲུབ་པ། དོན་བྱེད་ནས་མ་གྲུབ་པ།)' 등 여러 가지 표현이 있습니다. 한국말로도 이것을 표현해보면 자체 내에서 없다, 독립적으로 없다, 실제로 없다, 자성으로 없다, 진짜로 없다 등으로 말할 수 있습니다. 우리는 진짜로 여기 뱀이 있다고 착각하는데, 진짜로 없고 가립이라고 해서 다 가짜입니다. 우리가 보는 것은 다 가짜로 있는 것입니다. 우리가 제대로 보는 것이 없습니다. 큰 착각 속에 살고 있으며, 그 착각 중에서도 아주 거친 착각 속에 살고 있습니다.

네 가지 큰 착각이 있습니다. 무상인데 유상으로 착각하고, 고통인데 행복으로 착각하고, 무아인데 유아로 착각하고, 안 깨끗한데 깨끗하다고 착각하는 네 가지 착각으로 우리가 우리를 속이고 있습니다. 불기자심(不欺自心), 자신이 자기 마음을 속이지 말라고 성철 스님께서도 말씀하셨습니다. 남을 속이지 내가 나를 어떻게 속이느냐는 생각이 들 수 있겠지만, 이 네 가지 착각으로 내가 나를 속이고 있습니다.

　그렇기 때문에 무자성이라고 할 때 존재하는 방식, 어떻게 있는 그 방식에 대해 말하는 것으로 자체 내에서 있는 것은 티끌만큼도 없고 생각과 이름만으로 있습니다. 이 생각과 이름 역시 또 다른 생각과 이름으로 존재하는 것이지 생각과 이름 그 자체의 실체가 없습니다. 어제 창조주에 대해 말씀드린 것처럼 창조주가 모두 만들었다고 하지만 그 창조주를 누가 만들었냐고 물으면 만든 사람이 없다고 합니다. 자기가 자기를 만들었다고 할 수도 없고, 자기보다 더 힘이 있고 능력이 있는 누군가가 만들었다고 해도 말이 안 됩니다. 그러므로 자신이 항상하고 힘이 있어서 모든 것을 만들었다고 하는 그런 주장에 대해 신뢰할 수 없게 됩니다. 이와 같이 주체 면에서 이름과 생각으로 염주가 존재하는 것이지 객체인 염주 자체 내에서 염주라고 말할 수 있는 것이 하나도 없습니다. 무자성을 말하고 있습니다. '공성의 뜻을 연기의 뜻으로'라고 하는 것처럼 공성, 무자성, 무아라고 할 때 연기를 말합니다. 연기의 뜻은 원인과 조건 즉, 인과로 생기는 것이라고 모든 불교 학파가 인정합니다. 첫 시작이 있다고 생각하지 않습니다. 창조주가 있다고도 생각하지 않습니다. 원인 없이 첫 시작이 있다거나 창조주가 있다는 것은 모두 외도의 주장입니다. 외도가 연기법을 인정하지 않는다는 것은 자식이 부모로부터 태어나는 것을 인정하지 않는다는 말이 아닙니다. 외도들도 농사지어 추수하고, 배고프면 밥을 먹습니다.

　법칭보살님을 모신 탱화 아래에 보면 빼빼하고 못생긴 외도가 있습니다. 법칭보살님은 탱화 가운데 크고 멋지게 그려져 있고 외도는 빼빼하고 말라서 힘없어 보이게 그려져 있습니다. 인도에서 공부할 때 큰스님께서 이것을 보시고 이 탱화는 치우친 마음으로 그려진 것이라고 하셨습니다. 외도 중에도 멋진 사람이 있다고 하셨습니다. 그림을 이렇게 그린 이유는 불교의 사상은 훌륭하고 바르지만, 외도의 사상은 그렇지 않다는 것을 표현하기 위해 상징적으로 나타낸 것일뿐 외도 중에도 당연히 멋진 사람이 있다고 봐야 한다고 하셨습니다. 우리는 외도의 주장이 틀렸다고 쉽게 말하지만, 막상 만나서 대화를 해보면 외도들의 견해도 보통이 아닙니다. 많이 생각하고 연구도 많이 해서 우리보다 자기 주장을 훨씬 더 잘 설명합니다. 책에서는 외도들의 견해를 쉽게 비방하고 있지만, 실제로 외도들과 일대일로 대결하면 우리가 외도들에게 져서 쉽게 이길 수 없기 때문에 외도에게 귀의할 수도 있습니다. 그렇기 때문에 자기 주장과 견해를 바르게 세우지 못하면 쉽게 타인의 주장에 빠지게 되는 것입니다. 우리가 공부도 하지 않은 상태로 진짜 외도를 만나게 되면 그들의 주장에 솔깃해서 불교는 별 것이 아니라는 생각이 들 수도 있습니다. 그렇기 때문에 공부를 많이 하고 생각을 깊이 해서 자기 견해를 바르게 잘 세워야 합니다.

　　외도들 중에서도 도인이라고 불리며, 수행을 많이 해서 마음의 거친 번뇌를 어느 정도 없애고, 삼매에 들면 오랫동안 머물고, 몸으로 하는 요가도 굉장히 잘하는 분들이 있어서, 그런 분들을 만나면 쉽게 무시할 수 없습니다. 그러나 쫑카빠 스승님께서 외도들에게는 완전히 윤회의 뿌리를 뽑아낼 수 있는 가르침이 없다고 하셨습니다. 왜냐하면 외도의 사상은 대부분 영혼이나 자아, 아트만이 있다고 보는 것을 전제로 성립되어 있기 때문입니다. 외도는 아트만이 있다고 합니다. 외도는 자아가 있다고 합니다. 외도는 영혼이 있다고 합니다. 내 몸도 아니고 내 정신도 아니며 나와는 완전히 다른 개념으로 항상하고, 나눌 수 없고, 독립적으로 있는 자아가 있다고 합니다. 그것을 제대로 보게 되면 해탈할 수 있는데, 그것을 보기 위해서는 여러 가지 고행을 해야 한다고 합니다. 먹지 않고, 불 속에 들어가고, 날카로운 삼지창으로 자신의 몸을 찌르는 등의 육체적인 고행을 해야지만 외도에서 주장하는 세 가지 특징을 갖춘 아트만을 볼 수 있고, 깨우칠 수도 있다고 합니다. 그것을 보는 순간 모든 것이 다 무너져서 완전한 해탈의 세계로 들어간다고 합니다. 경전에 나와 있는 내용을 바탕으로 제가 대충 말씀드렸지만, 외도들이 하는 말을 직접 들어보면 기가 막힐 정도로 표현을 잘하기 때문에 참말로 믿어지게 될 정도라고 합니다. 그래서 인도에서는 외도와 불교도를 구분하기가 매우 어렵다고 합니다. 외도와 불교도의 구분이 쉽지 않아서 자칫 잘못하면 외도의 견해에 빠지게 됩니다. 그렇기 때문에 자기 견해를 바르게 세워야만 합니다.

여기까지 일곱 번째 싸쩨인 '무엇보다 연기를 보는 것이 최고라고 칭송함'에 대한 설명을 마치도록 하겠습니다.

Serlingpa 쎌링빠 스승

Atisha 아띠샤 스승

제 6 강

티베트말로 '뙨델뙤빠', 한국말로 '연기찬탄송'. 쫑카빠 대사님께서 이 게송을 지으신 지도 600년이 지났습니다. 《연기찬탄송》에 대한 해석만 해도 사오십 개가 넘을 정도로 많이 있습니다. 제가 드리고 있는 설명은 람림 린뽀체의 주석에 따른 것입니다. 람림 린뽀체께서는 린뽀체로 환생한 것이 아니라 나왕 푼촉이라는 이름의 굉장히 겸손한 일반 스님이셨다고 합니다. 그리고 《람림》 수행도 하고, 경전 공부를 하면서 1959년에 인도로 망명하지 않고 계속 티베트에 남아 계셨습니다. 그리고 저는 이 린뽀체 덕분에 출가하고 싶다는 동기가 일어났었습니다.

제가 할머니와 같이 티베트 본토에 있는 데뿡사원에 람림 린뽀체의 법문을 들으러 갔습니다. 1980년경이었던 것 같습니다. 따지고 보면 저는 할머니 덕분에 출가를 했습니다. 어렸을 때 부모님 속도 많이 썩이고 애도 많이 먹였던 기억이 있습니다. 그래서인지 아버지는 일찌감치 저를 인도로 보낼 생각을 하셨던 것 같습니다. 제가 14살이 되던 해에 인도로 떠날 때 할머니는 저에게 출가하라고 신신당부를 하셨습니다. 출가해야 하는 두 가지 이유를 말씀해 주셨습니다. 인도에 가서 출가하면 처음에는 조금 어려울지 몰라도 평생 행복할 거라고 하셨습니다. 하지만 출가하지 않고 결혼을 하면 처음에는 조금 행복할지 몰라도 평생 괴로울 거라고 하셨습니다. 지금에 와서 생각해 보면 할머니가 저를 출가시키려고 논리를 펴셨던 것 같습니다.

【대중】 아, 저에게도 그런 할머니가 계셨으면 얼마나 좋았을까요?

그때 저는 14살밖에 되지 않았지만 여권도 있었고, 작은아버지가 인도에 계셔서 조금 편안하게 왔습니다. 1986년 티베트에서는 인도에 계신 작은아버지가 티베트에 있는 가족을 초청하면 인도로 갈 수 있는 여권을 만들 수 있었습니다. 라싸에서 출발해서 티베트와 네팔의 국경까지 도착하는 데 하루가 걸렸고, 다음 날 네팔에 들어가서 며칠 있다가 델리까지 버스로 가서, 다시 델리에서 다람살라까지 버스를 갈아 타고 갔습니다. 그리고 존자님을 뵈었습니다. 다른 분들에 비해서 저는 비교적 편안하게 인도로 왔습니다. 많은 티베트인들이 히말라야를 걸어서 넘어오느라 동상에 걸려 손가락이나 발가락을 잃기도 했습니다. 저는 그런 큰 고생 없이 왔지만 버스를 타고 오면서 출가에 대해 나름대로 생각을 많이 했습니다. '인도에 가면 학교에 갈까? 할머니 말씀대로 출가할까?' 하고 고민을 많이 했습니다. 학교 선생님이었던 이모가 인도에 가면 꼭 학교에 가서 공부를 하라고 말씀하셨기 때문입니다.

그런데 다람살라에 도착해서 달라이 라마 존자님을 처음 뵈었을 때, 저는 그분을 태양처럼 온몸에서 환한 빛이 쏟아져 나오는 모습으로 보았습니다. 행여나 내가 잘못 본 것은 아닌가 해서 눈을 비비고 몇 번이나 다시 보아도 마찬가지였습니다. 그리고 저도 모르게 눈물이 흘러내렸습니다. 그때는 티베트 본토에서 오는 분들이 지금처럼 많지 않았기 때문에 존자님께서 직접 한 사람 한 사람에게 "이름이 뭡니까? 어디에서 왔어요? 뭐하고 싶어요? 인도에 있을래요? 다시 티베트로 갈래요?" 하나하나 다 물어보셨습니다. 마침내 제 차례가 되어 존자님께서 그렇게 물으시니까 저도 모르게 "출가하겠습니다."라고 대답했습니다. 그러니까 제가 출가하게 된 것은 물론 존자님을 직접 뵙고 결정한 일이지만, 그전에 할머니가 저에게 출가하라는 말씀을 많이 해주셨기 때문인 것 같습니다.

티베트에 있을 때 할머니를 따라 람림 린뽀체의 법문을 들으러 데뿡사원에 간 적이 있습니다. 법문을 들을 때 스님들께서 차 공양을 주셨습니다. 그런데 그때 마신 버터차가 너무 맛있어서 출가하면 이 맛있는 버터차를 매일매일 먹을 수 있겠다는 생각이 들었습니다. 저도 그때는 여기 온 어린이처럼 어렸습니다. 그렇게 출가할 수 있는 동기가 생겼고 람림 린뽀체도 직접 뵈었습니다. 할머니가 돌아가신 1989년 당시 저는 은사 스님과 같은 방을 쓰고 있었는데, 은사 스님 앞으로 티베트에서 편지가 한 통 왔습니다. 스님께서는 제가 너무 슬퍼할까봐 할머니 소식을 바로 알려주지 않으셨습니다. 한참이 지난 뒤에 말씀해주셔서 알게 되었습니다. 1992년에 아버지가 편찮으시다고 연락이 와서 인도에서 TCV(Tibetan Children's Village) 학교에 다니고 있던 동생도 불렀습니다. 티베트에는 아버지와 막내 동생만 집에 있었는데, 아버지가 상속 문제로 걱정이 되셨던 것 같습니다. 그래서 제가 인도에 있는 중국대사관에 가서 티베트로 가겠다고 하니까 여권을 발급해주지 않고 네팔로 가라고 했습니다. 그래서 네팔에 있는 중국대사관을 찾아가 아버지께서 쓰신 편지를 보여주면서 다시 인도로 돌아오지 않고 티베트에 눌러 살겠다고 하니까 티베트에 갈 수 있는 여권 비슷한 것을 주었는데 거의 한 달 넘게 걸렸습니다. 라싸에 도착했을 때는 아버지가 벌써 돌아가셔서 49재를 지내고 있었습니다. 제가 할 수 있는 일이 별로 없었습니다. 《금강경》을 한 번 독경하고, 아버지 49재를 직접 지내면서 티베트에 있는 라뙤사원에 불사도 많이 했습니다. 티베트에서는 49재를 지낸 이후 1년이 될 무렵에 재를 한 번 더 지내고 이후로는 아무것도 하지 않아도 됩니다. 그래서 그것까지는 해드려야겠다는 생각이 들어서 그때까지 스님들을 가르치면서 절에서 지냈습니다. 아버지가 갑자기 돌아가셨기 때문에 정리해야 할 일들이 많았습니다.

　　아버지가 돌아가시기 전에 세라, 데뽕, 간덴 등 큰 사원에 대중공양을 많이 올리신 것 같았습니다. 우리 아버지는 글을 전혀 모르셨습니다. "낫 놓고 기역자도 모른다."는 말처럼 티베트어 '까'자를 크게 써놓아도 모르셨습니다. 그런데도 '21분 따라보살 예찬문' 기도는 하루도 빠지지 않고 늘 하셨습니다. 또 아버지는 장사를 잘 하셨던 것 같습니다. 그 당시에 우리집에는 큰 트럭이 한 대 있었는데, '꽁뽀'라는 나무가 많이 나오는 지역에 가서 그 나무를 많이 실어와 내다 팔았습니다. 그리고 라싸에는 큰 가게도 있었습니다. 저도 어릴 때는 아버지를 따라 장사해 본 적이 있습니다.

인도에 있던 제 도반 스님들은 집을 돌봐야 하니까 제가 돌아오지 못할 거라고 생각하셨나 봅니다. 그런데 제가 아무리 노력을 해도 아버지가 생전에 사람들에게 빌려주었던 많은 돈을 모두 다 돌려받기가 어려웠습니다. '아무리 생각해도 출가자는 절에서 생활하는 것이 맞구나! 세속에서 생활하기가 너무 힘들구나!' 하는 생각이 들어 인도로 다시 돌아가고 싶은 마음이 많았습니다. 그래서 아직 어린 막내 동생은 인도로 보내고 저와 함께 왔던 둘째 동생에게 집을 지키게 하고, 일년 뒤에 저는 다시 인도로 돌아와서 남아 있던 공부를 다 마치고 나서, 1999년에 졸업하고, 2000년에 밀교사원에 들어가서, 2002년도에 호법하는 일도 하고, 2004년에는 처음으로 미국에 갔습니다. 그리고 같은 해 8월에 한국에 오게 되었습니다.

처음에 저는 한국에 올 생각이 없었습니다. 미국에서 대만으로 갈 생각이었습니다. 왜냐하면 제가 중국말이 가능했기 때문입니다. 티베트에 있을 때 초등학교 3, 4학년 때부터 중국어를 배우기 시작했고, 라싸에서 영화나 TV 방송에서 모두 중국말로 하니까 어렸을 때 모국어처럼 익힐 수 있었던 것 같습니다. 그래서 중국 영화를 보면 말을 알아들을 수는 있었지만 막상 말하려고 하면 단어가 잘 생각나지 않았습니다. 특히 불교용어는 미리 준비하지 않으면 말할 수 없는 수준이었습니다. 중국어는 중학교 2학년까지 공부했기 때문에 어느 정도 할 수 있었고 대만에 가면 대학교의 어학당에 가서 공부할 수 있도록 준비도 되어 있었습니다. 하지만 그때 당시 몽골과 티베트 관련 정치단체인 몽짱위원회와 티베트 망명정부의 사이가 좋지 않았습니다. 존자님 밑에서 공부를 마치고 졸업도 했는데, 망명정부와 어긋난 단체를 통해서 공부하는 것은 좋지 않겠다는 생각이 들어서 제가 가지 않겠다고 했습니다. 1년 정도 한국에 있다가 다시 가려고 했습니다.

그때 광성사에는 초펠 스님이 계셨습니다. 초펠 스님은 나름대로 수행도 많이 하시고 말씀도 참 잘하셨습니다. 영어도 잘하고 인도말도 잘하셔서 여기 있는 람림 책도 초펠 스님이 주도해서 만드셨습니다. 여러 사람이 교정도 보고 한국 비구, 비구니 스님들도 역경하는 데 많은 도움을 주셨습니다. 마지막에 사섭법(四攝法)에 대해 번역할 때 저도 도와드렸습니다. 지금 나와 있는 《디벳 스승들에게 깨달음의 길을 묻는다면》이라는 람림 책의 맨 마지막 부분에 나오는 사섭법인 보시섭, 애어섭, 이행섭, 동사섭에 관해서는 《대보리도차제론》에 있는 사섭법에 대한 싸쩨 그대로 들어가 있습니다. 이런 말들을 하려고 한 건 아니었는데 하게 되었습니다. 여러분들이 졸고 있으까 졸음을 쫓으려고 말하게 되었습니다.

【문】 할머니는 친할머니였습니까? 외할머니였습니까?
【답】 어머니의 어머니이십니다. 저는 아버지의 어머니보다 어머니의 어머니와 더 가까웠던 것 같습니다.

제가 여기 한국에 오게 된 것은 다람살라 토굴에서 수행하고 계시는 닥빠 겔렉 스님 덕분입니다. 한국에도 몇 번 오신 적이 있습니다. 초펠 스님이 남부인도 밀교사원에서 공부를 많이 하신 분이긴 하지만, 우리처럼 5대경(五大經)을 모두 공부하셨던 것은 아닙니다. 그렇지만 머리도 명석하고 나름대로 공부도 많이 하셨습니다.

한국에 와서 '람림람둘락짱'이라고 하는 《손안에 있는 해탈 람림》을 여러 번 보셨나 봅니다. 그래서 처음에는 《깨달음의 길》이라는 소책자를 하나 내고, 나중에는 《티벳 스승들에게 깨달음의 길을 묻는다면》이라는 제목으로 람림 책도 내셨습니다.

그렇게 초펠 스님이 인도에서 티베트불교의 전통 방식대로 5대 경전에 대한 공부를 모두 마친, 젊고 뜻있는 스님 두 분을 추천해주십사 하고 닥빠 겔렉 스님께 요청하셨나 봅니다. 닥빠 겔렉 스님이 먼저 저에게 말씀하셨습니다. 그리고 제가 데뿡사원에 있는 담춘 겐첸이라는 도반 스님에게 같이 가자고 말했습니다. 영어도 잘하시는 분입니다. 그러나 새로운 언어를 배우면 다시 태어나는 기분이니까 자기는 다시 태어나고 싶지 않으니 새로운 언어를 배우지 않겠다고 했습니다. 그래서 또 갈 만한 스님이 누가 있는지 찾아보다가 간덴사원의 남카 스님에게 전화했습니다. 남카 스님이 스승님과 의논해 보시더니 나중에 가겠다고 하셨습니다. 그렇게 해서 한국에 오게 되었습니다. 이 이야기들을 모두 엮으면 영화 한 편을 만들 수 있을 것입니다. 멋진 영화가 나올 것 같습니다.

【대중 웃음】

이것이 모두 연기법입니다. 인연법입니다. 한국에 오려는 생각이 처음에는 없었습니다. 처음에 한글을 접했을 때 너무 어렵게 느껴졌습니다. 지금도 발음이 썩 좋지 않지만 처음에는 발음조차 되지 않았습니다. 그래서 도무지 저와 맞지 않는다고 생각해서 다시 돌아가려고 공부를 하지 않기도 했었습니다. 남카 스님도 마찬가지였습니다. "왜 이런 곳을 소개했냐?"고 하셔서 "내가 억지로 데려온 것이 아니라 본인이 가겠다고 해서 온 것이다."라는 말까지 나왔습니다. 처음에는 한국말이 정말 어려웠습니다.

【대중 박수】

이 근처에 있는 초등학교 어린이들에게 말을 좀 많이 배웠습니다. 사탕을 가지고 학교에 올라가면 아이들이 '히말라야 스님'이라고 부르며 저를 따랐습니다. 사탕을 주니까 좋아했습니다. 그래서 아이들과 이야기도 좀 하고, 지금은 장소를 옮겼지만 초등학교 뒤에 탑이 있었습니다. 100년이나 된 탑인데 관세음보살 상이 있었습니다. 그 탑을 보면서 '내가 과거에 이곳에 살던 스님이었나? 무슨 인연으로 여기까지 왔나?' 하는 생각도 많이 했습니다. 처음에는 아는 사람도 없고, 말도 안 통하고 그러니까 람림 명상도 많이 하고, 책도 많이 봤습니다. 그것도 좋았습니다. 이런 것들이 모두 인연법인 것 같습니다. 그렇게 해서 벌써 12년이나 지났습니다.

그렇기 때문에 연기법에 대해 어제부터 오늘까지 말씀드린 것은, 옮기는 과정에서 제가 조금 고치기는 했지만 람림 린뽀체께서 쓰신 《연기찬탄송》에 대한 주석을 토대로 거기서 나오는 목차를 그대로 하고, 달라이 라마 존자님께서 대만 불자들에게 《연기찬탄송》에 대해 강의하신 것을 녹취한 책이 2000년도에 나왔는데 그 책을 바탕으로 강의안을 만들었습니다. 저 혼자는 할 수 없습니다. 여러 사람의 도움을 받아서, 스승님들께 제가 배웠던 것을 토대로 해서 만들었습니다. 이 두 가지 해석을 토대로 해서 지금 여러분에게 설명드리고 있습니다. 어제도 말씀드린 것처럼 저는 배달하는 정도의 역할만 할 뿐이지만, 이루 다 말할 수 없이 너무 기쁩니다. 7, 8년 전에 처음《연기찬탄송》을 번역할 때 도와주셨던 거사님이 다음날 서울로 다시 돌아가야만 해서 오후부터 새벽 5시까지 밤새워 가며 번역했습니다. 그때도 너무 좋았습니다.《연기찬탄송》에 대한 한글 번역본도 몇 가지가 있었는데 그중에는 영어 번역본을 한글로 재번역한 것도 있었습니다. 제가 번역할 때 티베트어가 중심이긴 하지만 티베트식 그대로 표현을 하면 무언가 중심을 잡지 못해서 뜻 전달이 부족하다는 느낌이 들었습니다. 물론 티베트어 그대로 번역해도 좋지만 그렇게 했을 때 뜻이 제대로 전달되지 않아서 한국분들이 잘 이해할 수 없게 된다면 큰 의미가 없는 것 같습니다. 영어 번역본 역시 뜻을 전달하기 위해 너무 풀어서 번역하는 바람에 표현이 가벼워져서 뜻이 흩어져버린 느낌이 들었습니다. 기존에 번역되어 있던 몇 가지 것들을 참고해서 처음으로 번역했었습니다. 이번《연기찬탄송》은 이전 것과 거의 비슷하지만 생각하고 고치기를 반복해서 어느 정도 뜻을 바르게 이해할 수 있도록 다시 번역했습니다. 게송을 읽어보기만 해도 쫑카빠 스승님께서 이렇게 연기법을 자유자재로 설하신 면에서 찬탄하시고 있는 부처님이 얼마나 훌륭한 분이신지 알 수 있게 번역했습니다. 그리고 람림 린뽀체께서 하신 게송에 대한 해설을 토대로 설명까지 덧붙이니 조금 더 도움이 될 것 같습니다.

　　이번에 강의를 들은 분들은 매일매일《연기찬탄송》을 한 번씩 독송해서 나중에는 외우시기 바랍니다. 외워서 그 뜻만 잘 생각해 보아도 여기에 어머어마한 내용이 모두 다 들어있습니다. 우리는 진실, 진리, 공성을 아주 중요하다고 생각합니다. 빨덴 닥빠 큰스님께서 한국 불자들은 믿음의 대상을 틀리지 않고 정확하게 잘 선택했다고 칭찬하십니다. 부처님 말씀 가운데 여러 가지 믿음의 대상 중에서 최고의 정수인 공성을 좋아하니 한국 불자들은 복이 많은 분들이라고 큰스님께서 수희찬탄하셨습니다. 어떤 한국 불자를 만나도 공성, 진리, 색즉시공, 공즉시색 등에 대한 말을 합니다. 뒤에 쫑카빠 스승님께서 공성을 어떻게 배웠는지, 의심이 얼마나 많이 일어났는지 등에 대해서 나옵니다. 이처럼 스승께서도 많이 헷갈렸지만 나중에 월칭보살이 주서서를 통해서 용수보살의 덜맞이꽃 같은 가르침인 《중론》으로 공성을 확실하게 깨닫게 되어 《연기찬탄송》을 쓰신 것입니다. 그러니까 우리도 연기법과 공성을 정확하고, 확실하게 이해하고 싶다면 쫑카빠 스승님께서 가르쳐주신 대로 《연기찬탄송》을 매일매일 한 번씩 외워서 연기법에 대한 생각을 좀 하시면 좋습니다.

　　　달라이 라마 존자님께서 연기법에 대해 세 가지로 말씀하셨습니다. 연기법에는 세 가지 의미가 있는데, 연기법을 범어로 '빠디따사무빠다'라고 읽습니다. '빠디따'는 의지하다, '사무빠다'는 일어서다라는 뜻입니다. 티베트에서는 범어 '빠디따사무빠다'를 '뗀뙤태쑴(རྟེན་སྟོབས་བརྟེན་གསུམ)'이라고 해서 세 가지로 풀이합니다. '뗀빠(རྟེན་པ)'는 의지하다, '뙤(སྟོབས)'는 의존하다, '태빠(བརྟེན་པ)'는 만난다는 뜻으로, 연기라는 말만 풀이해도 '의지하고 의존해서 만난다'는 세 가지 의미가 있습니다. 연기법의 뜻은 너무나 광대하기 때문에 존자님께서도 정확하게 모두 다 알 수는 없지만, 간추리면 무상하고 변하는 모든 법은 원인 없이, 우연히 생기는 것이 아니라고 하십니다. 또는 창조주를 주장하는 것처럼 영원한 존재가 있어서 모든 것들을 마음대로 만들어내는 것도 아닙니다. 원인 없이, 일치하지 않는 원인으로 생기는 것이 아니라 이 모두 각자의 원인과 조건에 의지해서 생기는 것일 뿐이라고 해서 첫 번째 원인과 결과라는 인과의 연기법을 말하고 있습니다. 원인과 조건에 의지해서 모든 변화들이 일어나는 것이지 다른 원인은 없습니다. 외도들도 열매가 씨앗에서 생겨나고, 자식이 부모에게서 태어난다고 말합니다. 외도들이 연기를 주장하지 않는다고 하는 것은 궁극적인 의미에서 보면 그렇다는 것이지 표면적인 것들은 외도들도 많이 주장합니다. 하지만 궁극적인 의미에서 살펴보면 아예 원인이 없다거나 하늘에서 뚝 떨어진 것처럼 우연히 생겼다고 합니다.

인간이 처음에 어떻게 생기게 되었는지에 대해서는 과학자들도 모릅니다. 지구도 처음에 빅뱅에서 생겨났다고 하지만, 빅뱅도 그냥 우연히 일어난 것이 아니고 불교로 보면 이 세상은 모두 업으로 생겨났다고 합니다. 《구사론》에서는 이 세상과 중생들은 모두 업으로 생겨난 것이라고 합니다. 이 업은 사업(思業)과 사이업(思已業)으로 나눌 수 있습니다. 사업은 생각·동기이고, 사이업은 행입니다. 그 생각과 동기로 좋은 행과 나쁜 행을 만들어서 이 세상이 이루어진 것이라고 합니다. 그러므로 궁극적으로 원인 없이 생겨났다고 하면 그 시작이 있다고 하는 것이어서 인과를 무시하게 됩니다. 원인을 인정한다 하더라도 창조주가 모든 것을 다 만들었다고 하는 주장 또한 결과와 일치하는 원인이 아닙니다. 속담에 "콩 심은 데 콩 나고 팥 심은 데 팥 난다."는 말이 있는데 콩 심은 데 팥이 나오면 안 되고, 팥 심은 데 콩이 나오면 안 되는 것처럼 창조주가 모든 것을 만들었다고 하면 논리적으로 여러 가지 문제가 있습니다. 창조주가 자비로운 분이냐고 물으면 그렇다고 대답합니다. 이렇게 자비로운 분이라면 모두를 행복하게 만들어야지 지옥이나 괴롭고 힘든 사람을 왜 만들었냐고 어떤 사람이 존자님께 여쭈니 지옥이 있으니까 지옥에 들어갈 사람도 필요하기 때문이라고 농담 반 진담 반으로 대답하셨습니다. 나쁜 짓을 하는 사람이 갈 곳도 필요하기 때문에 만든 거라고 하셨습니다. 창조주가 자비로운 분이어서 좋은 일을 한 사람이 갈 좋은 곳도 하나 만들고, 나쁜 짓을 한 사람들이 갈 나쁜 곳도 하나 만들었다고 말입니다. 농담 빈 진담 반처럼 하신 말씀인데, 진짜 창조주가 만들었다고 한다면 극락만 만들어야지 지옥까지 만들 필요가 없습니다. 그렇기 때문에 창조주가 모든 것을 만들었다고 하는 주장에는 문제가 있다고 하는 것입니다.

그리고 어떤 힘인지 사람인지 모를 그 창조주 자체가 어떻게 생겨났는지에 대해 물어보면 답이 없습니다. 요즘은 하느님이 허공에 있는 것이 아니라 내 마음속에 있다고 주장하기도 한다고 합니다. 예수님은 부처님과 같은 화신이라고 하고, 하느님은 마음이라고 주장합니다. 말은 기독교도, 천주교도라고 하지만 겉만 보면 안 되고, 그 속에도 진짜 불자들이 있을 수 있습니다. 겉으로는 자신의 종교가 기독교, 천주교, 무교라고 말하지만, 마음으로는 인과 등의 불교적인 가르침을 인정하는 경우도 있다고 합니다. 인과는 사실이기 때문에 인정할 수밖에 없습니다.

그래서 존자님께서는 사용하는 용어가 중요한 것이 아니라 내용이 중요하다고 하시면서 어떻게 표현하든지 간에 그 내용은 종교적인 면에서 하지 말자고 하십니다. 종교적으로 표현하면 종교인들만 인정하고 종교가 없는 사람들을 감싸안을 수 없다고 하십니다. 지구의 70억 사람들에게 지금 행해지고 있는 교육은 어제도 말씀드렸듯이 문제가 있다고 말씀하셨습니다. 너무 마음 밖을 향해서만 연구하고 발전시키는 데 힘을 다 써버렸기 때문입니다. 이제는 마음을 종교의 개념에서 벗어나 심리학처럼 사람이 어떻게 하면 행복해질 수 있는지 마음의 내면적인 문제에 대해 공부해야 한다고 하십니다. 다음 생이나 해탈, 열반 같은 말은 공부할 때나 하시지 다른 곳에서는 꺼내지도 않으십니다. 자비의 마음은 항상 사람을 행복하게 만듭니다. 과학자가 연구한 결과에 따르면 애기들도 말로 표현만 못할 뿐이지 폭력적인 장면을 보면 싫어하고 서로 도와주거나 사랑하는 장면을 보면 아주 좋아한다고 합니다. 그래서 존자님께서는 인간의 본성은 자비이며, 나쁜 사람이 없다고 하십니다. 영화를 봐도 깡패도 자기 자식에게는 좋은 아버지의 모습으로 나오지 않습니까? 그런 것처럼 본래부터 나쁜 사람은 없다고 하십니다. 사람은 원래 나쁘지 않아서 따뜻하고 자비로운 것이 자연스럽게 잘 맞다고 하십니다. 화내거나 나쁜 짓을 하는 것에 익숙해져서 그렇지 사람의 본래 성품이 나쁜 것은 아니라고 하십니다. 이렇게 말씀하시니까 종교가 있든지 없든지 불교를 믿든지 안 믿든지 간에 모두들 존자님의 말씀을 좋아하고 공감하는 것입니다. 그래서 존자님께서는 종교를 떠나서 얘기하자고 하십니다. 종교를 말하면 내 종교, 네 종교 하면서 갈등이 생기고 싸움이 일어나 사람들에게 도움이 되기는커녕 불행하게 만들기 때문에 그런 표현들을 조심해서 대승, 소승이라고도 하지 말고 날란다의 전통, 빨리

어의 전통 또는 초기 불교, 후기 불교 하는 식으로 표현하자고 하십니다. 초기 불교에서도 비구들이 계율을 청정하게 지키면서 수행하는 것을 보면 우리도 배울 점들이 참 많다고 하셨습니다. 그렇기 때문에 날란다의 전통, 산스크리트어의 전통과 초기 불교, 빨리어의 전통 등 두 가지의 전통이 있다고 존자님께서 말씀하셨습니다.

모두 원인과 조건에 의지해서 생깁니다. 원인과 조건에 의지하지 않고 원인 없이 생긴다고 하는 외도들의 주장도 씨앗에서 열매가 생긴 것이 아니라는 말이 아니라 궁극적인 면에서 원인 없이 우연히 하늘에서 뚝 떨어진 것이라고 하면서 인과와 연기를 부정하는 것입니다. 또 무언가 원인이 있기는 있는데 항상하는 원인이나 창조주와 같은 원인은 결과와 일치하지 않는 원인입니다. 이런 원인들은 불교의 연기 면에서 보면 사실과 맞지 않는 주장입니다. 이것이 인과에 의지해서 생긴다고 하는 인과의 연기법입니다.

그리고 유식학파는 유위법 상에서만 연기법을 주장하지 무위법은 연기법이 아니라고 합니다. 연기법은 원인과 조건이 있어야 하기 때문에 유위법은 연기법이고, 변하지 않고 항상하는 무위법은 연기법이 아니라고 합니다. 중관학파는 원인과 조건에서 생기는 것만이 연기가 아니고, 부분과 전체 등 상대적으로 이루어지는 연기도 있다고 합니다. 그런 면에서 보면 유위법뿐만 아니라 무위법까지도 연기라고 인정할 수 있습니다. 무위법도 상대적인 개념에서 이루어지기 때문입니다. 유위가 있기 때문에 무위가 있고, 무상이 있어야 유상이 있습니다. 윤회가 있어야 해탈이 있고, 윤회가 없으면 해탈이 존재할 수 없으므로 상대적인 관계의 연기법입니다. 그리고 부분과 전체의 관계도 연기법입니다. 책이라고 할 때

부분인 한 페이지 한 페이지가 모여서 전체인 책이 있는 것이지 이 한 페이지 한 페이지라는 부분 말고 책이 따로 없습니다. 나도 없습니다. 어떠한 것도 마찬가지라고 합니다. 부분과 전체, 상대적인 개념 속에서 이루어지는 것이 중관학파의 연기의 견해입니다. 이 견해에 따르면 제법이 연기입니다. 유위법뿐만 아니라 무위법까지도 연기법으로 포함시킬 수 있습니다.

중관학파 가운데 자립논증중관학파는 자기 스스로 성립한다고 해서 자성이 있다고 주장하는 중관학파이고, 자성을 주장하지 않는 중관학파는 귀류논증중관학파입니다. 중관학파는 이 두 가지가 있다고 합니다. 자성이 있다·없다, 유자성·무자성이라고 할 때 자성이 도대체 무엇입니까? 존자님께서는 의지하는 방법이 가장 미세한 연기법에 대해 말씀하셨습니다. 염주는 의지해서 있는데, 염주를 만드는 사람, 염주알 등이 있어서 염주가 생겼습니다. 염주라는 이름으로 불리는 것도 염주알 하나하나의 부분이 있어서 전체인 염주가 이렇게 성립되었습니다. 그렇다면 염주는 어떻게 있습니까? 주체 내에서 있습니까? 객체 내에서 있습니까? 자성이 없다고 주장하는 귀류논증중관학파의 견해는 객체 내에서 없고 100% 모두 주체 내에서 있다고 주장합니다. 가짜 뱀과 진짜 뱀 모두 그 자체 내에서 자성으로 뱀이라고 할 수 있는 것이 아무것도 없는 것은 똑같다고 합니다. 진짜 사람과 꿈속의 사람은 그 자체 내에서 자성이 없는 면에서 둘 다 똑같습니다. 그렇다면 어떻게 진짜 사람과 가짜 사람을 구분하고 진짜 뱀과 가짜 뱀을 구분할 수 있습니까? 꿈속에 나타난 사람도 진짜 사람이라고 해야 합니까? 가짜 뱀인 밧줄도 진짜 뱀이라고 해야 합니까? 이것이 가장 어렵습니다.

아니라고 말하기는 쉽습니다. 진짜 사람과 가짜 사람을 구분할 때 세 번째 연기법을 모르면 정확하게 구분하지 못하게 됩니다. 있기는 있는데 자체 내에서 있다고 할 만한 것이 하나도 없기 때문에 이름과 생각으로만 있다고 합니다. 집 밖에 사람이 없으면 집 안에 있는 것입니다. 집 안에 사람이 없으면 집 밖에 있는 것입니다. 집 안이나 집 밖 둘 중 하나에 있습니다. 집에도 없고 밖에도 없는데, 있을 만한 다른 곳이 있습니까? 사람이 있기는 있는데 찾아보니 집 안에 없으면 어디 집 밖에 놀러 나갔겠지라고 생각하는 것처럼 있기는 있습니다. 어떻게 있느냐 하면 객체 내에서, 자체 내에서 있다고 할 수 있는 것이 아무것도 없기 때문에 이름과 생각만으로 있다고 하는 것으로, 그 이상도 그 이하도 아닙니다.

　　　　화두와 비슷합니다. 불교TV에 나온 어떤 큰스님이 "생각이 일어나기 이전의 생각을 보라."고 하시는데, 무엇을 생각하라고 하는 건지 저도 이해가 잘 안 됩니다. 생각하기 이전의 생각이라고 하는 것을 논리적으로 따져 보면 생각하기 이전 즉, 생각이 일어나기 전에는 생각이 없습니다. 생각하기 전에 또 무엇을 생각하는 것입니까? '나는 누구냐', '참나'라고 할 때 우리가 배웠던 관찰·분석 즉, '쬐곰'을 통해서 법의 본 모습이 참나라고 하는 것처럼 연기법과 공성을 공부하고 있는 것 같습니다. 하지만 우리들이 티베트에서 지금까지 익숙하게 표현해온 용어들과 여기 한국에서 표현하는 것들에는 다소 차이가 있는 것 같습니다. 화두를 드는 것도 공성과 연기를 공부하는 하나의 방법이라고 생각됩니다. 궁극의 의미는 공성을 깨우쳐야 하는 것입니다. 손가락으로 달을 가리킬 때 손가락이 방편인 것처럼 화두나 연기의 논리는 모두 방편입니다. 방편은 방법이라고 할 수 있습니다. 어떤 방법이냐 하면 공성을 깨우치고 현실을 깨닫기 위한 방법입니다. 현실을 왜 깨달아야 하느냐 하면 마음이 어두워 현실을 몰라서 생긴 착각과 뒤집힌 견해로 많은 문제가 일어나기 때문입니다.

'세간의 어떠한 허물도 그 뿌리는 모두 무지에서 비롯되니 무지를 멸하기 위해 연기를 설하셨다네'라고 두 번째 게송에서 하신 말과 같습니다. 이 게송을 외우면서 생각하고 또 생각해야 합니다. 무지하기 때문에 우리가 이렇게 힘드는 것입니다. 외국에 가서 그 나라 말을 모르면 힘드는 것과 같습니다. 제가 처음 한국에 왔을 때 한국어를 못해서 고생을 좀 했는데, 한국어에 무지해서 다른 사람과 대화도 할 수 없고, 제가 하고 싶은 말도 할 수 없었습니다. 이런 것이 모두 무지입니다. 무지하기 때문에 나라가 발전도 안 되고 행복해지지도 않는 것입니다. 그래서 무지를 없애는 교육이 아주 중요합니다. 하지만 지금의 교육으로는 부족합니다. 물질 쪽으로 너무 치우쳐 있어서 정신적인 교육이 턱없이 부족하기 때문입니다. 그래서 존자님께서도 정신적인 공부의 중요성에 대해 늘 강조하시고 있습니다. 그것도 종교적인 입장에서 하면 사람들이 잘 받아들이지 못하니까 종교적인 이야기는 빼고 뜻만 잘 전달할 수 있으면 된다고 하셨습니다. 21세기 이 지구에 살고 있는 70억의 사람들을 생각하는 것입니다. 우리는 기도하면서 입으로는 일체중생, 일체중생이라고 말하지만 마음으로 일체중생을 생각하지는 않습니다. 그렇다고 해서 이 지구에 살고 있는 70억 인구를 생각하는 것도 아닙니다. 대한민국의 모든 국민을 생각하는 것도 아닙니다. 국회의원 같은 정치가들이 "사랑하는 국민 여러분"이라고 말은 하지만 겉 다르고 속 다르듯이 진심으로 국민을 생각하지 않는 경우도 있습니다. 정말 국민을 생각하는 국회의원이 없지는 않겠지만, 진짜 국민을 생각하거나, 70억 인구 모두를 생각하거나, 일체중생을 생각하는 사람이 얼마나 되겠습니까? 존자님께서는 지구에 살고 있는 모든 사람들이 평화롭게 살 수 있도록 노력하시고 있습니다. 전쟁이나 다툼 없이 살 수 있도록, 조금도 없을 수는 없겠지만, 사람이 만든 이런 문제들은 사람이 직접 해결해야 합니다. 전쟁하거나 화낸다고 해서 해결될 일이 아닙니다. 화는 화로 절대 다스릴 수 없다고 합니다. 화는 또 다른 화를 불러일으킬 뿐입니다. 화가 날 때는 자비심을 명상하고 따뜻한 마음을 키우면 화가 줄어든다고 합니다. 그 방법밖에 없다고 합니다. 화를 줄이고 싶은 마음이 있다면 자비심을 키워야 합니다. 따뜻한 자비 명상도 하고, 화를 내지 말아야겠다는 결심도 하고, 화를 내면 어떤 허물이 있는지도 살피고, 화를 참는 인욕수행을 하면 어떤 공덕이 있는지 알아서 꾸준히 훈련하면 화내는 것을 점점 줄일 수 있다고 합니다. 화를 많이 내던 사람이 불교 공부를 하면 화를 전혀 내지 않는 사람으로 바뀔 수도 있다고 합니다. 화를 많이 내던 어떤 사람이 존자님을 뵙고 '오늘부터 절대로 화를 내지 않겠다'는 결심을 하고 존자님 앞에서 화를 내지 않겠다고 약속을 하고 갔다고 합니다. 몇 년 뒤에 그 사람을 다시 만났을 때 어떻게 되었냐고 존자님께서 물으니 지금도 화와 열심히 싸우고 있다는 말을 했다고 합니다. 그런 것처럼 제가 강요하지는 않겠지만 스스로 결심해서 오늘 《연기찬탄송》을 공부한 인연으로 매일매일 독송하시기 바랍니다. 나중에 몇 달 독송하다 보면 저절로 외워집니다. 그러면 지하철을 타거나 버스를 타거나 심지어 화장실에 가서도 이 내용들을 생각할 수 있습니다.

그리고 존자님께서 세 가지 연기법에 대해서도 말씀하셨습니다. 《도간경》에 "누가 연기법을 보면 그 사람은 법을 보는 것이다. 누가 법을 보면 그 사람은 여래를 보는 것이다."라는 말이 있습니다. 누가 연기를 보면 법을 보는 것이고, 누가 법을 보면 부처님을 보는 것입니다. 여기 나온 연기, 법, 여래 이 세 가지가 무엇인지에 대해 존자님께서 말씀해주셨습니다. 첫 번째 업보 또는 인과의 연기법을 보게 되면 원인과 조건에 의지해서 생기는 것이지 원인과 조건에 의지하지 않고 생기는 존재는 없습니다. 더욱이 우리가 느끼는 고통, 행복, 편안함, 즐거움 등의 감정은 모두 자신의 원인과 조건에 의지해서 생기는 것이지 창조주의 마음대로 생기는 것이 아닙니다. 원인과 조건에 의지해서 생기기 때문에 고통을 소멸하는 방법을 찾을 수 있어서 고통을 없앨 수 있고 행복을 이룰 수 있습니다. 그러기 위해서는 자기 스스로 노력해야 합니다. 행복을 바라기 때문에 행복의 원인을 지어야 하고, 고통을 바라지 않기 때문에 고통의 원인을 제거해야 합니다. 이와 같이 인과의 연기법을 보게 되면 취해야 할 법과 버려야 할 법을 알게 되는 것입니다. 행복을 원하기 때문에 선업을 쌓고, 고통을 원하지 않기 때문에 악업을 참회해서 소멸시켜야 합니다. 그래서 연기를 보면 법을 본다고 하는 것입니다.

색신으로 말하자면, 다양한 업과 과보의 원인이 되는 악업을 제거하고 선업을 지어서 많은 복덕을 쌓아야만 그 결과로 원만구족한 색신인 화신과 보신을 이룰 수 있습니다. 중생들이 원하는 것과 근기, 생각, 습성이 다양하기 때문에 부처님께서 다양한 색신으로 나투시는 것입니다. 이 색신 또한 법신이 있어야 가능합니다. 법신에는 자성법신과 지혜법신이 있고, 색즉시공, 공즉시색처럼 둘이 아닙니다. 우리처럼 생명, 식, 감정이 있는 유정들은 지금은 부처가 아니지만, 어떤 원인과 조건을 만나게 되면 부처가 될 수 있다고 합니다. 그 부처가 될 수 있는 주된 원인인 여래장을 두 가지 면으로 볼 수 있습니다. 미세한 식을 본성 혹은 여래장이라고 할 수 있습니다. 유위법입니다. 정광명(淨光明)이라고도 하고 불성이라고도 할 수 있습니다. 그리고, 그 의식과 동시에 존재하고 있는 의식의 본모습이라고 할 수 있는 의식의 공성 또한 여래장이라고 할 수 있습니다. 무위법입니다. 그러므로 유위법 상에서 불성이라고 할 수 있고 무위법 상에서 불성이라고 말할 수 있는 두 가지가 있습니다. 여래장의 이 두 가지 면을 궁극적으로 발전시켜서 법신으로 변하는 것입니다. 따라서 법신도 두 가지 종류가 있습니다. 첫 번째 유위법의 법신은 지혜법신이라고도 합니다. 두 번째 실체가 없는 공성의 면과 모든 허물에서 벗어난 멸성제의 면은 무위법의 법신으로 자성법신이라고도 합니다. 우리가 부처가 될 수 있는 근본 바탕인 여래장은 누구에게나 평등하게 똑같이 있습니다. 번뇌장과 소지장을 모두 소멸하면 법신이 됩니다. 부처님은 여의주와 같은 존재이므로 중생이 원하는 대로 나타나십니다. 달에 비유할 수 있습니다. 달은 하나지만 강, 호수, 바다, 세간 어디든지 그 모습을 비춥니다. 물이 깨끗할수록 그만큼 더 밝게 비칩니다. 하지만 물이 오염되어 흐리고 탁하면 달도 잘 보이지 않습니다. 그처럼 우리 마음이 깨끗하고 믿음만 잘 갖추고 있으면 부처님은 항상 계신다는 의미에서 존자님께서 말씀하셨습니다.

미세한 연기법은 공성의 측면에서 보면 없지만, 연기의 측면에서 보면 모두 다 있습니다. 의지하지 않고 존재하는 것은 아무것도 없습니다. 그렇기 때문에 미세한 연기를 생각해 보면 여래가 가능한 것입니다. 그래서 연기를 보면 법을 보게 되고, 법을 보면 여래를 보는 것이라고 합니다. 여기서 법은 공성을 말하는 것입니다. 첫 번째 원인과 조건에 의지한 인과관계의 연기법을 잘 보고 인과법대로 수행을 잘해야 합니다. 악업을 참회하고 선업을 쌓아야 합니다. 인과에 대한 믿음이 굉장히 중요해서 인과를 무시하면 안 된다고 합니다. 삼귀의의 핵심도 선업을 쌓고 악업을 참회하는 것입니다. 부처님께서 '제악막작 중선봉행(諸惡莫作 衆善奉行)'이라는 말씀을 하셨습니다. 부처님을 위해서가 아니라 행복을 바라고 고통을 바라지 않는 자기 자신을 위해서 제악막작 중선봉행을 실천해야 하며, 귀의의 핵심인 제악막작 중선봉행을 실천하는 이를 참다운 불자라고 할 수 있습니다. 인과법을 소중하게 생각하고 실천하면서 부분과 전체의 연기법과 자체 내에서 없고 이름과 생각만으로 있는 공성을 이해하는 연기법을 깨닫게 되면 여래를 보게 되는 것입니다. 《도간경》에서 "누가 연기법을 보면 그 사람은 법을 보는 것이다. 누가 법을 보면 그 사람은 여래를 보는 것이다."라고 한 말을 존자님께서 이렇게 설명하셨습니다.

【문】 자성법신은 연기법으로 있는 것입니까?
【답】 자성법신은 무위법입니다. 원인과 조건으로 생기는 연기법은 아니지만 부분과 전체의 상대적인 개념으로 있는 연기법으로 존재하는 무위법입니다. 궁극적인 부처님의 일체종지

와 함께 있는 공성입니다. 색에 공이 있듯이 일체종지에도 공이 있습니다. 부처님 마음의 공성입니다. 부처님 마음의 공성을 자성법신이라고 하고, 부처님 마음을 지혜의 부분과 자비의 부분으로 나누는 것입니다. 그러므로 자성법신은 무위법으로 항상하는 법입니다. 우리 자성법신의 종자도 공성입니다. 부처님의 자성법신이 공성이듯이 우리 자성법신의 종자도 똑같이 공성입니다. 다만 우리 마음의 공성은 번뇌장과 소지장으로 가려져 있어서 밝지 않습니다. 자성법신 면에서 보면 부처님과 우리는 동일하지만, 우리 자성법신의 종자는 번뇌장과 소지장으로 가려져 있는 것입니다. 부처님은 장애를 모두 제거하셨기 때문에 밝은 상태이고, 우리는 무명과 무지 때문에 어두운 상태라고 보면 됩니다.

람림 린뽀체와 존자님의 말씀을 토대로 제가 이렇게 말씀드리고 있습니다. 그리고 인연법을 소개하기 위해서 제 얘기도 좀 하였습니다. 이것도 하나의 인연법이고 연기법인 것 같습니다. 분명히 우리는 인연이 있어서 이렇게 만났습니다. 우리의 만남은 보통 만남이 아닙니다. 우리의 만남은 우연이 아니라는 노랫말 있듯이 우리가 이렇게 만난 것도 모두 인연법입니다. 연기를 '빠디따사무빠다'라고 할 때 만난다는 의미도 있습니다. 원인과 조건에 의해서도 만나고, 부분과 전체로서도 만나고, 직접적인 원인이 아닌 간접적인 원인에 의해서도 만나고, 과거 전생에 무언가 했기 때문에 오늘 우리가 이렇게 만난 것입니다. 과거에는 여러분이 법을 설하고 제가 들었을 수도 있습니다. 스승과 제자도 바뀐다고 합니다. 그래서 일체중생이 모두 나의 스승이라는 말도 있습니다. 모든 중생을 부처님처럼 보아야 합니다. 일체중생이 아버지이고 어머니이십니다. 부모 형제자매입니다.

그러니까 이렇게 서로 바꾸어 윤회하면서 돌고 도는 것입니다. 원인과 조건에 의지해서 도는 것입니다. 다른 누가 만든 것이 아니고 그냥 법의 이치 그대로 흘러가는 것입니다. 물이 흘러가듯, 바람이 불어오듯이 자연 그대로 움직이는 것이지 그 사이에서 누군가의 힘으로 억지로 만든 법이 없다고 하는 것이 불교의 사상입니다. 모두 원인과 조건에 의해서 생기는 것입니다. 그렇다고 해서 나는 아무것도 하지 않고 가만히 있어도 된다는 말이 아닙니다. 배고프면 먹어야 합니다. 배고픈데 가만히 있으면 저절로 배불러지지 않습니다. 쌀이 저절로 밥이 되는 것도 아닙니다. 재료만 있다고 해서 맛있는 음식이 되는 것이 아닙니다. 장을 봐야 하고, 깨끗이 씻어야 하고, 썰어야 하고, 요리 솜씨도 있어야 합니다. 똑같은 재료를 가지고도 솜씨가 없으면 맛있는 음식이 나오지 않습니다. 이 모두가 다 연기법입니다. 연기법이라고 해서 어려운 것이 아닙니다. 쉽게 설명하면, 공양게에서 "이 음식이 어디서 왔는가."라는 말은 바로 연기법으로 시작하고 있습니다. "만인의 노고로"라고 하듯이 농사짓는 사람으로부터 시작해 지금 내 앞에 음식으로 차려지기 전까지 수많은 이들이 수고한 덕분이므로, "내 덕행으로 받기가 부끄럽네."라는 말처럼 정말 부끄러운 것입니다. 내가 일해서 번 돈으로 당당하게 사먹고 있다고 생각하지만 이건 잘못된 생각입니다. 모든 일이 다른 사람들에 의지해서 가능한 것이지, 타인의 은혜를 입지 않고 혼자 힘으로 잘되는 사람은 아무도 없습니다. 연예인들도 좋아해주는 팬들이 없으면 스타가 될 수 없습니다. 명예도 다른 중생의 입을 통해서 알려지는 것입니다. 오늘 아침에 함께 읽었던 대승포살 수계 기도문에서 처음 수행할 때, 수행의 길로 나아갈 때, 부처를 이룰 때 이 세 가지 경우에 일체중생이 매우 은혜롭다는 표현이 나왔습니다. 이 모두가 중생의 덕으로 내가 지금 수행하고, 공부하고, 출가할 수 있는 것입니다. 자기 혼자만의 힘으로 되는 것은 아무것도 없습니다. 우리가 생각하기에는 내가 공부를 잘해서, 열심히 일을 해서, 돈을 잘 벌어서 이 정도가 되었다고 생각하지만 사실은 그렇지 않습니다. 내가 한 것이 없고, 내 덕이 아닙니다. 모두 다 남을 통해서 이룬 것입니다.

그렇게 볼 때 연기법에도 여러 가지 의미가 있어서 존자님께서도 다 모른다고 하셨습니다. 연기법을 글자 그대로 인연할 '연'에 일어날 '기'라고 해서 '인연해서 일어나다'가 끝이 아닙니다. 이렇게 간단하면 연기법은 정말 너무 쉽습니다. 이 정도는 연기법이라는 이름만 아는 것일 뿐이기 때문에 연기법을 구체적으로 제대로 알기 위해서는 공부도 많이 해야 하고 생각도 많이 해야 합니다.

【문】 아까 스님께서 말씀하신 세 가지 연기 중에서 세 번째 연기인 중관학파에서 외부에 실재하는 것이 아니라 주관에서 가명되어진다고 하는 연기에 대해서 정의내려 주실 수 있습니까?

【답】 티베트어로 '껜니디빠짬(ཅེན་ཉིད་པ་ཙམ་)'이라고 합니다. '껜'이라고 하면 조건이라는 말입니다. '조건에 의지해서 저것이 있을 뿐'이라는 뜻입니다. 조건에 의지해서 있다고 말할 수 있

을 뿐입니다. 없다, 없다고 표현하기는 쉽지만 그래도 무언가 있기는 있습니다. 느낌이 있다고 말하고 있습니다. 나는 이건 하고 싶다, 안 하고 싶다, 먹고 싶다, 안 먹고 싶다, 행복하다, 괴롭다고 하는 느낌이 '나 여기 있다'고 없는 것이 아니라고 말하고 있습니다. 그렇다면 그 있는 방법에 대해서 알아야 합니다. 진짜 뱀, 가짜 뱀, 진짜 사람, 가짜 사람 등 여러 가지 비유를 든 것처럼 아무리 생각을 해봐도 그 자체 내에서 이것이 나라고 할 만한 것은 티끌만큼도 없습니다. 그렇기 때문에 공성의 면에서 볼 때 한 가지 맛이라고 합니다. 공성의 한 가지 맛만 보게 되면 모든 맛을 다 보는 것과 같습니다. 한국에는 저는 모두 다 표현할 수 없지만 고소하다, 매콤하다, 쫄깃쫄깃하다 등 음식 맛에 대한 표현이 여러 가지가 있습니다. 한국은 사찰음식 등을 비롯해 음식 문화가 많이 발달되어 있고, 요즘은 음식에 관련된 TV 방송도 많이 하기 때문에 사람들이 많이 본다고 합니다. 스타들이 나와서 직접 요리하기도 해서 인기가 있다고 합니다. 이렇게 음식에 관련된 표현도 많고 다양한 맛도 있지만, 공성의 맛은 하나라고 합니다. 이 한 가지 맛만 보게 되면 모든 맛을 다 보는 것과 똑같다고 하는 것입니다. 부분과 전체의 관계처럼 나의 공, 색의 공, 그의 공이라고 하는 것처럼 다 붙일 수 있습니다. 우리는 색즉시공 공즉시색만 알고 있지만 수즉시공 공즉시수, 상즉시공 공즉시상, 행즉시공 공즉시행, 나즉시공 공즉시나 하는 식으로 다 붙일 수 있습니다. 그래서 세속법은 광대한 법이라고 표현합니다. 다양하고 헤아릴 수 없기 때문입니다.

진제와 속제로 나눌 때 속제는 헤아릴 수 없이 다양하고, 진제는 깊고 심오하다고 하는 것입니다. 이해하기 어려워서 대부분의 사람들은 진제를 모릅니다. 자기가 보는 속제가 전부라고 착각하고 있습니다. 진제는 숨어있기 때문에 생각하지 않으면 드러나지 않는다고 합니다. 그래서 공부가 필요한 것이니, 공부를 해야 합니다.

【문】 세 번째 연기법인 가명으로 있다는 것이 조건에 의지해서만 있다고 하는 것은 첫 번째 연기법인 인과로 있다는 것과 같은 말이 아닙니까?

【답】 세 번째 연기법에서 말하는 조건은 원인과 조건에서 생기는 것이 아닌 이름지을 뿐, 생각할 뿐이라는 것으로 그 이상도 그 이하도 아닙니다. 원인과 조건의 개념이 아니고, 이름이 염주일 뿐이라는 것입니다. 그것으로 끝이지 더 따져 보면 없다는 것입니다.

【문】 그러면 이름만 염주일 뿐이라는 뜻입니까? 명칭과 생각으로만 있을 뿐이라는 말씀입니까?

【답】 예, 그렇습니다. 염주라고 생각하고 염주라고 부르는 것만으로 넘어가는 것이지 염주가 어디에 있는지를 살펴서 염주알, 안에 있는지, 밖에 있는지를 따져 보면 염주를 찾을 수 없어서 염주가 없어지는 것입니다.

【문】 화가 난다고 말하는데, 연기법으로 보면 화가 있는 것입니

까?

【답】 똑같은 답입니다. 연기법으로 보면 화가 있습니다. 화나는 조건이 있으니까, 내 뜻대로 안 되고 나를 힘들게 하니까 여러 가지 원인·조건에 의지해서 화가 나는 것입니다. 하지만 화가 어디에 있어요? 얼굴 빨개지는 것이 화입니까? 몸안에 있어요? 몸밖에 있어요? 하고 따져 보면 화를 찾을 수 없습니다.

【문】 그렇다면 시스템을 찾는 것 아닙니까? 어떻게 보느냐에 대한 문제인 것 같습니다. 염주만 찾는 것이 아니라 염주를 보는 눈을 찾고 있는 것 같습니다.

【답】 예, 그렇게 말할 수도 있을 것 같습니다. 이 염주가 본래부터 자기가 염주라고 말하지 않습니다. 한국에서는 염주라고 하지만 티베트에서는 '텡와(ཕྲེང་བ་)'라고 합니다. 여러분은 '텡와'라고 하면 모르지 않습니까? 중국인들은 불주(佛珠)라고 합니다. 미국 사람들은 또 다르게 말합니다. 그렇다면 "이것은 염주입니까? 텡와입니까? 불주입니까?"라고 물어보면, 그렇게 이름 지은 것일 뿐이지 그 자체 내에서 원래부터 내가 염주입니다, 텡와입니다, 불주입니다라고 말할 수 있는 것이 없습니다.

제가 태어날 때부터 나는 소남 스님이라고 말하지 않았습니다. 소남 스님이라고 큰스님이 이름을 지어 주셔서 그때부터 소남 걜첸이 된 것입니다. 저도 이름이 많습니다. 네 개나 있습니다. 1971년 1월 8일 금요일 아침 정각 8시에 "티베트 자치구 방송국입니다. 방송을 시작합니다." 하고 방송을 알리는 멘트를 할 때 제가 태어났다고 합니다. 금요일은 티베트어로 '빠상'이라고 합니다. 장수를 뜻하는 '체링'을 붙여서 빠상 체링이라고 부모님께서 제 첫 이름을 지어주셨습니다. 그리고 첫아들인 저를 아버지가 엄청 귀여워하셨다고 합니다. 제 콧물을 아버지가 입으로 빨아주셨을 정도였습니다. 맨몸으로 아버지의 털옷 안에 들어갔던 기억도 조금 납니다. 온 가족이 다 제가 집안에 처음으로 태어난 아들이라서 아주 귀하게 키우셨습니다. 그때 이름은 빠상 체링이지 소남 스님이 아니었습니다. 그리고 아버지와 어머니 두 분 다 불자이셨습니다. 아버지는 마차를 타고 다니셨는데 문화대혁명이 있었던 10년 동안 귀한 불상이나 경전 등을 보자기에 싸서 마차에 실어 항상 가지고 다니셨다고 합니다. 또 할머니께서 오래된 불상 등을 방벽에 구멍을 내어 그 안에 넣어서 감추셨다고 합니다. 그래서 문화대혁명 시절에도 여러 가지 좋은 물건들이 없어지지 않고 집안에 남아있을 수 있었다고 합니다. 그 무렵 아버지가 친구분과 함께 어떤 큰스님을 찾아가 뵈었다고 합니다. 그 친구분에게도 아들이 있었는데 토요일에 태어나서 이름이 '뻰빠'였습니다. 티베트에서는 태어난 요일에 따라 이름을 많이 짓습니다. 아버지와 친구분은 저희들을 데리고 가서 큰스님을 찾아뵙고 귀한 아들이니까 이름을 지어달라고 부탁드렸습니다. 그래서 큰스님께서 제 이름은 소남 걀첸이라고 지어주시고, 친구분 아들의 이름은 소남 뻰빠라고 지어주셨습니다. 저는 그때부터 소남 걀첸으로 살았습니다. 그리고 인도에 와서 처음으로 머리 깎을 때 달라이 라마 존자님의 스승이신 링 린뽀체와 티장 린뽀체 다음으로 가장 유명한 큰스님이신 라뙤 린뽀체께서 제 머리를 처음으로 깎아 주셨습니다. 그 분의 이름이 나왕이었는데 저에게 나왕 걀첸이라고 이름 지어주셨습니다. 출가할 때 받은 이름이 나왕 걀첸입니다. 그리고 1987년 존자님께 사미계를 받을 때 존자님의 성함이 뗀진 갸초니까 제 이름을 뗀진 똡걀이라고 지어 주셨습니다. '똡'은 힘, '걀'은 이기다, 승리하다는 의미입니다. 이처럼 제 경우만 해도 이름이 네 개나 됩니다.

한국에도 여러 큰스님에게 법명을 받는 풍속이 있는 것 같습니다. 티베트도 마찬가지입니다. 하지만 이름만 바꾼다고 해서, 그 이름대로 되지는 않습니다. 설사 부처님이라고 이름을 지어 주어도 부처가 될 수 없습니다. 자기가 노력하지 않으면 안 됩니다. 티베트에 '쌍게' 즉 부처님이라는 이름을 가진 사람이 많습니다. 쌍게 체링, 쌍게 쎔툭, 쌍게 돌마, 쌍게 하모라고 있습니다. 이렇게 좋은 이름을 다 지어주어도, 한국에 이름대로 산다는 말이 있기는 있지만 모두 맞다고 볼 수 없습니다. 이름만 바꾸고 마음을 바꾸지 않으면 안 됩니다. 이름을 바꾸면서 마음도 바꿔야 합니다. 예전에 티베트는 이름이 굉장히 길었습니다. 달라이 라마 존자님의 이름을 제가 한번 불러드리겠습니다. '제뿐 잠뺄 나왕 롭상 예쎄 뗀진 갸초 씨쑴 왕규르 충빠 메빼 데 뺄 상뽀(ཇེ་བཙུན་འཇམ་དཔལ་ངག་དབང་བློ་བཟང་ཡེ་ཤེས་བསྟན་འཛིན་རྒྱ་མཚོ་སྲིད་གསུམ་དབང་བསྒྱུར་མཚུངས་པ་མེད་པའི་སྡེ་དཔལ་བཟང་པོ)'입니다. 존자님께서 농담처럼 "옛날에는 용수, 무착 등 이름이 짧아도 공덕은 길고 깊었는데, 지금은 이름만 길고 공덕은 짧다."고 말씀하셨습니다. 인도의 위대한 스승님들은 나가르주나, 아상가처럼 이름이 짧은데, 티베트는 언제부터 이렇게 되었는지 모르겠지만 이름이 길어야 큰 스승님이라고 생각하는 것은 틀렸다고 하셨습니다. 이름만 길어봤자 무슨 소용이 있습니까? 좋은 이름만 있으면 무슨 소용이 있겠습니까? 이름의 뜻이 좋거나 이름이 길다고 해서 좋은 것이 아니고, 마음이 중요하다고 말씀하셨습니다. 한국에도 너무 이름에 집착해서 좋은 이름만 있으면 잘살 수 있다고 해서 이름을 몇 번이나 바꾸고 법명도 여러 번 바꾸어 보지만 공부도 안 하고 수행도 안 하면 안 바뀝니다. 이름은 쉽게 바꿀 수 있습니다. 저에게도 이름 지어 달라고 하면 금방 지어줄 수 있습니다. 하지만 이름만 바꿔서는 도움이 되지 않습니다. 제가 드리고 싶은 말씀은 '이름만으로 있다'고 하는 그 개념입니다. 이름뿐입니다.

【문】 이름밖에 없다는 것은 일단 처음부터 객관으로 있는 것은 아니라고 먼저 전제하고, 원인과 조건으로 없다고 하는 것은 아니지만, 확인할 수 있는 것은 주관에서 가명을 붙인다고 했으니까, 단어로서 염주를 얘기할 때 이름 붙이기 전 염주의 이미지나 영상도 가명이라고 할 수 있습니까?

【답】 원인과 조건으로 있는 것을 무시하는 것이 아니라 생각·단어·표현으로 염주라고 해서 염주가 있는 것일 뿐이므로 이름을 붙이기 전에도, 붙이고 난 뒤에도 다 가명입니다. 제법

이 원래부터 모두 똑같다고 합니다.

【문1】 식이라는 걸 자성으로 삼기 때문에 없다고 하시는 겁니까?

【문2】 연기법을 배워서 어떻게 써먹느냐가 중요한 것 아닙니까?

【문3】 대상을 인정하지 않는 것이 귀류논증중관학파입니까? 이 염주가 실재하니까 이름이 있는 거잖아요. 염주에 자성이 없다는 의미인 것이지요?

【답】 이렇게 말하면 이처럼 여러 가지 질문들이 나옵니다. 하지만 이것을 다 말로 대답할 수 없습니다. '마쌈죄메(ཤོལ་བསམ་མེད་ཆོས།)'라고 합니다. 말하고 싶어도 말로 다 표현할 수는 없다고 합니다. 공성뿐만 아니라 음식맛을 표현할 때도 어떤 사람은 고소하고 맛있다고 하고, 어떤 사람은 별로 맛이 없다고 합니다. 만약 음식 자체 내에서 맛있는 것이 있다면 누가 먹어도 맛있다고 해야 합니다. 하지만 음식 자체 내에서 맛있는 것이 없기 때문에 누구는 맛있다고 하고, 누구는 맛없다고 할 수 있는 것입니다. 음식 자체 내에서 맛있는 무언가가 있다면 누가 먹어도 다 맛이 똑같아야 합니다. 모두 다 연기법입니다. 맛있다, 맛없다, 좋다, 나쁘다는 것도 모두 연기법입니다. 그래서 다 없다고 하는 것입니다.

【문】 아까 속제는 분별이나 대상의 끝이 없다고 하고, 진제는 한 가지 맛으로 미묘하다고 말씀하셨습니다. '일체지자'라고 할 때 진제에서는 그 미묘한 뜻을 알 수 있겠지만, 속제에서는 낱낱이 따지면 가없는데 가없는 것까지 어떻게 모두 알 수 있습니까?

【답】 부처님의 지혜 자체도 가없고, 한량없다고 합니다.

【문】 그것은 진제적인 조항이 아닙니까?

【답】 진제와 속제 둘 다를 볼 수 있는 지혜입니다. 우리는 속제에 빠지면 진제를 볼 수 없고, 진제에 빠지면 속제를 볼 수 없습니다. 부처가 되기 전까지는 둘 다를 동시에 볼 수 없고, 진제에 빠지면 속제를 볼 수 없습니다. 속제를 보면 진제를 못 보고, 진제를 보면 속제를 못 봅니다. 하지만 부처님만이 갖고 있는 특징이 진제를 정확하게 보면서 속제도 다 알고 계시는 것입니다. 부처님의 지혜는 끝이 없기 때문입니다. 목련존자가 부처님의 음성이 어디까지 들리는지 보려고 신통으로 아무리 멀리 가도 부처님의 말씀이 한결같은 목소리로 들렸다고 합니다. 부처님의 말씀이 들리지 않는 곳이 없는 것입니다. 부처님의 지혜가 끝이 없기 때문에 부처님의 말씀도 끝이 없는 것입니다. 부처님에 대한 얘기를 하면 지금의 우리로서는 받아들이기가 어렵습니다. 허물이 전혀 없는 완벽한 분이시기 때문입니다. 모든 면에서 완벽한 사람이 어디에 있습니까? 사람이라면 누구나 허물이 있기 마련입니다. 허물 없는 사람을 본 적 있습니까?

【대중 웃음】

역사 속의 부처님은 우리와 같은 존재입니다. 하지만 경전에 나오는 여기 《연기찬탄송》 첫 번째 게송의 법신, 색신, 이신, 삼신, 사신 등 중생들을 설법으로 제도하시는 부처님의 이야기를 보면 어마어마하게 큰 뜻을 이루신 분이지 보통 분이 아닙니다. 그렇기 때문에 거룩한, 위대한, 완벽한 스승이신 부처님이라고 하는 것입니다. 이런 분이 계신다고 합니다. 제가 직접 보고 깨달아서 하는 말은 아니지만, 티베트 전통에 따라 공부한 바대로 여러분에게 말씀드리고 있습니다. 좀 전에도 말씀드렸듯이 어렸을 때부터 불교와 어떤 인연이 있었던 것 같습니다. 티베트 라싸에 태어나 할머니 등에 업혀 조캉사원에 가서 부처님을 뵐 때 모자도 스스로 벗고, 할머니를 따라 탑돌이도 많이 했던 인연으로 제가 출가하게 되고, 공부하게 되고, 한국에 오게 되고, 여러분도 만나게 되고, 연기법에 대해 말하게 되기까지의 이 모든 과정이 다 연기법입니다. 인연법입니다. 원인과 결과의 인과관계입니다. 상대적인 전체와 부분의 관계에서 벗어나는 것은 아무것도 없습니다. 나, 너, 시계, 탁상, 염주 등 무엇을 가리키더라도 전체와 부분의 관계에 의지해서 이루어지는 것이지 그 자체 내에서 이것이라고 할 만한 것은 없습니다. 또 궁극적으로 따져보면 염주나 시계 등 본성으로, 자체 내에서, 주체나 객체 내에서 염주나 시계라고 말할 수 있는 것이 아무것도 없습니다. 그렇다면 있기는 있는데 자체 내에서 없다고 하면 그 자체 외의 것으로 있을 수밖에 없다고 추정하는 것입니다. 방안에 없으면 방 밖에 말고는 있을 곳이 없다고 하는 것과 같습니다. 자체 내에서 없으니까 이름으로만 있다고 밖에 말할 수 없습니다. 하지만, 또다시 거기에서 어떻게 있는지를 따져 묻는다면 이제는 뜻이 더 깊어지므로, 이를 알려면 더 미세한 공성에 대한 이야기를 해야 합니다. 더 심오해져서 더 어려워지는 것입니다.

【문】 주체 내에서 어차피 없으니까 객체로 있을 수밖에 없다는 말씀입니까? 주체적으로 찾을 수 없으니까 객체적으로밖에 찾을 수 없다는 말인 것 같습니다.

【답】 자꾸 생각해 보아야 합니다. 우리가 무엇을 보든, 예를 들어 사람을 좋다고 하면 그 자체 내에서 좋은 것처럼, 싫다고 하면 머리부터 발끝까지 다 나쁜 것처럼 보는데, 우리 생각에 문제가 있는 것입니다. 극단적으로 흑백 논리로 보는 것입니다. 흑 아니면 백, 백 아니면 흑 이렇게 보는 생각 자체가 문제입니다. 이것을 깨뜨리기 위해 부처님께서 연기, 공성, 무자성, 사성제, 십이연기 등에 대한 많은 법문을 설하신 것입니다. 중생의 다양한 근기에 맞춰서 다양하게 팔만사천법문을 설해주셨습니다. 부처님께서 할 일이 없어서 그렇게 다양하게 설법을 하신 것이 아닙니다. 이기적인 마음이 티끌만큼도 없이 오직 중생들만을 위해 마음을 내신 분께서 하시는 일은 설법입니다. 그것도 연기에 관한 설법입니다. 결국 중생이 연기를 깨우치게 하고, 열반을 얻게 하려고 부처님께서 설법하고 계시는 것입니다.

점심 공양을 맛있게 하고 푹 쉬시고 나서, 오후에 공부를 다 마무리하도록 하겠습니다.

Tsongapa 쫑카빠 대사

제 7 강

　지금부터 연기의 세 가지 이치부터 쭉 설명드리도록 하겠습니다. 여기서 연기적 논리의 세 가지 이치라고 할 때 티베트어로 '출쑴(རྟགས་གསུམ་)'이라고 합니다. '촉최, 지캽, 독캽(ཕྱོགས་ཆོས། རྗེས་ཁྱབ། ལྡོག་ཁྱབ།)'이라고 합니다. 열매 등의 제법은 A, 연기이기 때문에는 C, 무자성은 B입니다. 열매, 무자성, 연기 이 셋을 가지고 논리적으로 열매가 무자성임을 밝히는 것입니다. 내가 알고 있는 열매가 무자성인 이유를 밝혀서 상대방이 열매가 무자성임을 알게 하는 방법입니다. 열매(A)는 무자성(B)입니다. 왜냐하면 연기이기 때문(C)입니다. 연기인 이유로 무자성임을 밝히는 것입니다. 열매가 연기이기 때문에 무자성하다는 이 셋을 A, B, C로 설명하면 A는 C임을 밝히는 것을 첫 번째 이치인 '촉최(ཕྱོགས་ཆོས་)'라고 합니다. 열매가 연기임을 나와 상대방 둘 다 공통적으로 인정해야 하는 것입니다. 연기이기 때문에 무자성하다고 하면 유식학파에서는 모순이 되므로 인정하지 않습니다. 연기이기 때문에 무자성하다는 것을 밝히기 위해서는 이유인 D가 나와야 합니다. '연기이기 때문에 무자성하다. 예를 들면 거울에 비친 내 모습과 같이' 티베트어로 '뉴구최쩬 덴빠르메데 뗀델 인빼치르 뻬르나 메롱낭기제신기숙녠신(ཐུག་ཆོས་ཅན། མདེན་པར་མེད་དེ། རྟེན་འབྲེལ་ཡིན་པའི་ཕྱིར། དཔེར་ན། མེ་ལོང་ནང་གི་གུགས་བཞིན་གྱི་གཟུགས་བརྙན་བཞིན།)'이라고 해서 거울에 비친 내 모습과 같다고 비유하고 있습니다. 나인 것 같지만 거울에 비친 내 모습과 같고, 꿈과 같다는 말입니다. 보이기는 나처럼 보이지만 내가 아닙니다. 연기적으로 나타나 자성이 있는 것처럼 보이지만 자성이 없는 것입니다. 꿈과 같습니다. 그렇기 때문에 이 세 가지 이치라고 할 때 열매가 연기라고 하는 첫 번째 이치인 '촉최'부터 밝혀야 합니다. 두 번째 이치는 연기이기 때문에 무자성하다는 관계를 밝혀야 하는데, 티베트어로 '지캅'이라고 합니다. 그리고 반대로 무자성이 아니면 연기도 아니다는 것도 밝혀줘야 하는데, 티베트어로 '독캅'이라고 합니다. '촉최, 지캅, 독캅'을 '출쑴'이라고 해서, 이 세 가지 이치로 논리적으로 따져서 '열매는 진짜 무자성이 맞구나' 하고 처음에는 이해하고, 생각하고 또 생각하면 무자성이라는 확신을 얻을 수 있게 된다고 합니다.

우리의 논리는 정인(正因) 즉, '딱양닥' 등을 통해 밝혀집니다. '딱양닥, 땐칙양닥(རྟགས་ཡང་དག། གཏན་ཚིགས་ཡང་དག།)' 등은 법칭보살님이 말씀하신 세 가지 바른 이유로서 'A는 C이기 때문에 B'라고 하는 것입니다. C라면 무조건 B입니다. B가 아니면 C가 아닙니다. 예를 들면 두 가지 비유를 들어야 합니다. 긍정적인 비유 하나, 부정적인 비유 하나를 들어야 합니다. 목적은 열매가 무자성임을 밝히는 것입니다. 내가 이해하는 바와 같이 상대도 열매가 무자성임을 이해할 수 있도록 만드는 것입니다. 이것이 우리가 배웠던 불교에서 말하는 논리 방법입니다.

8. 연기의 세 가지 이치

ཆོས་མེད་ནམ་མཁའི་མེ་ཏོག་བཞིན།།	뙤메 남케 메똑신
དེས་ན་མ་བརྟེན་ཡོད་མ་ཡིན།།	데나 마뗀 외마인
རོ་བོས་གྲུབ་ན་དེ་འགྲུབ་པ།།	오외 둡나 데둡빠
རྒྱུ་དང་རྐྱེན་ལ་བློས་པ་འགལ།།	규당 껜라 뙤빠겔

དེ་ཕྱིར་བརྟེན་ནས་འབྱུང་བ་ལས།།	데치르 뗀네 중와레
མ་གཏོགས་ཆོས་འགའ་ཡོད་མིན་པས།།	마똑 최가 외민뻬
རང་བཞིན་གྱིས་ནི་སྟོང་པ་ལས།།	랑신 기니 똥빠레
མ་གཏོགས་ཆོས་འགའ་མེད་པར་གསུངས།།	마똑 최가 메빠르쑹

하늘의 꽃과 같이 의지하지 않는 것은 없으니, 본질적으로 존재한 다면 원인과 조건에 의지함은 모순이 되네.

그러므로 "연기하지 않는 어떤 존재도 없기에 자성 없는 공을 벗어난 어떠한 존재도 없다."고 가르치셨네.

【설명】
의지하지 않고 존재하는 것은 하늘에 핀 꽃과 같아 아무것도 없습니다. 그러므로 꽃이 자라려면 그 바탕이 되는 땅이 필요하듯이 존재한다면 무엇을 의지해서 성립되는 바탕이 있어야 하는 법입니다. 의지하지 않고 존재할 수 없기에 연기하지 않는 어떤 존재도 결코 있을 수 없습니다. 그래서 열매 등 제법이 연기이기 때문에 자성이 공하다는 논리를 세 가지 이치로 설명할 수 있습니다. 첫 번째 이치는 열매 등 제법이 연기함, 두 번째 이치는 연기한다면 자성이 공함에서 벗어날 수 없음, 세 번째 이치는 자성이 공하지 않고 자성으로 성립한다면 원인과 조건에 의지한 연기임을 말할 수 없는 것입니다.

이 게송에 나오는 말 그대로입니다. 하늘에 핀 꽃은 없습니다. 연기법이 아닙니다. 꽃이 피려면 땅이나 물 등 꽃이 필 수 있는 원인과 조건들이 필요합니다. 불교에서 자주 쓰는 비유들이 있습니다. 토끼뿔, 하늘의 꽃, 거북이털로 만든 옷 등이 있습니다. 불교에서 말하는 '토끼뿔이 없다'고 하는 것은 토끼 귀가 뿔처럼 생겨서 가까이서 보면 뿔로 보이지 않지만, 멀리서 보면 뿔처럼 보입니다. 허수아비를 가까이서 보면 허수아비로 알지만, 멀리서 보면 사람이라고 착각할 수 있는 것처럼. 토끼뿔이 없다는 것은 토끼 귀가 뿔이 아니라는 것입니다. 멀리서 볼 때 뿔처럼 보이지만, 그것이 뿔로 성립되지 않는다는 것입니다. 그렇지만 토끼인데 뿔이 생기지 않는다는 것은 별도로 생각해야 합니다. 토끼인데 뿔이 있는 경우도 있습니다. 뿐만 아니라 인과는 불가사의해서 사람인데 뿔이 있는 경우도 있습니다. 티베트의 랑다르마 왕은 실제로 머리 위에 뿔이 있었다고 역사가들은 말합니다. 아띠샤 대사님께서 티베트에 오시기 전에 있었던 왕으로 불교를 순식간에 멸망시켰던 사람입니다. 그 당시 티베트 중앙에는 스님들이나 수행자들이 암도나 중국으로 모두 도망가서 찾아볼 수조차 없었다고 합니다. 랑다르마 왕이 믿고 있던 뵌교만 인정해서 티베트 중앙에는 스님도, 절도 찾아볼 수 없었다고 합니다.

요즘은 사진 기술이 발달해서 합성한 것도 있긴 하지만, 인과가 불가사의해서 실제로 뿔이 있는 토끼 사진도 있고, 사람 머리 위에 뿔이 나거나 꼬리가 있는 사진도 있습니다. 어떤 사진은 합성한 것이지만 어떤 것은 실제라고 합니다. 하늘에 핀 꽃도 마찬가지입니다. 꽃이 땅 위에 자라는 것처럼 하늘에서 자랄 수 있는 꽃은 없다고 합니다. 토끼뿔도 없고, 서북이털로 만든 옷도 없다고 합니다. 허수아비는 사람이 아니지만 멀리서 보면 허수아비를 사람으로 착각할 수 있습니다. 가까이 가서 허수아비를 허수아비로 보는 순간 허수아비를 사람으로 보았던 착각이 사라지게 됩니다. 제법에 자성이 없는데도 우리는 자성이 있다고 생각하고 믿습니다. 하지만 자성이 없다는 말을 자꾸 듣고 자세히 생각해서 자성이 없다는 것을 깨달음으로써 《금강경》에 나오는 아상(我相), 인상(人相), 중생상(衆生相), 수자상(壽者相)과 같은 착각과 자성이 있다고 믿는 집착을 줄어들게 할 수 있습니다. 아까 허수아비를 허수아비로 보는 순간 사람이라고 한 착각이 사라지는 것과 같습니다. 이 세 가지 이유를 통해서 제법이 무자성입니다. 연기하기 때문입니다. 꿈속의 나처럼, 거울에 비친 내 모습과 같다는 이런 여러 가지 예를 들어서 무자성임을 밝히고 있습니다.

그리고 이제 아홉 번째 '연기가 자성으로 있다고 보았을 때의 허물'에 대해 살펴보도록 하겠습니다. 여기서 말하는 연기는 세 가지 연기를 다 생각해서 이야기하는 것으로 주로 원인과 조건에 의지해서 존재하는 인과의 연기를 말하고 있습니다. 게송과 설명을 함께 읽어보도록 하겠습니다.

9. 연기가 자성으로 있다고 보았을 때의 허물

རང་བཞིན་ལྡོག་པ་མེད་པའི་ཕྱིར།། 랑신 독빠 메뻬 치르
ཆོས་རྣམས་རང་བཞིན་དགའ་ཡོད་ན།། 최남 랑신 가와나
མྱ་ངན་འདས་པ་མི་རུང་ཞིང་།། 냐엔 되빠 미룽싱
སྤྲོས་ཀུན་ལྡོག་པ་མེད་པར་གསུངས།། 뙤꾼 독빠 메빠르쑹

"자성은 변할 수 없기에 모든 존재에 자성이 있다고 한다면, 열반은 불가능하며 무명은 멸할 수 없게 된다."고 말씀하셨네.

【설명】
실제로 존재하는 자성은 이전에 있다가 이후에 없어지는 변함이 있을 수 없기에, 윤회계와 해탈계의 모든 존재가 실제로 존재하는 자성이 티끌만큼이라도 있다고 한다면 이전에 없었던 열반을 새롭게 얻을 수 없게 되며, 이전에 있었던 윤회계의 무명 등의 모든 희론을 멸할 수 없게 된다고 부처님께서 말씀하셨습니다.

무자성이 아닌 자성이 만약에 있다면 변할 수 없어야 합니다. 윤회하다가 해탈하지 못합니다. 해탈은 지금 없고, 윤회는 지금 있습니다. 그렇다면 없었던 해탈을 얻을 수 없게 되고, 지금 있는 윤회, 무명, 희론은 멸할 수 없게 됩니다. 자성이 있다고 하는 것에는 이런 허물들이 있습니다.

10. 어느 누구도 부처님의 가르침을 반대할 수 없음

དེ་ཕྱིར་རང་བཞིན་རྣམ་བྲལ་ཞེས།།	데치르 랑신 남델셰
མེད་གོའི་སྒྲ་ཡིས་ཡང་ཡང་དུ།།	쎙게 다이 양양두
མཁས་པའི་ཚོགས་སུ་ལེགས་གསུང་པ།།	케뻬 촉쑤 렉쑹빠
འདི་ལ་སུ་ཡིས་འགོད་པར་ནུས།།	디라 쑤이 공빠르뉘

그렇기에 제법에 실재한 자성이 없다고 현명한 이들에게 거듭거듭 사자후로 설하신 것을 누가 반대할 수 있겠는가.

【설명】

제법에 실재한 자성이 있다고 인정한다면, 앞서 말한 바와 같이 이전에 없었던 열반을 새롭게 얻을 수 없게 되며, 이전에 있었던 윤회계의 무명 등 모든 희론을 멸할 수 없게 되는 문제점들이 있습니다. 그렇기에 부처님께서 사자후로 현명한 이들에게 모든 존재가 실재한 자성으로 공하다고 한두 번이 아니라 여러 차례 거듭거듭 설하신 것에 대해 어느 누구도 제대로 된 반대를 할 수 없습니다.

부처님을 반대하는 사람이 있습니다. 부처님의 말씀이 마음에 들지 않아서 반대할 수도 있습니다. 그러나 제대로 된 반대를 할 수는 없습니다. 부처님 말씀은 있는 사실 그대로 진실이기 때문에 그 힘이 있어서 반대할 수 없는 것입니다. 지금 중국은 대국이기는 하지만 진실은 티베트에 있다고 합니다. 언젠가는 밝혀진다고 이것은 시간 문제라고 존자님께서 늘 말씀하십니다. 중국과의 대화를 시도하면서 역사는 바꾸지 말자고 하셨습니다.

티베트도 토번 왕국이었던 시절에는 중국 왕이 도망갈 정도로 막강한 힘이 있어서 문성공주가 티베트에 시집오기도 했습니다. 그전에도 중국에서 시집온 공주가 있었을 정도로 한때는 티베트가 중국보다 힘이 더 센 적도 있었습니다. 불교가 들어오기 전에 티베트 사람들은 몽고 사람들처럼 거칠고, 힘도 세어 아주 호전적이었다고 합니다. 그러나 불교가 들어오고 난 뒤부터 불심이 서서히 생기면서 사람들이 많이 달라지게 되었다고 합니다.

몽골 역시 과거에 한국과 유럽까지 정복할 정도로 힘이 강했던 때가 있었습니다. 지금 몽골에 가보면 스님들의 모습이 티베트와 거의 비슷합니다. 평상시에는 몽골말을 쓰고 있지만 경전 공부를 할 때는 티베트어로 한다고 합니다. 한국 사람이 중국말을 모르지만 한문은 아는 것과 같습니다. 중국에 가서 한자를 쓰면 소통에 도움이 조금 될 때도 있다고 합니다. 이런 것처럼 몽골 불교도 티베트 불교의 영향을 많이 받았다고 합니다. 지금 사용하고 있는 몽골 글도 '도괸최곌팍빠(འགྲོ་མགོན་ཆོས་རྒྱལ་འཕགས་པ་)'라고 하는 티베트 큰스님이 만드신 것이라고 합니다. 중국이라는 나라는 크지만 진실은 티베트에 있다고 합니다. 그래서 언젠가는 티베트 문제도 존자님의 뜻대로 해결되어서 티베트에 갈 수 있게 될 거라고 말씀하십니다. 진실은 힘이 있기 때문입니다.

11. 공성과 연기 사이에 모순이 없을 뿐만 아니라 서로 도움을 준다고 설하심을 특별히 찬탄함

རང་བཞིན་དགག་ཡང་མེད་པ་དང་། 랑신 가양 메빠당
འདི་ལ་བརྟེན་ནས་འདི་འབྱུང་བའི། 디라 뗀네 디중외
རྣམ་གཞག་ཐམས་ཅད་འཐད་པ་གཉིས། 남샥 탐째 퇴빠니
མི་འགལ་འདུ་བ་སྟོབས་ཅི་དགོས། 미겔 두와 뫼찌괴

བརྟེན་ནས་འབྱུང་བའི་རྒྱུ་མཚན་གྱིས། 뗀네 중외 규첸기
མཐར་ལྟ་བ་ལ་མི་བརྟེན་ཞེས། 타르따 와라 미뗀셰
ལེགས་གསུངས་འདི་ནི་མགོན་ཁྱོད་ཀྱི། 렉쑹 디니 괸쾌끼
སྨྲ་བ་བླ་ན་མེད་པའི་རྒྱུ། 마와 라나 메빼규

འདི་ཀུན་དོ་བོས་སྟོད་པ་དང་། 디꾠 오외 똥빠당

228 티베트 스승에게 듣는 연기법의 지혜

འདི་ལས་འདི་འབྲས་འབྱུང་བ་ཡི༎	디레 디데 중와이
རེས་པ་གཉིས་པོ་ཕན་ཚུན་དུ༎	에빠 니뽀 펜췬두
གེགས་མེད་པར་ནི་གྲོགས་བྱེད་པ༎	젝메 빠르니 독제빠

འདི་ལས་ངོ་མཚར་གྱུར་པ་དང་༎	디레 오차르 규르빠당
འདི་ལས་རྨད་དུ་བྱུང་བ་གང་༎	디레 네두 중와강
ཚུལ་འདིས་ཁྱོད་ལ་བསྟོད་ན་ནི༎	출디 쾰라 뙤나니
བསྟོད་པར་འགྱུར་གྱི་གཞན་དུ་མིན༎	뙤빠르 규르기 셴두민

제법에 자성 없는 것과 이것에 의지해 저것이 생기는 연기법, 이 두 가지가 모순 없이 조화로움을 말해 무엇하겠는가.

"의지해서 존재하기에 극단의 견해에 빠지지 말라."고 바르게 설하셨기에 부처님이 최상의 설법자임을 증명하네.

"제법의 본래 공함과 연기로 나타나는 인과법, 이 둘에 대한 이해는 모순 없이 서로를 돕는다."고 말씀하셨네.

이보다 더 경이롭고 더 훌륭한 말씀은 없다네. 이렇게 부처님을 찬탄하는 것보다 더 훌륭한 찬탄은 없다네.

【설명】
자성으로 성립된 법이 티끌만큼도 없는 것과 이 원인에 의지해서 저 결과가 생기는 타당한 원칙이 조금의 모순도 없이 조화롭습니다. 그리고 연기법을 깨달았기에 극단의 견해에 빠질 수 없다고 바르게 설하신 말씀은 부처님이 위없는 설법자임을 드러내어 증명하고 있습니다. 다시 말하자면 연기의 등불 하나로 극단적인 견해의 어둠 모두를 멸할 수 있는 방법은 부처님만이 깨달아 알고 계시지 다른 어느 누구도 모릅니다. 왜냐하면 안팎의 모든 법은 본래 공함을 이해하는 것과 이 원인에서 저 결과가 생긴 연기법을 이해하는 것 이 둘이 서로 모순됨 없이 도움을 준다고 부처님께서 말씀하셨기 때문입니다.

따라서 이 말씀보다 더 경이로운 말씀, 더 훌륭한 말씀은 없습니다. 그러므로 연기로 부처님을 찬탄하는 것 말고 다른 방법으로 찬탄할 수 있는 최고의 찬탄은 없습니다.

이 '싸쩨'에는 게송이 많습니다. 아주 중요한 게송들입니다. 우리는 공성을 이해하면 연기를 이해하거나 인과를 믿는 마음이 약해지고, 인과를 이해하면 공성에 대한 이해가 약해진다고 생각하는 견해가 있습니다. 하지만 진짜로 연기를 이해하게 되면 인과를 이해하게 되어서 공성을 더 잘 이해할 수 있게 되고, 공성을 이해하게 되면 연기법을 더 잘 이해할 수 있게 되어 서로 모순되지 않고 서로를 돕는다고 합니다.

부처님께 제대로 된 찬탄과 예경, 예배를 올리고 싶다면 연기를 잘 보면 됩니다. "연기를 보면 법을 보는 것이고, 법을 보면 여래를 보는 것이다."는 말이 《도간경》에도 나오는 것처럼 연기법은 아주 중요합니다. 그리고 공성을 이해하는 것과 연기법을 이해하는 것 이 둘은 모순이 아니라고 합니다.

　　공성을 잘 이해하고 있다면 연기법 즉, 인과법을 소중하게 믿는 마음이 더 깊어져야 합니다. 말로는 공성을 이해한다고 하면서 인과를 깊이 믿지 않는다면 이는 제대로 공성을 이해한 것이 아닙니다. 공성을 잘 이해하고 있다면 인과를 더 소중하게 생각해야 합니다. 인과를 잘 이해하지 못하면 공성 역시 잘 이해하지 못하게 된다고 합니다. 공성은 무자성이나 무아라는 말 한마디로 표현할 수 있는 것이 아니므로 연기법을 통해서 공성을 이해해야 합니다. 연기법을 잘 이해하는 것과 공성을 잘 이해하는 것은 서로 다르지 않아서 표현만 다를 뿐 같은 의미입니다. 연기의 뜻은 공성이고 무자성의 뜻은 연기법입니다. 그래서 이 둘을 같은 의미로 이해하게 되면 부처님 말씀 중 가장 핵심인 공성을 잘 이해하는 것입니다.

　　자성이 있다고 주장하는 불교 학파에 대한 안타까움에 대해 살펴보도록 하겠습니다. 자성이 있다고 주장하는 불교 학파는 유부, 경량부, 유식학파입니다. 그리고 중관학파 중에서 자립논증중관학파도 자성이 있다고 합니다. 자성이 없다고 하는 학파는 오직 귀류논증중관학파뿐입니다.

12. 자성이 있다고 주장하는 불교 학파에 대한 안타까움

རྫོགས་པས་བྱན་དུ་བཟུང་བ་ཡིས༎　　몽뻬 덴두 숭와이

གང་ཞིག་ཁྱོད་དང་ཞེ་འགྲས་པ།།	강식 쾌당 쎄데빠
དེ་ཡིས་རང་བཞིན་མེད་པའི་སྐད།།	데이 랑신 메뻬다
མི་བཟོད་གྱུར་ལ་མཚར་ཅི་ཡོད།།	미쇠 규르라 차찌외

ཁྱོད་ཀྱི་གསུང་གི་གཅེས་པའི་མཛོད།།	쾌끼 쑹기 쩨뻬죄
བརྟེན་ནས་འབྱུང་བ་ཁས་བླངས་ནས།།	뗀네 중와 케랑네
སྟོང་ཉིད་ངོ་མི་བཟོད་པ།།	똥니 아로 미쇠빠
འདི་ལ་ཁོ་བོ་རེ་མཚར་གྱུར།།	디라 코오 오차 규르

རང་བཞིན་མེད་ལ་བཀྲི་བའི་སྒོ།།	랑신 메라 띠외고
བླ་མེད་རྟེན་ཅིང་འབྲེལ་འབྱུང་གི།།	라메 뗀찡 델중기
མིང་ཉིད་ཀྱིས་ནི་རང་བཞིན་དུ།།	밍녜 끼니 랑신두
འཛིན་ན་དེ་ཡི་ཐབས་ཤོ་འདི།།	진나 다꼬 께오디

འཕགས་མཆོག་རྣམས་ཀྱིས་ལེགས་བགྲོད་པའི།།	팍촉 남끼 렉되뻬
འཇུག་ངོགས་བླ་ན་ཐལ་གྱུར་པ།།	죽옥 다당 델규르빠
ཁྱོད་དགྱེས་གྱུར་པའི་ལམ་བཟང་དེར།།	쾌계 규르외 람상 데르
ཐབས་གང་གིས་ནི་བགྲི་བར་བྱ།།	탑강 기니 띠와르자

무지의 노예가 되어 부처님을 미워하는 이들이, 자성이 없다는 말씀을 견디지 못함은 놀라운 일도 아니네.

부처님의 말씀 중 가장 보배로운 연기의 가르침을 받아들인 이가 공성의 사자후를 받아들이지 않음이 나에게는 놀라운 일이네.

공성으로 이끄는 최상의 문이 연기의 가르침임에도 연기는 이름으로만 인정할 뿐 자성이 있다고 믿네.

성스러운 이들이 지나갔던 비할 바 없는 문이며, 부처님을 기쁘게 하는 최상의 길로 이들을 어떻게 이끌겠는가.

【설명】
오래전부터 무지의 노예가 되어 부처님을 미워하는 외도들이 부처님께서 말씀하신 제법무아 즉, 일체법이 무자성이라는 말씀을 견디지 못함은 놀라운 일이 아닙니다. 왜냐하면 외도들은 일체법이 원인이 없거나 일치하지 않는 원인에서 생긴다고 주장하기 때문입니다. 그러나 부처님의 말씀 중 가장 보배로운 연기의 가르침은 받아들이면서 공성의 사자후 즉, 제법의 자성이 공함을 인정하지 않는 것은 쫑카빠 대사님에게 매우 놀라운 일입니다. 예를 들면 소리는 원인과 조건으로 생긴다고 하면서 항상한 법공 즉, 무상(無常)이 아님을 인정하는 것과 같습니다. 공성과 무자성으로 이끄는 최상의 문인 연기법을 이름으로만 인정하고 있는 자성이 있다고 주장하는 불교학파들은 성스러운 이들이 지나갔던 비할 바 없는 문인 부처님을 기쁘게 하는 최상의 길로 인도할 수 없습니다. 왜냐하면 공성을 깨닫게 하는 연기의 논리를 잘못 인식하고 있기 때문입니다.

유부, 경량부, 유식, 중관학파의 정의를 알 필요가 있습니다.

외도도 '록빼람라무메치르(ལོག་པར་ལྟ་བ་མང་སེད་བྱུང་ཟེར་)'라고 해서 법칭보살님께서 "바르지 않은 뒤집힌 견해가 얼마만큼 있다고 말할 수 없을 정도로 엄청나게 많다."고 말씀하셨습니다. 티베트에는 '제다빠, 당쩬빠, 쩨부빠, 릭제빠, 걍펜빠(ཕྱི་རྒྱལ་བ། གྲངས་ཅན་པ། མཐར་འཛིན་པ། རིག་བྱེད་པ། རྒྱང་འཕེན་པ།)' 등 대표적인 다섯 가지 외도가 있다고 합니다. 그래서 학파에 대한 공부를 할 때 외도들에 대해서도 조금씩 공부합니다. 외도들도 나름대로 존재론, 수행론, 결과론을 얘기합니다. 이 다섯 외도들 중에서 '걍펜빠'라고 하는 외도는 다음 생이 없다고 주장합니다. 그림이 그려져 있는 벽이 무너지게 되면 그림도 함께 사라지는 것처럼, 몸이 무너지면 마음도 함께 사라져 없어진다고 합니다. 원인이 없다고 합니다. 모두 우연이라고 합니다. 콩이 동그란 것은 누군가 그렇게 만든 것이 아니고 동그란 모양으로 저절로 생겨난 것이라고 합니다. 고추가 매운 것도 누군가 그렇게 만든 것이 아니고 고추 자체 내에서 매운 것이라고 합니다. 가시도 누군가 일부러 뾰족하게 만든 것이 아니라 그 원인이 없다고 합니다. 벽에 그려진 그림이 벽이 무너지면 그림도 같이 없어지는 것처럼, 의식은 몸에 의지하고 있기 때문에 몸이 무너지면 의식도 사라진다고 합니다. 몸과 마음의 관계는 이렇다고 합니다. 술과 취하게 하는 것이 둘이 아닌 것처럼 의식과 몸도 따로 있는 것이 아니라고 합니다. 외도인 '걍펜빠'도 생각을 많이 해서 자기 견해를 확실하게 세운 것입니다. 다음 생이 없으니까 이번 생에 하고 싶은 대로 하라고 합니다. 우리는 친척 간의 결혼은 안 된다고 하지만 이 외도의 학파에서는 그렇게 해도 죄가 없으니까 해도 된다고 합니다. 이와 같이 다음 생이 없으니까 마음대로 하고 살면 된다고 하는 견해도 있습니다. 우리는 지금 부처님의 가르침이 있는 나라에 태어나 있어서 외도의 견해에 크게 물들어 있지 않지만 과거 생에 외도였던 습이 남아 있어서 그들의 말에 쉽게 빠져들 수가 있습니다.

외도와 불교도의 차이는 무아를 인정하고 인정하지 않는 것에 있습니다. 불교도들은 모두 무아라고 주장합니다. 외도들은 모두 유아라고 주장합니다. '나 있다'고 하는 아상의 대상이 있으면 외도이고, 없으면 불교도라고 구분합니다. '있다'고 하면 내 육신이나 정신 말고 따로 독립적으로 항상하고 부분으로 나눌 수 없는 이런 세 가지 특징을 가진 영혼 비슷한 아트만 같은 것들이 있다고 외도 모두는 인정합니다. 불교도들은 그것이 없다고 합니다. 이런 차이가 있습니다. 외도들도 씨앗에서 열매가 나온다는 정도의 인과는 인정하지만, 궁극적인 의미에서의 연기법은 인정하지 않습니다. 외도들은 시작이 원인 없이 우연히 생겼다고 합니다. 원인이 있다고 해도 창조주 같은 존재가 만들었다고 하는 일치하지 않는 원인이 되기 때문에 연기법을 정확하고 바르게 이해하지 못하게 됩니다. 그래서 '자성이 없다'는 부처님의 말씀을 비방하지 않고는 견디지 못하게 되는 것입니다. 이처럼 연기를 인정하지 않기 때문에 무자성을 인정하지 않는 외도들의 주장이 쫑카빠 스승님에게는 놀라운 일이 아니라고 합니다.

그러나 부처님 말씀인 연기법을 인정하면서도 유부와 경량부 등에서 법무아, 공성, 법공 등 부처님의 사자후를 받아들이지 않는 것은 놀라운 일이라고 합니다. 유부와 경량부의 견해에서는 무아의 개념을 나라고 하는 것이 실체가 없다는 인무아는 인정하지만, 오온을 비롯한 모든 법은 실체가 있다고 생각합니다. 이들이 법무아라는 공성의 가르침을 받아들이지 않는 것이 나, 쫑카빠에게 는 놀라운 일이라고 하신 것입니다. 연기를 인정하고 연기법을 제 대로 안다면 내가 없고 법이 있다고 하는 말이 나올 수 없어서 인무 아를 인정하는 것처럼 법무아도 인정할 수밖에 없는 것입니다. 그 점에 대해 쫑카빠 스승님께서 약간 놀라셨다고 합니다. 공성을 이 해하게 하는 최상의 문인 연기를 이름으로만 인정할 뿐 제대로 인 정하지 않는 것입니다. 연기를 제대로 인정한다면 공성을 인정할 수밖에 없습니다. 그래서 자성이 있다고 믿는 불교 학파들을 부처 님을 기쁘게 하는 최상의 길인 공성의 길로 이끌 수 있는 방법이 없 습니다. 배가 아프면 약을 먹어야 낫는데, 그 약 자체가 독으로 변 하니까 방법이 없는 것입니다. 공성을 깨닫게 하는 연기를 이름으 로만 인정할 뿐 정확하게 보지 못하고 있는 것입니다. 유부, 경량 부, 유식도 정확하게 연기의 뜻을 보지 못하고 있습니다. 연기법이 라고 하면 인과의 연기만 인정할 뿐 인과에서 벗어난 항상한 법인 무위법을 유식 이하의 학파에서는 연기법이 아니라고 합니다.

　그러나 중관학파는 무위법까지 제법이 모두 연기법이라고 합니다. 법이라면 모두 다 연기법입니다. 원인과 조건에 의지해서 생기는 연기법뿐만 아니라 부분과 전체의 상대적인 개념에서 존재 하는 연기법도 인정합니다. 하지만 자립논증중관학파와 귀류논증 중관학파 사이에도 미세한 차이가 있다고 합니다. 자성이 있다·없 다고 하는 문제입니다. 자립논증중관학파는 제법이 모두 연기라고 하면서 자성이 있다고 합니다. 원인과 조건에 의지해서 생기고 부 분과 전체의 상대적인 개념에 의지해서 존재하는 연기법이라면 모 두 자성이 있다고 합니다. 진짜 뱀과 가짜 뱀, 진짜 사람과 가짜 사람을 구분할 때처럼 진짜 뱀의 자성이 있기 때문에 진짜와 가짜를 구분할 수 있다고 합니다. 자성이 없다면 이 둘이 똑같아져서 구분할 수 없게 된다고 하는 것입니다. 자성이 없다면 이 둘을 어떻게 구분할 수 있냐고 논박하는 것입니다. 생각을 깊이 해서 논리적으로 따져 보아야 합니다. 우리는 무자성, 공성이라는 말을 쉽게 하고 있지만 정말 생각을 많이 해보아야 합니다. 쉬운 일이 아닙니다.

귀류논증중관학파의 입장에서는 존재한다고 볼 수 있는 세 가지 조건이 있습니다. 먼저 뱀으로 알려져 있는 경우가 있습니다. 밧줄이 뱀이라고 알려져 있지 않습니다. 알려져 있다고 해서 있다고 할 수도 없습니다. 헛된 것도 알려져 있을 수 있기 때문입니다. 허수아비를 사람으로 착각할 수 있지만 가까이 가보면 실제가 아님을 확실하게 알 수 있는 것처럼 어두운 곳에 놓여진 가짜 뱀도 처음에는 뱀으로 착각할 수 있지만 불을 켜면 착각이었음을 알게 되어 없어지게 됩니다. 다른 이유로 자기가 생각하고 있는 것이 착각임을 알게 되는 경우입니다. 이것이 두 번째 조건입니다. 세 번째 조건은 공성의 측면에서 말하는 것입니다. 자성이 있다고 하는 것에 익숙해져 있지만, 오직 공성을 직접적으로 깨닫는 지혜의 측면에서 볼 때 자성이 있다는 그 자체도 없는 것입니다.

그렇기 때문에 귀류논증중관학파의 견해에서 볼 때 진짜 뱀과 가짜 뱀, 진짜 사람과 가짜 사람을 구분할 때 뜻으로 자체 내에서 구분할 수 있는 것은 아무것도 없고 명언 즉, 이름으로 구분하는데, 세 가지 방법으로 구분하는 것입니다. 첫 번째 인식의 대상으로 알려져 있는지 없는지, 두 번째 알려져 있어도 바른 인식인지 아닌지, 세 번째 그것이 바른 인식이 아니라고 해도 궁극적인 지혜의 측면에서도 부정할 수 있는지 없는지의 이 세 가지 측면에서 구분할 수 있다고 합니다.

그렇기 때문에 '부처님을 기쁘게 해드리는 최상의 길인 연기의 길로 이들을 어떻게 이끌겠는가'라고 하신 것입니다. 다음으로 열세 번째 '자성이 있으면서 연기인 것이 없음'을 살펴보도록 하겠습니다. 유자성과 연기 둘 다인 것이 없다고 하는 것입니다.

13. 자성이 있으면서 연기인 것이 없음

རང་བཞིན་བརྟེན་མིན་ལྟོས་མེད་དང་། 랑신 쬐민 뙤메당
རྟེན་འབྲེལ་ལྟོས་དང་བརྟེན་ལ་གཉིས། 뗀델 뙤당 쬐마니
ཇི་ལྟར་ཕྱུར་ན་གཞི་གཅིག་ལ། 지따 부르나 시찍라
མི་འགལ་འདུ་བ་ཉིད་དུ་འགྱུར། 미겔 두와 니두 규르

자성은 실재이며 의지함이 없고, 연기는 실재 없이 의지하는데, 이 둘이 어찌 한 대상에 모순 없이 양립할 수 있겠는가.

【설명】
자성으로 있다면 실재하면서 의지함 없이 독립적으로 자체 내에서 존재해야 합니다. 반대로 연기는 실재하지 않으면서 의지하여 존재해야 합니다. 그러므로 실재로 있는 것과 연기

로 있는 이 둘이 한 대상에 모순 없이 양쪽으로 성립할 수는 없습니다. 왜냐하면 실재로 있는 것과 연기로 존재하는 이 둘이 모순 즉 상위이기 때문입니다.

무자성의 반대인 자성과 연기 이 둘은 한 대상에 양립할 수 없습니다. 연기로 있다면 자성으로 있을 수 없고, 자성으로 있다면 연기로 의지해서 있을 수 없습니다. 자성으로 있다는 말에는 의지하지 않는다는 뜻이 들어가 있습니다. 원인에도 의지하지 않고, 부분에도 의지하지 않고, 상대적으로 의지하지 않고, 이름에도 의지하지 않기 때문에, 조금이라도 의지하는 것이 있으면 자성이 아닙니다. 조금도 의지하지 않기 때문에 자성으로 있다고 하는 것입니다.

빨덴 닥빠 큰스님께서 여러 가지 예를 들어 연기에 대한 설명을 해주시곤 합니다. 해가 뜨겁다고 할 때 우리는 해 자체가 자성으로 뜨겁다고 생각합니다. 그러나 자세히 관찰해 보면 해 자체 내에서 뜨거운 것이 아니고, 해 안에 어떤 물질이 타오르고 있는 것입니다. 해는 불덩어리이기 때문입니다. 불이 있다는 것은 뭔가 탈 것이 있다는 뜻입니다. 그런데도 우리는 해가 본질적으로 그 자체 내에서 자성으로 뜨겁다고 생각합니다. 그 불이 무언가에 의지해서 타고 있는 것이 아니라고 생각합니다.

또 다른 예로, 노인이 앉았다 일어날 때 누군가의 도움을 받아야 일어날 수 있으므로 노인은 자기 혼자 스스로 일어나지 못한다고 생각하고, 노인이 일어날 수 있도록 도와주는 사람은 자기는 남에게 의지하지 않고 스스로 일어날 수 있다고 생각합니다. 하지만 따져 보면 그 사람도 혼자 스스로 일어나는 것이 아니라 땅에 의지하고 중력에 의지하고 공간에 의지해서 일어날 수 있는 것입니다.

큰스님께서 자재요양병원에서 법문 하실 때 이런 말씀을 하셨습니다. "우리는 나무를 볼 때 작은 나무는 버팀목에 의지해서 서 있지만, 큰 나무는 버팀목 없이 스스로 서 있다고 생각하기 쉽습니다. 그러나 큰 나무도 땅에 의지하고 물에 의지하고 햇볕에 의지해서 서 있는 것입니다." 이렇게 큰스님께서는 우리 눈으로 볼 수 있는 거친 연기에 대해서 여러 가지 예를 들어 설명해주셨습니다.

전화도 하고, 동영상도 보고, 사진도 찍을 수 있는 휴대폰도 여러 사람이 만든 각각의 부품이 들어가고, 또 이를 조립하는 사람도 따로 있습니다. 이것도 서로 의지하는 시스템으로 만들어진 것입니다. 고장이 나면 수리센터의 전문기술자가 고쳐야 합니다. 거친 원인은 우리도 어느 정도 알 수 있지만, 미세한 원인은 잘 모릅니다. 그런 것처럼 인과에도 거친 인과, 미세한 인과, 아주 미세한 인과가 있고, 연기에도 거친 연기, 미세한 연기, 아주 미세한 연기가 있습니다. 자성으로 있다고 하는 것은 의지하지 않는 것을 말합니다. 의지해서 있으면 자성으로 있는 것이 아닙니다. 의지하면 독립이 아닙니다. 나는 자유가 있다고 생각하지만 자유가 있는 것이 아닙니다. 다른 사람들의 힘으로 있는 것이지 완전한 자유는 없습니다. '랑왕당센왕(རང་དབང་གཙན་དབང་)'라고 합니다. 조금도 의지함 없이 변함이 없는 것을 자유자재 또는 자성이라고 합니다. 그런 것이 하나도 없다는 것이 바로 무자성입니다. 우리는 자성이 있다는 표현을 하지는 않지만, 뜻으로는 있다고 착각하고 있습니다. 몸과 마음이 저절로 행복 쪽으로 기울어져 있는 것처럼 우리 생각 자체도 사물에 의지하지 않고 자성으로 있다고 생각합니다. 휴대폰이라고 하면 뭔가 그 자체 내에서 있다고 생각합니다. 이런 생각은 문제가 있습니다. 우리가 생각하는 방식이 연기가 아닌 자성이 있다는 식으로 잘못 생각하고 있습니다. 현실은 연기적인데 우리 생각은 반대로 하고 있습니다. 이것이 마음의 문제를 일으키고 있는 것입니다. 이것이 바로 무명이고 무지입니다. 이것을 뿌리 뽑아야 번뇌가 사라지지 가지 정도 잘라내는 것으로는 진통제 정도밖에 되지 않습니다. 진통제를 먹으면 잠시 아픔을 잊을 수는 있지만 완전히 치료되는 것은 아닙니다. 그러니까 무엇보다도 당장 문제의 뿌리부터 뽑아내는 것이 중요합니다. 그래서 자성과 연기가 한 대상에 모순 없이 존재할 수 없다고 하는 것입니다.

14. 이 이치로 부처님께서 연기를 환영과 같다고 설하심

དེ་ཕྱིར་བརྟེན་ནས་འབྱུང་བ་གང་།། 데치르 뗀네 중와강
རང་བཞིན་གྱིས་ནི་གདོད་མ་ནས།། 랑신 기니 되마네
རྣམ་པར་དབེན་ཡང་དེར་སྣང་བས།། 남빠르 윈양 데르 낭외
འདི་ཀུན་སྒྱུ་མ་བཞིན་དུ་གསུངས།། 디꾼 규마 신두쑹

그러기에 "의지하여 존재하는 것은 본래부터 자성이 없음에도 마

치 실재처럼 보이는 것이 환영과 같다."고 말씀하셨네.

【설명】

실재로 있는 것과 연기로 있는 이 둘이 한 대상에 모순 없이 양립할 수 없기에 의지해서 존재하는 모든 법은 본래부터 자성으로 성립되어 있지 않습니다. 그럼에도 불구하고 모든 법이 자성으로 있는 것처럼 보이는 것이 마치 신기루와 같다고 부처님께서 말씀하셨습니다.

《금강경》마지막 구절에 '일체유위법 여몽환포영 여로역로전(一切有爲法 如夢幻泡影 如露亦如電)'이라고 나오는 것처럼 일체 유위법은 꿈과 같고, 신기루와 같고, 등불과 같고, 이슬과 같다고 하는 것입니다. 내가 없는데도 마치 실재처럼 보이는 것이 신기루와 같다고 부처님께서 말씀하셨습니다.

15. 부처님 가르침에 어느 누구도 비판할 수 없음

ཁྱོད་ཀྱིས་རྗེ་ལྟར་བསྟན་པ་ལ།། 쾌끼 지따르 뗀빠라
རྒོལ་བ་དག་གང་ཅོས་མཐུན་དུ།། 골와 개꺙 최툰두
བླགས་མི་རྙེད་པར་གསུངས་པ་ཡང་།། 락미 녜빠르 쑹빠양
འདི་ཉིད་ཀྱིས་ནི་ལེགས་པར་འབུམས།། 디니 끼니 렉빠르쿰

ཅི་སླད་ཅེ་ན་འདི་བཤད་པས༎	찔레 쩨나 디쎄빼
མཐོང་དང་མ་མཐོང་དངོས་པོ་ལ༎	통당 마통 오뽀라
རྟོག་འདོགས་པ་དང་སྐུར་འདེབས་ཀྱི༎	도독 빠당 꾸르뎁끼
གོ་སྐབས་རིང་དུ་མཛད་ཕྱིར་རོ༎	고깝 링두 제치르로

불법에 제대로 된 누구의 비판도 찾을 수 없음을 부처님께서 연기를 토대로 설하셨기에 나는 믿네.

연기를 설하심으로써 현전(現前)과 비현전(非現前)에 대한 상견과 단견으로 빠질 우려를 완전히 없앴기 때문이라네.

【설명】
부처님께서 설하신 가르침에 이것이 틀렸다고 하는 어느 누구의 제대로 된 비판도 찾을 수 없는 이유는 부처님께서 연기를 토대로 법을 설하셨기 때문이라고 믿습니다. 왜냐하면 연기를 토대로 해서 설하실 때, 보이는 현전과 보이지 않는 비현전 등 모든 법에 자성이 있다고 착각하는 상견과 아예 없다고 생각하는 단견으로 빠질 수 있는 우려를 완전히 없앨 수 있기 때문입니다.

현량(現量)으로 알아볼 수 있는 것을 현전이라고 합니다. 현량은 주체이고, 현전은 객체입니다. 티베트어로 '왼규르(མངོན་གྱུར་)'라고 합니다. 눈앞에 보이고 만질 수 있어서 쉽게 이해할 수 있는 것입니다. 안·이·비·설·신식 또는 의식으로 이해할 수 있어서, 논리로 따지고 생각을 많이 해야만 이해할 수 있는 어려운 것이 아닌 눈 앞에 있는 그대로 쉽게 알아볼 수 있는 것을 현전이라고 합니다. 스마트폰, 책, 염주 등이 현전입니다.

비현전이라고 하면 스마트폰 안에 들어가는 우리가 현량으로 전혀 알 수 없는 미세한 시스템 등 눈으로 볼 수 없는 것을 말합니다. 염주는 눈으로 볼 수 있기 때문에 현전이라고 할 수 있습니다. 하지만 염주를 쪼개고, 쪼개고, 아무리 많이 쪼개도 쪼개는 쪽에서 한계가 있는 것이지 쪼개지는 대상에는 한계가 없어서 끝이 없다고 합니다. 시작이 없다고 하는 것처럼 나누고, 나누다가 어느 순간이 되면 나누지 못한다고 하는데, 나눌 수 없어서 나누지 못한다고 하는 것이 아닙니다. 요즘은 원자보다도 더 작은 쿼크나 미립자 등으로 나눌 수 있다고 합니다. 불교 논리로 따져 보면 나눌 수 없는 극미는 없다고 합니다. 극미일수록 힘이 커지기 때문에 원자력도 만들고 핵폭탄도 만들 수 있을 정도입니다. 이 이치 그대로 우리 마음인 의식도 깨어있을 때보다 깊은 잠에 들어 있을 때의 의식이 조금 더 미세하다고 합니다. 잠들어 있을 때보다 죽음의 마지막 순간에 드러나는 정광명이 훨씬 더 미세하다고 합니다. 가장 미세한 의식인 정광명은 지금은 깊이 잠들어 있고, 거친 의식들이 일어나 활동하고 있습니다. 죽을 때 이 거친 의식들은 다 사라지고 미세한 의식인 정광명이 나타나 다음 생으로 간다고 합니다. 그것을 영혼이라고 착각할 수도 있는데, 이 모두는 연기법을 토대로 설명하고 있는 것입니다. 가장 미세한 의식인 정광명을 끌어내어 그 의식으로 참선이나 명상 같은 수행을 하게 되면 공성을 깨치게 하는 그 의식의 힘이 어마어마하다고 합니다. 원자력 발전으로 엄청나게 많은 전기를 생산하는 것과 같습니다.

【문】 그 미세한 의식, 정광명이라는 것이 금강살타 관상법에서 어떤 빛이 나는 의식 또는 종자자인 '흐리'와 '훔'을 말하는 것과 같은 차원입니까?

【답】 그것은 밀교 이야기이니까 잠깐 미루도록 하겠습니다. 제가 말씀드리고 싶은 것은 물질도 아주 미세해지면 힘이 대단해지는 것처럼 정신도 아주 미세해지면 그 힘이 대단하다고 합니다. 지금 우리가 거친 의식으로 공부하고 수행하는 것들은 몸을 바꾸고, 생사를 바꾸면 거의 다 잊어버리게 되고 기억하더라도 그 힘이 약하다고 합니다. 하지만 아주 미세한 의식 상태에서 뭔가 외우고 수행한 것은 오래간다고 합니다. 거사님의 질문은 밀교에 관한 내용인 것 같은데, 밀교에서는 의식을 여러 가지로 나눕니다. 정광명도 밀교에서 하는 이야기입니다. 말로 표현하자면 정광명은 의식 가운데 가장 미세한 의식입니다. 의식을 세 가지로 나눈다고 말씀드렸습니다. 연기법도 세 가지, 인과도 세 가지로 나눌 수 있습니다. 양파 껍질을 벗기듯이 이렇게 아는 것에도 여러 가지가 있는 것 같습니다. 겉에서 보는 것, 속에서 보는 것, 더 깊은 속에서 보는 것 등 여러 면이 있습니다. 우리는 겉으로 보는 것이 전부라고 착각해서 서로 다투고, 원망하고, 싸우는 모든 문제를 일으킵니다. 그래서 사실 그대로 봐야 합니다. 비현전 이야기입니다. 이 염주는 현전이지만, 염주의 가장 미세한 인과법인 염주의 무상 등은 비현전으로 논리를 통해서 이해할

수 있는 것입니다. 염주의 공성도 비현전입니다. 무상, 공, 해탈 등은 비현전이라고 합니다. 비현전 중에는 불가사의한 것도 있다고 하는데, 이것은 나중에 설명드리겠습니다. 존재에는 현전과 비현전의 두 가지가 있습니다. 티베트어로 '왼규르(མངོན་གྱུར་)'와 '꼭규르(ལྐོག་གྱུར་)'로 나누고, 비현전인 '꼭규르' 안에 약간의 비현전과 아주 비현전이 있습니다. 약간의 비현전이라고 하면 무상, 공성 등이고, 아주 비현전은 불가사의입니다. 불가사의는 이해하기가 너무 어려워서 오직 믿음으로만 받아들일 수 있습니다.

양극단을 없앴기 때문에 현전과 비현전에 대해 상견과 단견에 빠질 위험이 없다고 하는 것입니다. 부처님 말씀은 연기법을 토대로 설명하셨기 때문에 불법에 대한 제대로 된 어느 누구의 비판도 찾을 수 없다고 하시는 것입니다.

16. 연기의 가르침에 대한 믿음으로 부처님의 다른 가르침들에 대한 확신이 생김

ཁྱོད་ཀྱི་བསྟན་པ་བླ་མེད་པར།། 쾌끼 마와 다메 빠르
མཐོང་བའི་རྒྱ་མཚན་རྟེན་འབྱུང་གི།། 통외 규챈 뗀중기
ལམ་འདི་ཉིད་ཀྱིས་གསུང་གནན་ཡང་།། 람디 니끼 쑹셴양

ཆོད་མར་གྱུར་པར་དེས་པ་སྟེ།།   체마르 규르빠 에빠께

당신이 위없는 설법자임을 알게 하는 것은 연기의 가르침이네. 이로써 다른 가르침들도 참되다는 마음속 깊은 믿음이 솟네.

【설명】

구제주 부처님께서 위없는 설법자임을 알게 하는 궁극적인 이유는 연기를 자유자재로 가르쳐주셨기 때문입니다. 연기를 틀림없이 바르게 설하신 이유만으로도 해탈계와 윤회계에 대한 다른 가르침들 역시 참되다는 믿음이 저절로 생깁니다. 성천보살(아리야데바)께서 《사백론》에서 부처님께서 말씀하신 비현전에 대해 의심을 가진 이에게 먼저 공성과 연기의 가르침을 이해시키고, 그로 인해 다른 믿기 어려운 비현전들에 대해서도 확신을 가질 수 있다고 하셨습니다. 또한 법칭보살(다르마끼르띠)께서도 주된 내용인 부처님께서 설하신 해탈이나 성불하는 방법이 확실하다면, 부수적인 내용인 죽어서 사람이나 천상으로 다시 태어나 윤회하는 것 등에 대해 설하신 것들도 틀림없다는 확신이 생기게 된다고 말씀하셨습니다.

연기법과 공성에 대한 부처님의 가르침을 어느 정도 이해하게 되면 부처님의 다른 가르침들도 믿을 수 있게 된다는 말입니다. 《사백론》에서 '쌍게끼쑹꼭규르라 강식테춤께규르빠 데이똥빠니땐네 데니코나르이최자(སངས་རྒྱས་ཀྱིས་གསུངས་སྟོང་གྱུར་པ། །གང་ཞིག་ཞེ་ཆོས་སྟེ་གྱུར་པ། དེ་ཡིས་སྟོང་པ་ཉིད་བསྟན་

དཔེ། །རིགས་པར་ཡིད་ཆེས་བྱ།)'라고 하신 것처럼 부처님께서 말씀하신 비현전은 극락세계, 아미타불, 정토, 지옥 등 우리가 논리적으로 따져봐도 도저히 이해할 수 없는 것들입니다. 지옥은 지옥 중생들에게는 현전이지만 우리에게는 비현전 중에서도 아주 비현전입니다. 극락세계가 어떻게 생겼고 지옥의 중생들이 어떻게 고통받고 있는지에 대한 구체적인 내용들과 죽어서 다시 극락이나 지옥에 가는 것 등에 관한 것들은 부수적인 내용으로 부처님 가르침 중에서 핵심적인 내용이 아닙니다. 부처님 가르침 중에서 연기법이나 공성은 핵심적인 내용으로, 이를 먼저 이해하게 되면 그에 따르는 부수적인 내용도 받아들일 수 있게 된다는 것입니다. 법칭보살님께서 '쪼뵈된 라미룰와 셴라제쑤빡바이인 (མཚུངས་པ་དོན་བྱ་མི་སླུ་བའི་ཕྱིར། །གཞན་ལ་རྗེས་སུ་དཔག་པ་ཉིད།)'이라고, 먼저 다음 생에 하사도에서 삼악도에 떨어지지 않고 인간·천신의 몸을 받는 것부터 설명하고 있지만, 이해하는 순서는 주된 내용인 해탈하고 성불할 수 있게 하는 연기나 공성에 대해 먼저 이해하게 되면 죽어서 삼악도나 인간·천신의 몸을 받는 것에 대해 확신할 수 있게 된다고 하셨습니다. 부처님께서 그 핵심을 틀리지 않고 정확하게 설해주셨기 때문에 부처님께서 설하신 다른 가르침들에 대해서도 믿을 수 있게 된다고 하셨습니다. '당신이 위없는 설법자임을 알게 하는 것은 연기의 가르침으로 다른 가르침들도 참되다고 마음속 깊이 믿을 수 있게 된다'고 성천보살님의 《사백론》이나 법칭보살님께서 말씀하신 게송에도 나옵니다. 해탈, 성불, 연기법, 공성 등에 대한 이야기들은 우리가 지금은 정확하게 잘 이해할 수 없지만, 그래도 이 설명을 들어보면 가능한 것 같다는 생각이 들게 됩니다. 또한 종교를 떠나서 있는 그대로를 말하고 있는 세 가지 연기법

을 듣고 사유해 보면 '무자성이 진짜 맞구나', '연기법이 진짜 맞구나' 하는 생각이 들게 되고, 이것을 토대로 해서 '탐진치가 근본적으로 우리를 윤회하게 하는 주원인이구나. 그중에서도 무지가 모든 허물을 일으키게 하는 뿌리이구나' 하고 알게 되고 그래서 이것을 없애기 위해 논리적으로 설명함으로써 부처님이 바르게 가르치신 틀림없는 분이라는 것을 알게 됩니다. 이것으로 인해 사후 극락세계나 삼천대천세계 등 우리가 믿기 어려운 부처님의 다른 가르침들도 이 연기의 가르침을 통해서 믿을 수 있게 된다고 강조하고 있습니다.

17. 부처님과 불법에 대해 공경해야 하는 이유

된신 식네 렉쑹빠
쾌끼 제쑤 롭빠라
귀빠 탐째 링두 규르
녜꾼 짜와 독치르로

쾌끼 뗀레 치르 촉빼
윤링 엘와 뗀제걍
치치르 뙨 남뵈 빠신
닥뚜 따와 뗀치르로

ཨེ་མ་ནོ་མཁས་པས་འདི་གཉིས་ཀྱི།། 에마오 케빼 디니끼
ཁྱད་པར་ཤེས་དུས་གྱུར་པ།། 쾌빠르 콩두 취규르빠
དེ་ཚེ་གང་གི་གོང་ནས་ནི།། 데체 깡기 콩네니
ཁྱོད་ལ་ཅི་ཕྱིར་གུས་མི་འགྱུར།། 쾌라 찌치르 귀미규르

참되게 보고 바르게 설하신 선서를 따르는 제자들의 허물은 그 뿌리가 뽑히기에 모두 사라지네.

불법과 반대로 가는 이들은 오랫동안 고행을 하더라도, 아집을 굳게 하기에 허물이 점점 불어나기만 하네.

아! 지혜로운 이가 이 둘의 차이를 깨닫는 그 순간 뼛속 깊은 곳으로부터 부처님을 공경하지 않을 수 없다네.

【설명】

제법의 이치 그대로 참되게 보고 바르게 설하신 선서이신 부처님을 따르는 제자들은 윤회와 해탈의 양변에서 벗어나 모든 허물을 멸할 수 있습니다. 왜냐하면 모든 허물의 뿌리는 아집에서 비롯되고, 부처님의 연기에 대한 가르침이 그 아집의 뿌리를 뽑아내기 때문입니다. 하지만 불법과 반대로 가는 외도들은 허물에서 벗어나기 위해 오랫동안 고행을 하더라도 없어지기는커녕 도리어 허물이 더 늘어나기만 합니다. 왜냐하면 모든 허물의 뿌리인 아집을 더 굳게 하기 때문입니다. 아! 지혜로운 이가 허물의 뿌리를 뽑는 불교도의 가르침

과 아집을 더 굳게 하는 외도의 가르침의 차이를 깨닫는 순간 뼛속 깊은 곳으로부터 부처님과 부처님의 가르침에 대한 공경심이 생겨날 수밖에 없는 것입니다.

여기서 '뼛속 깊은 곳으로부터 부처님을 믿는 마음'이라고 말씀하신 것처럼 불법승 삼보에 대한 귀의심은 이렇게 일으켜야 한다고 합니다. 부처님께서는 우리들에게 진통제만 주신 것이 아니라 뿌리까지 뽑아낼 수 있는 약도 주셨습니다. 외도들은 뿌리를 뽑을 수 있는 약을 주지 않을 뿐만 아니라 오히려 뿌리를 더 튼튼하게 만듭니다. 따라서 외도들은 아집을 더 굳게 만들고 부처님의 가르침은 아집의 뿌리까지 뽑아낼 수 있게 합니다. 그러므로 이 가르침의 차이를 알게 된다면 삼보에 귀의할 수밖에 없다고 하는 것입니다. 부처님께서 연기법을 설해주신 그 면에서 부처님께 귀의해야 한다고 합니다. 귀의심을 제대로 내려면 뼛속 깊은 곳으로부터 부처님을 믿는 이런 마음이 있어야 한다고 합니다. 바로 귀의에 대해 말하고 있습니다. "거룩한 부처님께 귀의합니다. 거룩한 가르침에 귀의합니다."라고 삼귀의를 할 때, 바로 이런 면에 대해서 제대로 공부해서 귀의해야 진정한 삼귀의 또는 귀의심이라고 말할 수 있습니다.

여기까지 공부하고, 차 마시면서 조금 쉬었다가 다시 시작하도록 하겠습니다.

Tenzin Gyatso 제14대 달라이 라마 존자님

제 8 강

마지막 수업 시작하도록 하겠습니다. 열여덟 번째 '불법의 작은 부분만 이해하더라도 큰 기쁨이 생김'을 모두 함께 읽어보도록 하겠습니다.

18. 불법의 작은 부분만 이해하더라도 큰 기쁨이 생김

ཁྱོད་གསུང་དུ་མ་ཅི་ཞིག་སྟེས།།
ཚ་ཤས་རེ་ཡི་དོན་ཚམ་ལ་འང་།།
འོལ་སྤྱི་ཙམ་གྱི་རེས་རྟེད་པ།།
དེ་ལའང་མཆོག་གི་བདེ་བ་སྟེར།།

쾌쑹 두마 찌식뫼
차쎄 레이 된짬랑
욀찌 짬기 에녜빠
델랑 촉기 데와떼르

부처님의 많은 가르침은 물론이고 작은 부분의 뜻을 피상적으로만

253

이해해도 큰 기쁨을 준다네.

【설명】

부처님의 많은 가르침을 이해하는 것은 물론이고 아주 작은 부분의 뜻을 피상적으로만 이해하더라도 최상의 기쁨이 생깁니다.

부처님의 가르침을 전부가 아니라 아주 작은 부분이라도, 확실하게 이해하지 않고 피상적으로만 이해한다하더라도, 큰 기쁨을 주는 특징이 부처님의 가르침에는 있습니다. 그렇기에 부처님의 많은 가르침을 모두 다 이해하게 되면 엄청나게 큰 기쁨을 줍니다. 부처님의 작은 가르침 또는 한 부분, 그것도 제대로 이해하는 것이 아니라 대충 이해하는 것만으로도 마음에 큰 환희심이 생깁니다. '이렇게 불법을 만난 나는 정말 복이 많은 사람이구나. 그러니 나는 정말 행운아구나.'라는 생각이 들면서 스스로 큰 기쁨을 느끼게 됩니다. 존자님께서 이런 비유를 하나 들어 주셨습니다. 한국에서 쌀로 막걸리를 만드는 것처럼 티베트에서는 보리로 '창'을 만듭니다. 항아리에 보리를 발효시켜 '창'을 만들고 있던 어느 집에 도둑이 들었는데, 이 술항아리를 발견하고 조금씩 맛을 보기 시작했습니다. 항아리 위쪽의 술이 이렇게 맛있는데 아래에 있는 것은 얼마나 더 맛있을까 하며 계속 마시다가 결국 술에 취해서 도망가지도 못했다고 합니다. 그런 것처럼 부처님의 가르침을 피상적으로만 이해해도 이렇게 큰 기쁨이 생긴다면, 부처님의 가르침을 전체를 그것도 정확하게 이해하면 큰 기쁨을 느끼게 될 것입니다.

다른 주석서에서는 큰 기쁨을 해탈의 기쁨이라고 해석한 경우도 있는데, 람림 린뽀체께서는 그렇게 해석하면 이 게송의 뜻과 맞지 않다고 말씀하셨습니다. 해탈할 수 있다고 하는 의미로 풀기보다는, 피상적으로만 이해해도 말로 다 표현할 수 없는 큰 환희심이 생길 수 있다는 뜻으로 풀어야 한다고 하셨습니다.

19. 쫑카빠 대사께서 불법을 조금도 알지 못하였다고 하심(下心)을 함

ཀྱི་ཧུད་བདག་བློ་རྨོངས་པས་བཅོམ།།	끼휘 닥로 몽빼쫌
འདི་འདྲའི་ཡོན་ཏན་ཕུང་པོ་ལ།།	디데 왼뗀 풍뽀라
རིང་ནས་སྐྱབས་སུ་སོང་གྱུར་ཀྱང་།།	링네 꺕쑤 쏭규르꺙
ཡོན་ཏན་ཆ་ཙམ་མ་འཚལ་ཏོ།།	왼뗀 차짬 마첼도
འོན་ཀྱང་འཚེ་བདག་འཁོར་ཕྱོགས་པའི།།	왼꺙 치닥 카르 촉빼
སྲོག་གི་རྒྱུན་ནི་མ་ཉུབ་བར།།	쏙기 균니 마눕바르
ཁྱོད་ལ་ཅུང་ཟད་ཡིད་ཆེས་པ།།	쾨라 쭝세 이체빠
དེ་ཡང་སྐལ་བ་བཟང་སྙམ་བགྱིད།།	데양 껠와 상냠귀

오호! 저의 마음은 무지에 가려 이러한 참된 부처님의 말씀을 오래 전부터 귀의하고 구하였지만 티끌만큼도 알지 못하였다네.

그럼에도 죽음을 향한 목숨의 흐름이 끊어지기 전에 부처님께 작은 확신이라도 생겼으니 이것 또한 행운이라고 생각하네.

【설명】

오호! 저의 마음은 무지에 가려 어두워져 있기에 오래전부터 목마른 이가 물을 구하듯 참된 부처님의 말씀을 깨닫기 위해 귀의하고 구하였지만 티끌만큼도 알지 못하였습니다. 하지만 죽음을 향한 목숨의 흐름이 끝나기 전에 부처님의 가르침에 조그마한 확신이라도 생겼으니 나는 행운아라고 생각합니다.

쫑카빠 대사님께서 이렇게 아무것도 아는 바가 없다고 하심(下心)을 하신 이유는 항상 조금의 자만심도 없이 부지런히 배워야 한다고 우리 같은 제자들을 가르치기 위해서입니다.

티베트말로 '앙껠기공부라 욘뗀기추미차(ཨང་རྒྱལ་གྱི་གོང་བུ་ར། །ཡོན་ཏན་གྱི་ཆུ་མི་ཆགས།)'라는 말은 물은 그릇에 담을 수 있는 것이지 동그랗게 생긴 공에 물을 부으면 다 흘러내려서 담을 수 없듯이, 아만과 자만심이 있으면 배움이 들어가지 않고 모두 흘러버리게 된다는 말입니다. 그렇기 때문에 게송에서 쫑카빠 스승님께서 티끌만큼도 아는 것이 없다고 하셨지만, 실은 우리에게 아만과 자만심을 없애고 항상 하심을 해야 한다는 뜻으로 하신 말씀입니다. 내가 많이 안다고 자만하지 말고 끊임없이 배우고 또 배워야 한다는 것입니다.

티베트어로 '싸쑴녜빼곽빠양 퇴빼옴빠메라뙤(ས་གསུམ་གནས་པའི་མཆོག་ལ་ཡང་། །ཐོས་པའི་འོད་ཟེར་མི་སྣང་སྟོང་།)'라고 해서 초지, 이지, 삼지에 도달하신 보살님들도 배움에 목말라 끊임없이 공부를 하신다고 합니다. 그러니까 우리는 내가 공부를 많이 했다는 말조차도 꺼낼 수 없습니다. 보살의 십지 가운데 삼지에 도달하신 성자이신 대보살님들도 목마른 사람이 물을 구하듯 끊임없이 공부하고 계시는데, 우리 같은 범부들도 분발해서 더 열심히 공부해야 합니다. 그리고 항상 하심을 해야 합니다. 하심을 해야지만 더 성장할 수 있고, 더 나아갈 수 있고, 더 채울 수 있습니다. 하심을 하지 않고 축구공처럼 폼 잡고 있으면 옆에서 아무리 좋은 말을 해주어도 안으로 들어가지 않습니다. 마음을 비우라고 하는 말도 이런 뜻에서 하는 말인 것 같습니다. 비어 있어야지만 무언가로 채울 수 있기 때문입니다. 송광사 방장이신 보성 큰스님께서 "하심 하란 말이오."라고 간곡히 말씀하신 것처럼 항상 하심 해야 합니다. 자존심이나 명예 때문에 하심을 하기가 쉽지 않습니다. 그러나 진정한 수행자라면 항상 하심을 잘해서 자만심 없이 부지런히 공부해야 합니다.

20. 연기의 견해를 핵심으로 보는 것이 부처님의 특징임

སྟོན་པའི་ནང་ན་རྟེན་འབྲེལ་སྟོན་པ་དང་། 뙨빼 낭나 뗀델 뙨빠당
ཤེས་རབ་ནང་ན་རྟེན་འབྲེལ་ཤེས་པ་གཉིས། 쎼랍 낭나 뗀델 쎼빠니
འཇིག་རྟེན་དག་ན་རྒྱལ་བའི་དབང་པོ་བཞིན། 직뗀 닥나 겔외 왕뽀신
ཕུལ་བྱུང་ལེགས་པར་ཁྱོད་མཁྱེན་གཞན་གྱིས་མིན། 풀중 렉빠르 쾌켄 셴기민

설법자 중에서도 연기법을 설하신 이, 법을 깨닫는 지혜 중에서도 연기법을 깨달은 지혜, 이 둘을 세상의 제왕처럼 최고로 잘 아시는 분이 부처님 이외에 다른 누가 있겠는가.

【설명】

법을 설하는 이들 중에서도 연기법을 설하신 이, 법을 깨닫는 지혜 중에서도 연기법을 깨달은 지혜, 이 둘을 세상에서 제왕처럼 최고로 잘 아시는 분은 부처님 말고 다른 분은 계시지 않습니다. 예를 들면 보석의 좋고 나쁨을 잘 아는 이가 보석 감정사이듯 연기법을 설하는 것과 연기법을 깨닫는 것이 최고임을 부처님만이 잘 알고 계십니다. 양족존(兩足尊) 즉, 두 다리로 걷는 자 중에서 부처님이 최고이듯 법을 설하는 것과 법을 깨닫는 것 중에서 연기법을 설하는 것과 연기법을 깨닫는 것이 최고임을 아시는 분은 부처님뿐이라는 뜻입니다.

양족존이라는 말은 두 다리로 걷는 자 중에서 부처님이 최고라는 뜻입니다. 티베트어로 '깡니남끼촉 쌍게쫌덴데라 꺕수치오(ཀ...)'라고 해서 두 다리를 가진 것은 모두 비슷하지만 그중에서 최고는 부처님이시라는 말입니다. 여기서 말한 두 다리도 여러 가지로 그 의미를 설명할 수 있지만 양족존을 글자 그대로 풀이한 것입니다. 그 개념으로 여기서 법을 설하는 이들 중에서 연기법을 설하신 이와 법을 깨닫는 지혜 중에서 연기법을 깨달은 지혜 이 둘이 세상의 제왕처럼 최고이고, 이것을 잘 아시는 분은 부처님뿐이라는 뜻입니다.

21. 부처님의 모든 가르침은 결국 연기법을 깨우치게 하기 위해 설해짐

ཁྱོད་ཀྱིས་རྟེན་འབྱུང་བཀའ་སྩལ་པ།། 쾌끼 지녜 까쩰빠
རྟེན་འབྲེལ་ཉིད་ལས་བཅོམས་ཏེ་འཇུག། 뗀델 니레 짬떼죽
དེ་ཡང་མྱ་ངན་འདའ་ཕྱིར་ཏེ།། 데양 냐엔 다치르떼
ཞི་འགྱུར་མིན་མཛད་ཁྱོད་ལ་མེད།། 시규르 민제 쾌라메

부처님의 모든 가르침은 연기법을 깨우치게 하기 위해서라네. 이 또한 열반을 얻기 위함이니 고통을 멸하지 않는 가르침이 없다네.

【설명】

세상의 모든 강물들이 결국 바다를 향해 흐르듯, 부처님께서 설하신 모든 가르침들 또한 직·간접적으로 연기법을 향해 들어갑니다. 다시 말해 부처님의 모든 가르침은 결국은 연기법을 이해하고 깨닫기 위해 설해진 것으로, 그 이유 또한 중생들이 대열반을 이루게 하기 위해서입니다. 왜냐하면 중생들의 고통을 멸하기 위해 설하지 않은 부처님의 행이 없기 때문입니다.

부처님께서는 중생들이 직·간접적으로 연기를 깨우치게 하려고 처음에는 무상과 무아에 대해, 그리고 조금 더 나아가서 공성과 무자성 등에 대해 설해주셨습니다. 이 모든 부처님의 가르침은 우리 중생들이 연기법을 모르는 무지로 여러 가지 문제를 일으키고 있기 때문에 이로 인한 고통을 소멸시키고 열반을 얻게 하려고 설해진 것으로 다른 목적이 없습니다. 부처님께서 설법하신 것은 모두 남을 위해, 일체중생을 위해서이고, 그 일체중생 안에 우리도 포함되어 있기 때문에 결국 우리를 위해서입니다. 그렇기 때문에 부처님으로부터 우리가 직접 가르침을 듣지는 못하지만, 그래도 인연이 있어서 이렇게 부처님 법을 간접적으로 듣고 공부하고 있으니 이천오백여 년이 지난 지금도 부처님의 법은 살아 있습니다. 과학자가 하고 있는 주장은 시간이 지나면 바뀌기도 하고 사라지기도 합니다. 그래서 진실이라고 할 수 없습니다. 그러나 부처님의 말씀은 이천오육백 년 전부터 지금까지 그대로 변함이 없습니다. 어느 누구도 그 말씀에 틀렸다고 말할 수 있는 잘못됨이 없고, 자신이 잘못 이해해서 반대할 수는 있지만, 다시 잘 살펴보면 부처님 말씀에는 그런 허물이 하나도 없습니다.

22. 부처님의 은혜를 잊지 않고 가르침을 공경하기

ཀྱེ་མའོ་ཁྱོད་ཀྱི་བསྟན་པ་ནི། 께마오 쾌끼 땐빠니

གང་གི་རྣ་བའི་ལམ་སོང་བ།། 강기 나외 람쏭와
དེ་དག་ཐམས་ཅད་ཞི་འགྱུར་ཕྱིར།། 데닥 탐쩨 시규르치르
ཁྱོད་བསྟན་འཛིན་པར་སུ་མི་གུས།། 쾌뗀 진빠르 쑤미귀

ཕས་རྒོལ་མཐའ་དག་འཇོམས་པ་དང་།། 페골 타닥 좀빠당
སྔ་ཕྱི་འགལ་འདུས་སྤོང་པ་དང་།། 딱옥 곌뒤 똥빠당
སྐྱེ་རྒུའི་དོན་གཉིས་སྟེར་བྱེད་པ།། 께귀 된니 떼르제빠
ལུགས་འདིར་ཁོ་བོ་སྤྲོ་བ་འཕེལ།། 룩디르 코오 또와펠

아! 세존의 가르침은 어떤 이의 귀에 닿든지 그들 모두 열반을 얻게 하니 누구든 공경할 수밖에 없다네.

모든 반론을 누르고 앞뒤 모순에서 벗어났으며, 일시와 궁극의 목적 이루게 하니, 불법에 대한 나의 환희심이 더 늘어나네.

【설명】
아! 세존이신 부처님의 가르침은 어느 누구의 귀에 들어가 더라도 모두가 머지않아 대열반을 얻게 하시니 누구든지 부 처님의 법을 공경하지 않을 수 없습니다. 부처님의 가르침은 이치에 맞기 때문에 모든 반론을 누르고 앞뒤 모순에서 벗어 나, 삼악도에 떨어지지 않고, 인간·천신의 몸을 받게 하는 일 시의 목적과 해탈·성불하게 하는 궁극의 목적 둘 다를 이룰 수 있게 하므로 저자인 나의 환희심이 더욱더 늘어납니다. 그래서 내 목숨이 다할지라도 부처님의 가르침을 공경하겠

다는 결심을 저절로 하게 됩니다.

　부처님과 부처님의 가르침에 대한 은혜를 잊지 않고 공경하기 위해서는 우리가 부처님을 직접 뵐 수 없기 때문에 부처님을 표현하고 있는 탱화나 불상 등을 실제 부처님으로 생각해서 잘 모시고 공경해야 합니다. 요즘 예술적으로 표현하기 위해 불두(佛頭)만 조성하는 경우가 있는데 우리가 볼 때 이것은 부처님에 대한 공경의 자세가 아닌 것 같습니다. 그리고 불상을 예술 작품처럼 집 현관이나 화장실에 두기도 하는데 부처님을 그렇게 모시면 안 됩니다. 《람림》을 보면 한 수행자가 문수보살의 상을 가지고 와서 그 상호가 좋은지 나쁜지를 아띠샤 스승께 여쭈어보니까 스승께서는 문수보살의 상은 항상 거룩하고 고귀할 수밖에 없지만, 만든 사람의 기술은 중간 정도라고 대답하셨다고 나옵니다. 그렇게 구분하셨습니다. 문수보살의 상을 두고 좋다, 나쁘다고 평가를 하면 죄를 짓게 되는 것입니다. 그래서 티베트에서는 부처님의 불상이나 탱화 등 부처님을 상징하고 있는 것들을 실제 부처님처럼 공경해서 깨끗한 곳에 모십니다.

　그리고 부처님의 가르침이자 진짜 법은 멸성제입니다. 부처님의 깨달음인 자각, 대자비, 일체종지 등이 진짜 법입니다. 하지만 그 법을 상징하는 가르침은 경전입니다. 그래서 경전 등을 함부로 하는 게 습이 되어서 땅에 두거나 깔고 앉거나 하는 것을 보면 우리는 마음이 굉장히 불편합니다. 어떤 스님이 경전을 보면서 손에 침을 묻혀 책장을 넘기는 것을 보신 아띠샤 스승께서 "지금도 충분히 어리석으니 더 바보가 되는 원인을 짓지 말라."고 하셨습니다. 더 어리석어져서 경전의 뜻을 알지 못하게 하는 업을 짓지 말라는 것입니다. 티베트에서는 부처님 말씀이 한마디만 들어 있어도 아주 소중히 여겨서 정수리에 대어 공경을 표합니다. 그냥 아무렇게나 땅바닥에 두는 일도 없습니다. 경전 위로 넘어 다니면 굉장히 나쁘게 생각합니다. 휴지 또는 받침 등으로 쓰거나 침대 밑에 두거나 하면 안 됩니다. 그러니까 우리는 어느 나라의 말로 쓰여 있든지 부처님 말씀 한마디만 담겨져 있다고 해도 함부로 대해서는 안 되겠습니다. 부처님 말씀이 담겨져 있는 것이라면 모두 공경해야 합니다. 그렇게 해야 부처님의 가르침을 이해하는 데 도움이 됩니다. '책을 천하게 여기면 부모를 천하게 여기는 것과 같다'는 말을 어디선가 본 적이 있습니다. 부모님을 귀하게 모시듯이 책도 귀하게 여겨야 한다는 것입니다. 군인은 항상 무기를 소중하게 여깁니다. 전쟁을 하는데 무기를 사용할 수 없으면 큰일 나지 않습니까.

　우리처럼 마음을 공부하는 사람은 부처님 말씀이 바로 무기입니다. 우리의 적은 북한이나 중국이 아니라 우리 마음속에 있는 문제들인 탐진치, 아만, 자만, 이기심, 질투심 등이 우리의 원수이자 적입니다. 이 적을 무너뜨리게 하는 우리의 무기는 경전입니다. 부처님 말씀입니다. 우리는 모두 군인입니다. 머리를 깎고 군대에 가지는 않지만 번뇌라는 적과 싸우기 때문에 우리도 군인이라고 할 수 있습니다. 군인이 무기를 소중히 다루어야 하는 것처럼 우리도 부처님의 말씀 한마디라도 아주 소중히 여겨야 합니다. 부처님 말씀인 경전을 함부로 하면 더 어리석어지는 업을 쌓게 됩니다. 그렇기 때문에 경전을 아주 소중히 여겨야 합니다. 티베트에서는 길을 가다가 부처님 말씀이 한 글자라도 쓰여져 있는 종잇조각을 보면 주워서 태우거나 사람들이 밟고 다니지 않도록 높은 곳에 두거나 탑 등에 모십니다. 부처님보다 부처님 말씀을 더 공경해야 합니다. 불법승이라는 순서대로 말하지만, 부처님보다 부처님의 말씀이 더 중요합니다. 부처님 말씀이 담겨져 있는 책이나 경전을 공경해서 법당에 부처님을 모실 때도 경전 위에 부처님을 모시는 것이 아니라 부처님 위에 경전을 모십니다. 부처님은 위대하고 거룩하신 분이지만 부처님께서 우리를 직접적으로 돕는 것은 바로 법입니다. 부처님이 아닙니다. 부처님께서는 설법 말고는 아무것도 할 수 없다고 하셨습니다. 설법이 바로 직접적으로 우리를 구하는 최고의 귀의처입니다. 우리의 최고 귀의처는 바로 법입니다. 그리고 그 법은 멸성제 즉, 해탈입니다. 그런데 멸성제와 해탈을 우리가 볼 수 없습니다. 해탈할 수 있는 방법들이 글로 남겨져 있습니다.

지난 《반야심경》 강의 때, 《반야심경》은 소리라고 말씀드렸습니다. 여기에 쓰여 있는 것은 《반야심경》을 표현하는 글입니다.

그때 우리가 배웠듯이 《반야심경》과 《반야심경》을 표현하는 글은 다릅니다. 지금은 이렇게 글을 읽을 수 있고 뜻도 이해할 수 있지만, 처음에는 그림으로 보일 뿐입니다. 여러분들 입장에서 볼 때 티베트 글은 그림이어서 무슨 말인지 모릅니다. 저도 처음에 한글을 보았을 때 그림이었습니다. 동그라미가 정말 많아 보였는데, 아마도 한국 사람들이 하도 공(空)을 좋아하니까 그런가 보다 하고 생각했었습니다.

어쨌든 이 글도 부처님 말씀을 상징하고 있기 때문에 소중하게 여기고 공경해야 합니다. 부처님께 귀의심이 생기면 부처님 가르침에 대한 공경심도 생깁니다.

23. 여래께서 연기를 깨닫기 위해 수많은 고행을 하심

འདི་ཡི་ཕྱིར་དུ་ཁྱོད་ཀྱིས་ནི། །　　디이 치르두 쾌끼니
ལ་ལར་སྐུ་དང་གཞན་དུ་སྲོག། །　　라라르 꾸당 셴두쏙
སྡུག་པའི་གཉེན་དང་ལོངས་སྤྱོད་ཚོགས། །　　둑빼 녠당 롱쬐촉
གྲངས་མེད་བསྐལ་པར་ཡང་ཡང་བཏང་། །　　당메 껠빠르 양양땅

여래께서 이 연기를 깨닫기 위해 때로는 자신의 몸과 목숨을 주고 사랑하는 자식과 재물까지도 무한 겁 동안 거듭 내어주셨네.

【설명】

여래이신 부처님께서 헤아릴 수 없는 큰 복덕과 지덕의 두 자량으로 이 법을 이루셨습니다. 이 연기법을 깨닫는 길을 얻기 위해 때로는 자신의 가장 소중한 몸과 목숨을 내어주고, 때로는 사랑하는 자식과 재물까지도 무한 겁 동안 내어주셨습니다. 이 또한 오로지 우리 중생들을 위한 것이기에 부처님의 은혜를 잊지 말아야 합니다.

초기 불교 즉 빨리어 전통 불교에서 말하는 것처럼 부처님께서 룸비니에서 태어나 궁에서 나와 출가하고 육년고행해서 성불하고 열반하신 것이 부처님의 생애 전부라고 하면 여러 면에서 설명이 부족해집니다. 여기서 말하는 것처럼 연기법을 깨닫기 위해 가장 소중한 몸과 목숨을 내어주고, 자식과 재물까지도 한두 번이 아

닌 무한 겁 동안 내어주셨습니다. 이것만 보아도 룸비니에서 탄생한 부처님은 처음 성불하신 부처님이 아닙니다. 화신불이십니다. 이미 예전에 성불했으며, 그것도 오래전부터 무한 겁 동안 수행을 해서 성불하신 것입니다. 부처님께서는 연기법과 공성을 깨닫기 위해 부지런히 정진하며 고행을 하셨습니다. 이런 고행 없이 편안하고 쉽게 연기법을 이해하고 깨달으려고 한다면 그것은 욕심일뿐입니다. 그럴 수는 없습니다.

그리고 스물네 번째 '연기에 대한 가르침을 직접 듣지 못함을 애석해 함'은 쫑카빠 스승님께서이 연기법에 대한 가르침을 부처님으로부터 직접 듣지 못한 것을 안타까워하며 슬퍼하시는 내용의 게송입니다.

24. 연기에 대한 가르침을 직접 듣지 못함을 애석해 함

གང་གི་ཡོན་ཏན་མཐོང་བ་ཡིས།། 　　강기 욘뗀 통와이
ལེགས་ཀྱིས་རྒྱལ་རྗེ་བཞིན་དུ།། 　　짝꿔 냐라 지신두
ཉིད་ཀྱི་ཐུགས་དངོས་ཚོར་རེ་ནི།། 　　니끼 툭당 최데니
ཁྱོད་ལས་མ་ཐོས་སྐལ་བ་ཞན།། 　　퀼래 마퇴 껠와셴

དེ་ཡི་སྐྱུ་དན་ཤུགས་ཀྱིས་ནི།། 　　데이 냐엔 쓱끼니
ཕྱུག་པའི་བུ་ལ་མ་ཡི་ཡིད།། 　　둑빼 불라 마이이

རྗེས་སུ་སོང་བ་ཇི་བཞིན་དུ།། 제쑤 쏭와 지신두
བདག་གི་ཡིད་ནི་གཏོང་མི་བྱེད།། 닥기 이니 똥미제

འདི་ལྟར་ཁྱོད་གསུང་བསམས་པ་ན།། 디랑 쾌쑹 쌈빠나
མཚན་དཔེའི་དཔལ་གྱིས་རབ་ཏུ་འབར།། 체빼 뻴기 랍두바르
འོད་ཀྱི་དྲ་བས་ཡོངས་བསྐོར་བའི།། 외끼 다외 용꼬르외
སྟོན་པ་དེ་ཡི་ཚངས་དབྱངས་ཀྱིས།། 뙨빠 데이 창양끼

འདི་ནི་འདི་ལྟར་གསུངས་སྙམ་དུ།། 디니 디따르 쑹냠두
ཡིད་ལ་ཐུབ་པའི་གཟུགས་བརྙན་ནི།། 일라 툽빼 숙녠니
ཤར་བ་ཙམ་ཡང་ཚ་བ་ཡིས།། 쌰르와 짬양 차와이
གདུང་ལ་ཟླ་ཟེར་བཞིན་དུ་སྨན།། 둥라 다세르 신두멘

낚싯바늘로 물고기를 낚듯 부처님의 마음을 이끌어 준 연기법, 이 가르침을 직접 듣지 못함은 얼마나 슬픈 일인가.

그 애절한 슬픔이 자애로운 어머니 마음이 자식을 떠나지 못하듯 내 마음에서 떠나지 않네.

그러나 존귀한 상과 종호로 장엄하고 후광으로 둘러싸여 빛나시는 부처님을 관상이라도 하니 그 애절한 마음이 사라지네.

이렇게 부처님이 성스러운 음성으로 가르쳐주신 모습을 떠올리기만 해도 열병에 달빛처럼 약이 된다네.

【설명】

예를 들면 낚싯바늘로 물고기를 낚듯 부처님의 마음을 이끌어준 연기의 바른 가르침을 부처님으로부터 직접 듣지 못함은 저 자신의 복이 부족한 탓이니 이 얼마나 애석한 일입니까. 자애로운 어머니의 마음이 자식을 떠나지 못하는 것처럼 그 애절한 슬픔이 제 마음을 떠나지 못합니다. 그러나 부처님의 거룩한 말씀 즉, 경전을 보고 숙고할 때 존귀한 상과 종호로 장엄하고 후광으로 둘러싸여 빛나시는 부처님을 관상하는 것만으로도 그 애절한 마음이 사라집니다. 부처님께서 제법의 뜻과 이치를 성스러운 음성으로 가르쳐주신 모습을 떠올리기만 해도 뜨거운 열병에 차가운 달빛처럼 시원하게 식혀주는 약이 됩니다.

쫑카빠 스승님께서 직접 부처님에게 이 법을 듣지 못한 것에 대한 아쉬움을 표하면서도 그것을 복이 부족한 자신의 탓이라고 하십니다. 내가 부처님을 직접 뵐 수 있는 복을 짓지 못해서 부처님에게 직접 가르침을 듣지 못한 것이라고 합니다. 그러나 부처님의 많은 경전들에 대해 공부하고, '존귀한 상과 종호로 장엄하고 후광으로 둘러싸여 빛나시는' 이런 모습의 부처님께서 성스러운 음성으로 "의지해서 존재하는 어떠한 것도 그 모두 실체·자성이 없도다." 하며 제법이 무자성이라고 가르쳐주신 모습을 관상하기만 해도 부처님에게 직접 이 연기법의 가르침을 듣지 못해 안타까워 애절했던 마음이 뜨거운 열병이 차가운 달빛에 시원해지듯이 사라진다고 하십니다. 부처님을 그저 흙이나 동 등의 물질로 만들어진 부처님 상이 아닌 실제로 우리 앞에 진짜 부처님이 계셔서 빛나고 있다고 생각하고, 그 또한 가만히 있는 모습이 아닌 직접 음성으로 우리에게 법문해주시고 있는 모습으로 관상을 해야 한다고 큰스님께서 말씀하셨습니다. 부처님께 직접 절하고 공양을 올리는 것과 우리가 부처님의 상호를 믿음으로써 관상해서 절하고 공양을 올리는 것은 공덕이 똑같다고 합니다.

그러므로 부처님의 가르침을 공부할 때, 티베트에서는 구루요가 수행법이라고 해서 불보살님들과 스승님들께서 항상 모두 앞에 계신다고 관상합니다. 머릿속으로 그림을 그리는 것입니다. 부처님께서 가운데 계시고, 5대 비구와 아난 존자, 목련 존자를 비롯한 10대 제자들이 모두 계시고, 용수보살, 무착보살 등 스승님들과 한국 불교를 오늘날까지 이어져오게 한 원효 스님, 원측 스님 등 큰스님들이 다 계신다고 관상을 합니다. 조선시대 500년 동안 티베트의 랑다르마 왕이 한 것처럼 불교가 탄압을 받았음에도 불구하고 오늘날까지 이 땅에 불법이 이어져오고 있는 것은 절이 있고 스님들과 수행자들이 계셔서 지금 한국에서 이나마 우리가 불교를 믿고 배워서 의지할 수 있는 것이니 그분들의 공덕을 생각하며 관상해야 합니다. 스님들의 허물들만 보지 말고 전체를 보면 여러 가지 큰 공덕을 많이 짓게 됩니다. 나쁘게 보면 나쁜 점만 보입니다. 전부 나쁘지 않고 좋은 면도 분명히 있습니다. 어떻게 보느냐에 따라 달라집니다. 그렇기 때문에 한쪽으로 치우치지 말고 전체를 보라고 존자님께서 말씀하셨듯이 어떤 상황에서 무엇을 보더라도 전체를 볼 수 있어야 합니다. 한 면만 보고 이러쿵저러쿵하거나 왈가왈부해서는 안 됩니다.

전체를 보면 개미 한 마리에게도 중생으로 생각해서 합장하고 머리를 숙일 수 있습니다. 개미는 축생이라서 아무것도 모릅니다. 우리보다 못한 존재입니다. 하지만 어떤 면에서는 우리가 개미보다 못한 점도 있습니다. 개미가 아무리 나쁘고 어리석어도 남을 크게 해치지는 않아서 제 먹이만 찾아 다니지만, 우리는 가진 것이 더 많아도 개미보다 나쁜 짓을 더 많이 합니다. 죄를 짓는 면에서 보면 우리보다 개미가 훨씬 덜 짓습니다. 그런 면에서 개미를 보고 하심을 할 수도 있습니다. 이와 같이 부분만 보지 말고 전체를 볼 수 있어야 합니다. 어떻게 보면 동물들이 사람보다 더 큰 죄를 짓지 않는다는 측면에서 우리보다 더 훌륭하다고 볼 수 있습니다. 호랑이 같은 육식동물들을 나쁘게 보지만 제 배부를 정도만 잡아먹을 뿐입니다. 반면 사람은 얼마나 욕심이 많습니까? 좋은 일도 많이 하지만 나쁜 짓을 하려고 들면 동물보다 더 많이 할 수 있습니다. 동물 중에서도 사람들은 지혜가 뛰어나서 멀리 내다볼 줄 알기 때문에 좋은 일을 하려고 마음먹으면 동물보다 훨씬 더 좋은 일을 할 수 있고, 악업도 엄청나게 큰 악업을 지을 수 있다고 합니다. 그렇기 때문에 여러 면에서 전체를 봐야 한다고 하는 것입니다.

부처님 말씀을 공부할 때도 항상 부처님께서 앞에 계신다고 생각해야 합니다. 쫑카빠 스승님은 1357년에 태어나서 1416년에 돌아가셨지만 육백여 년이 지난 지금도 그분이 쓰신 《연기찬탄송》은 여전히 살아 있습니다. 한국말로 된 게송이 완벽하지는 않지만, 쫑카빠 스승님께서 연기법을 자유자재로 설하신 부처님에게 감동을 받아 이렇게 찬탄하는 게송을 지으신 것을 피상적으로나마 이해할 수 있습니다. 그렇기 때문에 《연기찬탄송》을 읽을 때는 쫑카빠 스승님을 관상하고, 부처님 말씀을 공부할 때는 부처님을 관상해야 합니다. 쫑카빠 스승님도 계시고, 부처님도 계시고, 일체불보살님들이 다 계신다고 생각해서 관상해야 합니다. 귀한 분이 옆에 계신다고 생각하면 함부로 행동하지 않습니다. 아무도 없고 나 혼자 있으면 마음대로 생각하고 행동합니다. 하지만 불보살님들을 항상 관상해서 모시고 있으면 생각과 말과 행동이 어느 정도 조심스러워지게 됩니다. 그런 것처럼 쫑카빠 스승님께서 부처님에게 직접 법을 듣지 못한 아쉬움과 애절한 마음이 있었지만 부처님을 관상하면 그런 마음이 사라진다고 하셨듯이 우리도 스승님처럼 부처님을 항상 잘 관상해야 합니다.

25. 배움이 부족한 이들이 불법을 혼란에 빠지게 함

དེ་ལྟར་མཆོད་དུ་བྱུང་བ་ཡི།། 데따르 메두 중와이
ལུགས་བཟང་དེ་ཡང་མི་མཁས་པའི།། 룩상 데양 미케뻬
སྐྱེ་བོས་བལ་བ་རྫ་བཞིན་དུ།། 꼐외 밸바 자신두
རྣམ་པ་ཀུན་དུ་འཁྲུགས་པར་བྱས།། 남빠 꾼뚜 징빠르제

가장 탁월한 이 가르침을 배움이 부족한 이들이 발바자 풀이 뒤엉킨 것처럼 큰 혼란에 빠지게 하네.

【설명】

이렇게 가장 탁월한 부처님의 가르침은 훌륭하고 고귀하지만, 과거 배움과 지혜가 부족했던 인도와 티베트 사람들이 이를 헷갈리게 하여 사람들을 큰 혼란에 빠지게 하였습니다. 예를 들면 발바자 풀이 마구 뒤엉킨 것처럼 부처님의 가르침을 자기 나름대로 해석하여 사람들을 혼란스럽게 만들었습니다.

부처님 말씀은 한 가지인데 유식은 유식의 견해대로, 중관은 중관의 견해대로, 유부와 경량부는 또 각자 자기들 식대로 풀어서 해석하였습니다. 우리가 자기 식대로 생각하고 받아들이는 것처럼 부처님의 말씀이 궁극적으로 무슨 뜻인지에 대해 각자 나름대로 해석함으로써 사람들을 헷갈리게 한 것입니다. 이 게송 뒤에 나오지만, 쫑카빠 스승님께서도 한때 이로 인해 혼란스러워서 어떤 것을 믿고 따라야 할지, 어떤 것이 사실인지 구분하기 어려워 끊임없는 의심으로 고뇌에 빠져 있었다고 하십니다.

26. 쫑카빠 대사께서 불법을 오랜 고행 끝에 깨닫게 되심

ཆུལ་འདི་མཐོང་ནས་བདག་གིས་ནི།།   출디 통네 닥기니
འབད་པ་དུ་མས་མཁས་པ་ཡི།།   베빠 두메 케빠이

རྗེས་སུ་འབྲངས་ནས་ཁྱོད་ཀྱི་ནི། 제쑤 당네 쾌끼니
དགོངས་པ་ཡངདང་ཡང་དུ་བཙལ།། 공빠 양당 양두짤

དེ་ཚེ་རང་གཞན་སྙེ་པ་ཡི།། 데체 랑셴 데빠이
གཞུང་མང་དག་ལ་སྦྱངས་པ་ན།། 슝망 닥라 장빠나
ཕྱི་ཕྱིར་བྱེ་ཚོམ་དུ་བ་ཡིས།། 치치르 테촘 다와이
བདག་གི་ཡིད་ནི་ཀུན་ཏུ་གདུངས།། 닥기 이니 꾼두둥

ཁྱོད་ཀྱི་བླ་མེད་ཐེག་པའི་ཚུལ།། 쾌끼 라메 텍빼출
ཡོད་དང་མེད་པའི་མཐར་སྤངས་ཏེ།། 예당 메뻬 타빵데
ཇི་བཞིན་འགྲེལ་པར་ལུང་བསྟན་པ།། 지신 델빠르 룽뗀빠
ཀླུ་སྒྲུབ་གཞུང་ལུགས་ཀུན་དའི་ཚལ།། 루둡 슝룩 꾼데첼

དྲི་མེད་མཁྱེན་པའི་དགྱིལ་འཁོར་རྒྱས།། 디메 켄뻬 낄코르게
གསུང་རབ་མཁའ་ལ་ཐོགས་མེད་རྒྱུ།། 쑹랍 칼라 톡메규
མཐར་འཛིན་སྙིང་གི་མུན་པ་སེལ།། 타르진 닝기 뮌빠쎌
ལོག་སྨྲའི་རྒྱུ་སྐར་ཟིལ་གནོན་པ།། 록메 규까르 실논빠

དཔལ་ལྡན་ཟླ་བའི་ལེགས་བཤད་ཀྱི།། 빨덴 다외 렉쎼끼
འོད་དཀར་འཕྲེང་བས་གསལ་བྱས་པ།། 외까르 텡외 쎌제빠
བླ་མའི་དྲིན་གྱིས་མཐོང་བའི་ཚེ།། 라메 딘기 통외체
བདག་གི་ཡིད་ནི་དལ་གསོ་ཐོབ།། 닥기 이니 엘쏘톱

이러한 모습을 본 나는 지혜로운 이들을 따라 많은 노력으로 부처

273

님의 뜻을 거듭거듭 숙고하였네.

불교도와 비불교도의 여러 문헌들을 배우던 그때 끊임없는 의심의 그물 속에서 내 마음은 고뇌에 빠져 있었네.

부처님의 위없는 대승의 가르침은 유와 무의 양극단에서 벗어나며, 이를 용수가 완전히 밝힐 것이라고 수기하셨네.

허물 없는 지혜의 원만한 해가 가르침의 하늘을 자재로 떠다니며 극단적 견해의 어둠을 멸하고 그릇된 반론의 별을 압도하네.

월칭보살의 달빛으로 빛나는 주석서로 밝힌 용수보살의 달맞이꽃과 같은 논서를 스승의 덕으로 보았을 때, 내 마음은 마침내 평안을 얻었네.

【설명】

앞서 말한 바와 같이 인도나 티베트에서 공성과 연기법을 잘못 이해해 사람들이 큰 혼란에 빠져있는 모습을 본 나 쫑카빠는 아무나 우러러 따르지 않고 지혜로운 바른 선지식을 따라 끊임없는 노력으로 부처님의 궁극적인 가르침인 연기의 길을 거듭거듭 찾아 숙고하였습니다. 하지만 그때조차도 불교도와 비불교도의 많은 문헌들을 배울 때 각 학파들의 다양한 사상과 주장들로 인해 부처님의 뜻을 잘 이해하지 못할 뿐만 아니라 끊임없는 의심이 저자인 나, 쫑카빠의 마음을 항상 고뇌에 빠지게 하였습니다. 그러나 게으르지 않고 부처님과 스승의 가르침대로 세 가지 실천을 꾸준히 수행함으로써 부처님의 위없는 대승의 모든 가르침을 자성으로 있는 유변(有邊)과 아예 없는 무변(無邊)의 양극단에서 벗어나 용수보살이 중도를 바르게 밝힐 것이라고 부처님께서 직접 수기하셨습니다. 그리고 해와 같은 허물 없는 지혜를 원만히 갖추어 하늘과 같은 부처님의 가르침을 걸림 없이 설하신 월칭보살님께서 중생들의 마음의 어둠 즉, 있다·없다로 생각하는 극단적 견해를 멸하고 작은 별과 같은 그릇된 견해와 반론을 압도하십니다.

이렇게 네 가지로 비유한 월칭보살님의 흰 달빛으로 빛나는 주석서인 《입중론》으로 용수보살님의 달맞이꽃과 같은 논서를 스승의 덕으로 보았을 때 오랫동안 바라던 바가 이루어져 저자인 나, 쫑카빠의 마음은 평안을 얻었습니다. 요약하면 월칭보살님의 주석서인 《입중론》을 의지해서 용수보살님의 뜻을 정확하게 깨달았다는 뜻입니다.

또한, 여기서 말하는 세 가지 실천은, 첫째 끊임없이 복을 쌓고 악업을 참회하는 것, 둘째 부처님과 스승님을 둘이 아닌 하나로 믿는 구루요가수행, 셋째 경전과 논서를 꾸준히 보고 배우는 것을 말합니다.

티베트어로 된 이 게송들은 해, 달, 하늘, 별, 달맞이꽃 등으로 비유를 해서 쓴 아주 아름다운 한 편의 시(詩)와 같습니다. 그래서 이걸 한국말로 옮기느라 고생을 좀 했습니다. 어떻게 표현해야 할지 고민도 많이 하고 시간이 좀 걸렸습니다. 여기 계신 거사님이 우리가 보는 드라마도 그렇지만 한 시간 정도 분량의 다큐멘터리 한 편을 만드는 데에 수년의 시간이 걸리는 경우도 있다고 하십니다. '차마고도' 같은 경우도 감독님과 여러 사람들이 많은 고생을 하며 오랜 기간에 걸쳐 제작한 것이라고 합니다. 저도 티베트에 갔을 때 차마고도에서 오체투지하는 사람들을 만났었습니다. '차마고도'에서 오체투지하는 티베트인들을 보면서 많은 사람들이 감동받았잖아요.

이제 여기에 월칭보살님의 《입중론》을 해, 하늘, 어둠, 별에 비유해서 소개하고 있습니다. 해를 지혜로 비유하고, 하늘은 부처님의 가르침을 말하는 것입니다. 부처님의 가르침은 하늘과 같이 한량없다고 하는 것입니다. 그리고 하늘에는 해와 달과 별도 있습니다. 해와 달은 어둠을 제거합니다. 어둠은 중생들의 마음의 어둠을 말합니다. 무지하기 때문에 캄캄하고 아무것도 보이지 않습니다. 눈이 있어도 없는 것이나 마찬가지여서 아무것도 볼 수 없습니다. 그리고 우리 마음속의 극단적인 견해들을 작은 별로 비유했습니다.

이렇게 네 가지로 비유해 잘 표현해서 쫑카빠 스승님께서 아름다운 시처럼 쓰셨습니다. 이 네 가지로 비유한 월칭보살님의 《입중론》을 흰 달빛으로 비유하고, 용수보살님의 《중론》을 달맞이꽃으로 비유하셨는데, 아마도 달빛을 받아서 달맞이꽃이 피어나는 것 같습니다. 즉, 용수보살님의 달맞이꽃과 같은 논서인 《중론》을 월칭보살님의 흰 달빛과 같은 주석서인 《입중론》의 해석을 통해 스승의 덕으로 이해할 수 있다는 것으로, 용수보살님의 팔불중도

(八不中道)에서 "의지하여 나타나기에 멸함이 없고 생겨남이 없다. 끊어짐이 없고 영원함이 없다. 옴이 없고 감이 없다. 하나도 아니고 다름도 아니다. 희론의 적멸함 설하신 최상의 설법자, 원만구족하신 부처님께 절하옵니다."라고 하는 것처럼, 이 게송에서도 부처님께서 설해주신 미세한 연기법의 뜻을 알게 되었다고 하시는 것입니다. 요약하면 월칭보살님의 《입중론》에 의지해 용수보살님의 뜻을 정확하게 깨달았다고 하는 의미입니다.

그리고 게송에는 나오지 않지만 세 가지 수행 실천에 대한 설명을 일부러 넣었습니다. 공부만으로 공성을 깨달을 수 없다고 합니다. 복이 있어야 합니다. 세 가지 실천은 첫째, 선업을 쌓고 악업을 참회하는 수행이 기본입니다. 오늘 아침에 대승포살계를 받는 것도 선업을 많이 쌓을 수 있는 큰 방법입니다. 대승포살계를 자주자주 받은 것이 아주 중요합니다. 눈으로 보이지 않지만 대승포살계를 받아서 계가 있는 상태에서 《연기찬탄송》을 공부하는 것은 받지 않고 공부하는 것과는 차원이 다르다고 합니다. 뭔가 빛나거나 확 달라지는 것은 아니지만 큰 공덕을 쌓게 됩니다. 앞서 인과에 대한 말씀을 많이 드렸지만, 우리 수준에서 이해할 수 있는 인과도 있고, 그보다 미세한 인과도 있습니다. 후자는 비현전입니다. 비현전 중에서도 약간의 비현전은 생각을 해보면 알 수 있습니다. 하지만 생각해서 알 수 없는 아주 비현전은 불가사의이므로 믿을 수밖에 없습니다. 수계를 받으면 큰 공덕을 쌓을 수 있다고 하는 것은 아주 비현전입니다. 믿을 수밖에 없습니다. 인과에 대한 믿음만 있다면 똑같이 6시간 동안 공부를 하더라도 계를 받고서 한 것과 받지 않고 한 것은 그 공덕이 하늘과 땅만큼 차이가 난다고 말할 수 있습니다. 그러므로 인과를 아주 중요하게 생각하고, 인과를 믿어야 된다고 하는 것입니다. 그래서 티베트에서는 대승포살계를 자주 받습니다. 대승포살계를 처음에 받을 때는 스승님께 받아야 하지만 이후에는 혼자서도 받을 수 있습니다. 불상이나 탱화, 경전이 있으면 그 앞에 공양수를 올리고 청결한 마음으로 계를 받으면 됩니다. 하지만 불상이나 탱화가 없으면 경전이라도 모시고, 그것도 없으면 마음으로 모시고 하면 됩니다.

가진 게 아무것도 없어도 큰 수행을 할 수 있다고 달라이 라마 존자님께서 말씀하십니다. 밀라레빠 스승님이 머무시던 동굴에는 깨진 그릇밖에 없었지만 관상을 통해 공양을 올리며 큰 수행을 하셨습니다. 어느 날 도둑이 무언가를 훔쳐가려고 밤에 왔는데, 스승님이 웃으면서 "내가 낮에 찾아 보아도 아무것도 없는데, 너는 밤에 와서 무엇을 찾느냐?"라고 하셨다고 합니다. 그래도 밀라레빠 스승님은 큰 수행을 하셨습니다. 수행한다고 해서 반드시 불상을 모시고, 탱화를 모시고, 경전을 모시고 해야 하는 게 아니라고 존자님께서 말씀하셨습니다. 하지만 아무것도 없이 수행한다고 해서 우리가 바로 밀라레빠 스승님처럼 될 수 있는 것도 아닙니다. 티베트에서 귀족 출신의 한 거사가 밀라레빠 스승님의 생애를 듣고 자신의 전 재산을 처분하고 밀라레빠 스승님처럼 동굴에 들어가 수행을 했다고 합니다. 하지만 아무런 수행의 기초도 되어 있지 않은 상태에서 하루 이틀은 견뎌냈지만 더 이상 견디지 못하고 동굴을 나오면서 "거지 밀라레빠가 나도 거지로 만들었다."라며 욕을 했다고 합니다. 《밀라레빠의 생애》와 《십만송》 등은 아주 훌륭해서 읽기만 해도 수행하는 데 큰 도움이 된다고 합니다. 제가 아는 한국

스님들 중에도 이 책들을 읽고 감동을 받아서 밀라레빠 스승님처럼 토굴에서 정말 부지런히 수행 정진했다고 하시는 분들이 있습니다. 밀라레빠 스승님도 과거 전생부터 아주 오랫동안 해온 수행을 통해 이미 근기가 되어 있는 상태에서 조건을 만나서 빨리 성불하실 수 있었던 것이지, 과거에 닦아온 수행 없이 한 생의 수행만으로 부처가 되신 것은 아니라고 봐야 합니다.

그렇기 때문에 인과를 믿으면 볼 수 있는 현전인 인과, 약간의 비현전인 인과, 아무리 생각해도 알 수 없는 아주 비현전인 인과가 있습니다. 비현전에는 '쭝세꼭규르(ཆུང་བད་ཁོག་རྒྱུད)', '신뚜꼭규르(ཤིན་ཏུ་ཁོག་རྒྱུད)' 두 가지가 있습니다. 현전은 우리가 쉽게 이해할 수 있는 존재입니다. 좀 더 생각해서 이해할 수 있는 어려운 존재인 무상, 공성 등은 약간의 비현전입니다. 아무리 생각해도 이해할 수 없는 불가사의한 존재는 믿어서 알 수밖에 없는 것으로 아주 비현전입니다.

제가 1971년 1월 8일 금요일 오전 8시에 태어났다는 것을 저는 알 수 없지만 부모님의 말씀을 듣고 알게 되었습니다. 부모님이 저에게 거짓말하실 이유도 없고, 거짓말하실 분들도 아닙니다. 마찬가지로 부처님께서도 우리에게 거짓말을 하실 이유가 없습니다. 제가 왜 그날 그 시간에 태어났느냐고 논리로 따져서 증명할 수 있는 일이 아니기 때문에 그냥 믿어야 하는 것입니다. 아주 비현전은 이런 방식입니다. '불상에 절을 하면 부처님께 절하는 것과 똑같은 공덕을 쌓을 수 있다.'고 하는 것을 논리로 설명할 수 없습니다. 믿어야 합니다. 믿을 수 있습니다. 대승포살계를 받아 지켜서 생긴 공덕은 성불하는 날까지 그 공덕이 없어지지 않는다고 경전에 나옵니다. 믿을 수 있습니다. 계를 받아야 합니다. 받으면 자기에게 이

익입니다. 이익이 있으니까 일찍 일어나는 것이 힘들더라도 참아야 합니다. 고행해야 합니다. 힘든 것을 참지 못하는 것은 인과에 대한 믿음이 약하기 때문입니다. 인과에 대한 믿음이 있다면 《공덕의 근원》에서도 나오는 것처럼 작고 작은 것들도 소멸시켜야 합니다. 큰 악업은 말할 필요도 없고, 아주 작고 작은 악업조차도 모두 소멸시켜야 합니다. 남에게 나쁜 말을 한마디 하거나, 남을 한 번 때리거나, 남에게 나쁜 생각을 한 번 내는 것조차도 아니라고 생각해서 작고 작은 것도 소멸시켜 합니다. 멀리해야 합니다. '선을 모두 행하기 위해'라고 하는 것처럼 해탈과 보리심은 배우는 중이므로 아직 한참 멀었지만 공양수 올리고, 오체투지하고, 독경하고, 일찍 일어나는 것 등은 지금 당장이라도 우리가 할 수 있는 선업을 쌓는 수행들입니다. 오늘부터 《연기찬탄송》이 중요하다고 생각하는 분들은 게송만이라도 늘 꾸준히 읽고 외우시면 좋겠습니다. 보고 또 보기를 반복하다 보면 보석의 원천 같은 이 《연기찬탄송》에서 우리가 보석을 발견할 수 있습니다. 이 안에 답이 있습니다. 58개 게송 안에 불교의 핵심 모두를 쫑카빠 스승님께서 말씀해주셨습니다. 그래서 오전에도 말씀드렸지만 매일매일 독송하시길 부탁드립니다. 강력하게 추천드립니다. 정말 도움이 됩니다. 복을 쌓고 악업을 참회하는 것이 수행의 기본입니다. 인과에 대해 철저하게 믿어야 합니다.

둘째, 부처님과 스승님을 둘이 아닌 하나라고 믿는 구루요가 수행입니다. 아띠샤 스승님께서 티베트에 오시기 전에 티베트에도 수행자, 학자, 지자들이 많이 계셨지만 구루요가 수행법이 약하다고 하시면서 너희 티베트 수행자들은 스승을 평범하게 제 마음대로 보고 있는데 이것은 큰 잘못이라고 말씀하셨습니다. 대소승의 부처님의 가르침에 의지해서 나오는 큰 공덕들은 모두 스승과 선지식에 의지해서 이룬 것이지 스승과 선지식 없이 혼자서 이룬 것은 없다고 하셨습니다. 크고 작은 모든 공덕들은 스승에 의지해서 이룬 것이라고 하셨습니다. 스승에 대한 구루요가 수행법에 대해서 스승을 부처님처럼 보고 스승의 허물은 보지 말라고 《람림》에 나와 있습니다.

    구루요가 수행법에도 여러 가지가 있습니다. 의지해야 할 스승의 정의, 의지하는 제자의 자세, 어떻게 의지해야 하는지에 대한 방법, 생각으로 어떻게 모셔야 하는지, 행동으로 어떻게 모셔야 하는지, 스승을 모시게 된 근본적인 이유 등에 대해서도 많이 배워야 합니다. 스승을 그냥 함부로 모시는 게 아니라고 존자님께서 말씀하셨습니다. 스승으로 모시기 전에 잘 따져서 살펴보고 스승으로 모셔야 합니다. 12년이 걸리는 경우도 있습니다. 스승으로 여기는 순간 좋고 나쁨을 따지는 것은 이제 끝입니다. 더 이상 스승의 나쁜 점을 찾으면 자기에게 손해일뿐입니다. 스승으로 모시기 전에 잘 살펴야 합니다. 정말 스승으로서 갖춰야 할 자격들을 갖추고 있는지 아닌지를 따져 봐야 합니다.

    우리는 세상을 살아가면서 결혼이 가장 중요한 일이라고 생각합니다. 결혼을 잘못하면 평생 고생한다고 합니다. 신랑, 신부 각자의 입장에서도 결혼은 큰일입니다. 그래서 남녀가 만나자마자 결혼하는 게 아니라 먼저 데이트를 하면서 서로 상대방을 잘 살펴보는 것입니다. 나와 평생을 함께할 수 있을지 없을지를 생각해 보아야 합니다. 결혼을 잘못하면 평생 고생하기 때문입니다. 하지만 그것보다도 스승을 잘못 만나게 되면 세세생생 고생하게 됩니다. 그래서 스승을 잘 모시는 것이 아주 중요합니다. 인도의 지자들과 아띠샤 스승님께서도 스승에 대한 자세와 태도는 무엇보다 중요하다고 말씀하셨습니다. 스승에 대해 얼마나 공경해서 의지하느냐에 따라 공부의 진전이나 내면적인 수행도 더 늘어나게 된다고 합니다. 아까 불상이나 경전도 함부로 하면 안 된다고 말씀드린 것과 같습니다. 법을 설해주신 스승님이나 자기가 스승으로 인식하고 모시는 스승님을 아주 잘 모셔야 합니다.

존자님께서 불상을 모시는 불사의 공덕이 아주 훌륭하지만, 그보다 가르침을 배우는 것이 더 훌륭하다고 하십니다. 아무리 잘 장엄해서 모셔도 불상은 말하지 않습니다. 존자님께서 인도 북쪽에 위치한 불교 성지인 '초뻬마'에 거대한 파드마삼바바의 상이 모셔진 사찰에 가서 파드마삼바바의 상을 크고 훌륭하게 아주 잘 장엄해서 공덕을 많이 쌓았겠지만 추워도 더워도 불상은 아무런 말 없이 가만히 있기 때문에 공부를 가르쳐 주시는 스승님이 더 중요하다고 하셨습니다. 이것이 두 번째 실천입니다.

셋째, 경전과 논서를 꾸준히 보고 배워야 합니다. 문수보살님과 관세음보살님을 부르며 아무리 기도해도 그것만으로 지혜와 자비가 생기지는 않는다고 어제도 말씀드렸습니다. 공부해야 하고 배워야 합니다. 경전과 논서를 꾸준히 공부해야 합니다. 쫑카빠 스승님도 그렇게 하셨다고 합니다. 우리도 공성을 확실하고 정확하게 잘 이해하려면 이 세 가지 수행실천을 갖추어야 합니다. 공부만 열심히 하면 학자나 지식인 정도밖에 될 수 없습니다. 말은 잘합니다. 사람들을 감동시키는 말을 기가 막힐 정도로 잘합니다. 공부만

하고 수행을 하지 않으면 겉으로만 그럴듯해 보이지 속은 비어 있어서 뭔가 힘이 없다고 합니다. 지식만 키워서는 안 되고 지혜가 필요하다고 하듯이, 이 세 가지를 잘 실천해야 지식 쪽으로만 흘러가지 않고 지혜를 얻을 수 있게 됩니다.

27. 연기법의 가르침을 통해 부처님을 항상 기억하기

མཛད་པ་ཀུན་ལས་གསུང་གི་ནི།།　　제빠 꾼레 쑹기니
མཛད་པ་མཆོག་ཡིན་དེ་ཡང་ནི།།　　제빠 촉인 데양니
འདི་ཉིད་ཡིན་ཕྱིར་མཁས་པ་ཡིས།།　　디니 인치르 케빠이
འདི་ལས་སངས་རྒྱས་རྗེས་དྲན་བྱོས།།　　디레 쌍게 제덴죄

여래의 행 가운데 설법의 행, 설법의 행 중에서도 연기를 설함이 최고이니, 지혜로운 이는 이것으로 부처님을 기억해야 하네.

【설명】

설법만으로 무지한 중생들을 이끌 수 있을 뿐 다른 방법이 없습니다. 그렇기에 부처님께서 중생을 제도하신 행 가운데 설법의 행만이 최고의 행입니다. 또한 많은 설법 중에서도 연기법을 설하심이 최고이므로 지혜로운 이는 연기의 가르

침으로 부처님의 자비와 지혜의 공덕을 항상 기억해야 합니다.

따로 설명을 더 드리지 않아도 무슨 뜻인지 알 수 있도록 되어 있습니다. "연기를 보는 자가 법을 보고, 법을 보는 자가 여래를 보는 것이다."라는 《도간경》에 나오는 말과도 일치하는 말입니다. 부처님께서 중생을 제도하는 행에는 여러 가지가 있습니다. 부처님께서 신통 등의 여러 가지 방법으로 중생을 구제하고 계시지만 그중에서도 최고의 방법은 설법입니다. 우리도 부처님의 설법을 통해서 연기의 가르침을 잘 배워 부처님의 지혜 공덕과 자비 공덕을 기억해야 합니다.

28. 쫑카빠 대사께서 앞선 찬탄들과 같이 부처님을 공경하심

སྟོན་དེའི་བསྟན་པ་ཤུ་རབ་ཏུ་བྱུང་གྱུར་ཏེ།། 뙨데 제쑤 랍뚜 중규르떼
རྒྱལ་བའི་གསུང་ལ་སྦྱངས་པ་མི་དམན་ཞིང་།། 겔외 쑹라 장빠 미멘싱
རྣལ་འབྱོར་སྤྱོད་ལ་བརྩོན་པའི་དགེ་སློང་ཞིག།། 넬조르 쬘라 쬔빼 겔롱식
དྲང་སྲོང་ཆེན་པོ་དེ་ལ་དེ་ལྟར་གུས།། 당쏭 첸뽀 델라 데따르귀

세존을 뒤따라 출가하여 승리자의 말씀 부족함 없이 배우고, 수행에 정진하는 한 비구가 이렇게 대선(大仙)을 공경하네.

【설명】
처음에 세속에서 나와 세존이신 부처님을 따라 출가하고, 중간에 승리자인 부처님의 모든 가르침과 논서들을 부족함 없이 배우고, 마지막으로 밤낮없이 유가행 즉, 수행에 정진하신 한 비구인 쫑카빠께서 이상의 찬탄 게송들과 같이 대선이신 부처님을 공경하시고 있습니다.

쫑카빠 스승님께서는 부처님을 이렇게 생각하시고 있다는 내용들이 쭉 나와 있습니다. 이 게송에도 나와 있지만, 티베트말로 '당뽀갸체퇴빠망두짜르 바르두슝룩탐쩨담빠르샤 타마닌첸뀐두남쑤랑 뀐꺙땐빠게빼치르두옹 (དང་པོར་རྒྱ་ཆེར་ཐོས་པ་མང་དུ་བཙལ། །བར་དུ་གཞུང་ལུགས་ཐམས་ཅད་གདམས་པར་ཤར། །ཐ་མར་ཉིན་མཚན་ཀུན་ཏུ་ཉམས་སུ་བླངས། །ཀུན་ཀྱང་བསྟན་པ་རྒྱས་པའི་ཆེད་དུ་བསྒྲུབ།)'이라고 하듯이 쫑카빠 스승님의 생애를 보면 처음에는 모든 가르침과 논서들을 다 배워서 부족함 없이 많은 공부를 하셨습니다. 중간에는 배운 것을 필요하지 않는 것 하나도 없이 모두 다 요의법으로 받아들이셨고, 마지막으로는 밤낮없이 수행에 정진하셨습니다. 쫑카빠 스승님께서 오체투지하셨던 바위라든가 고행하셨던 흔적들을 지금도 볼 수 있습니다. 좀 전에 말씀드린 세 가지 수행과 같이 여러 가지로 수행에 정진하심으로써 용수보살님이 말씀하신 부처님의 연기법과 공성의 뜻을 정확하게 잘 깨닫게 되었다고 말씀해주셨습니다.

여기까지가 쫑카빠 스승님께서 부처님을 찬탄하신 게송입니다. 이제 스물아홉 번째부터는 회향을 하시고 있는 부분입니다. 다 함께 회향하겠습니다. 티베트어로 한 번 하고 한국어로도 한 번 하겠습니다.

29. 바른 스승과 만나 헤어지지 않게 회향하기

སྟོན་པ་བླ་ན་མེད་པའི་བསྟན་པ་དང་། 뙨빠 라나 메뻬 뗸빠당
མཇལ་བ་འདི་འདྲ་བླ་མའི་དྲིན་ཡིན་པས།། 젤와 디다 라메 디인뻬
དགེ་བ་འདི་ཡང་འགྲོ་བ་མ་ལུས་པ།། 게와 디양 도와 마뤼빠
བཤེས་གཉེན་དམ་པས་འཛིན་པའི་རྒྱུ་རུ་བསྔོ།། 쎼녠 담빼 진뻬 규룽오

위대한 설법자의 가르침을 만난 것이 자애로운 스승 덕분이었듯이, 제가 쌓은 공덕으로 일체중생이 바른 스승과 만나 헤어지지 않게 하소서.

30. 불법을 지닌 이가 온누리에 가득하길 회향하기

ཕན་མཛད་དེ་ཡི་བསྟན་པའང་སྲིད་པའི་མཐར།། 펜제 데이 뗸빠앙 씨뻬타르
དན་རྟོག་རླུང་གིས་རྣམ་པར་མི་གཡོ་ཞིང་།། 엔똑 룽기 남빠르 미요싱
བསྟན་པའི་དང་ཆུལ་ཤེས་ནས་སྟོན་པ་ལ།། 뗀뻬 앙출 쎼네 뙨빠라
ཡིད་ཆེས་སྙེད་པས་རྟག་ཏུ་གང་བར་ཤོག། 이체 녜뻬 딱뚜 강와르쏙

오직 중생만을 위하는 부처님의 가르침이 미혹의 바람에 흔들리지 않게 하고, 사바세계가 끝날 때까지 확고한 믿음 갖춘 이 가득하게

하소서.

31. 자신 또한 불법을 바르게 지니기 위해 회향하기

བརྟེན་ནས་འབྱུང་བའི་དེ་ཉིད་གསལ་མཛད་པ།། 뗀네 중외 데니 쎌제빠
ཐུབ་པའི་ལུགས་བཟང་སྐྱེ་བ་ཐམས་ཅད་དུ།། 툽뻬 룩상 께와 탐쩨두
ལུས་དང་སྲོག་ཀྱང་བཏང་ནས་འཛིན་པ་ལ།། 뤼당 쏙꺙 땅네 진빠라
སྐད་ཅིག་ཙམ་ཡང་སྟོད་པར་མ་གྱུར་ཅིག། 께찍 짬양 회빠르 마규르찍

연기법 밝히는 능인의 위대한 법을 태어나는 모든 생마다 몸과 목숨 다해 지켜 단 한순간도 놓치지 않게 하소서.

32. 항상 불법을 널리 퍼지게 하기 위해 회향하기

འདྲེན་པ་མཆོག་དེས་དཀའ་བ་དཔག་མེད་ཀྱིས།། 덴빠 촉데 까와 빡메끼
ཉན་ཐུན་སྙིང་པོར་མཛད་ནས་བསྒྲུབས་པ་འདི།། 녠뚠 닝뽀르 제네 둡빠디
ཐབས་གཞིག་གིས་འཕེལ་བར་འགྱུར་སླད་པའི།། 탑강식기 펠와르 규르남뻬
རྣམ་པར་དཔྱོད་པས་ཅིན་མཚན་འདར་བར་ཤོག། 남빠르 쬐뻬 닌첸 다와르쏙

중생들을 이끌어 주시는 위없는 분께서 많은 고행으로 얻은 소중한 가르침의 정수, 어떻게 하면 널리 퍼지게 할 것인지 밤낮으로 살피게 하소서.

33. 수호존들께 수행자와 헤어짐 없이 항상 지켜주시기를 회향하기

ལྷག་བསམ་དག་པས་ཆོས་འདིར་བརྩོན་པ་ན།། 학쌈 닥뻬 출데르 쬔빠나
ཚངས་དང་དབང་པོ་འཇིག་རྟེན་སྐྱོང་བ་དང་།། 창당 왕뽀 직뎬 꽁와당
ལེགས་ལྡན་ནག་པོ་ལ་སོགས་སྲུང་མས་ཀྱང་།། 렉뎬 낙뽀 라쏙 쑹메꺙
གཡེལ་བ་མེད་པར་རྟག་ཏུ་གྲོགས་བྱེད་ཤོག། 옐와 메빠르 딱뚜 독제쏙

순수한 동기로 이 법에 정진할 때 브라만과 인드라, 사천왕들과 마하깔라 같은 수호존들이 헤어짐 없이 항상 지키게 하소서.

⌒ 다 함께 부처님 닮아가기 위해 회향하기 ⌒

དེ་བཞིན་གཤེགས་པ་བྱེད་སྐུ་ཅི་འདྲ་དང་།། 데신 쎅빠 케꾸찌다당

འཁོར་དང་སྐུ་ཚེའི་ཚད་དང་ཞིང་ཁམས་དང་། ། 코르당 꾸체체당 싱캄당
ཁྱེད་ཀྱི་མཚན་མཆོག་བཟང་པོ་ཅི་འདྲ་བ། ། 케끼 첸촉 쌍뽀 찌다와
དེ་འདྲ་ཁོ་ནར་བདག་སོགས་འགྱུར་བར་ཤོག ། 데다 코나르 닥쏙 규르와르쏙

여래의 존귀한 모습, 제자들, 수명, 정토, 존귀한 이름까지도 저와 모든 중생 똑같이 갖게 하소서.

싸쩨 33번까지는 쫑카빠 스승님께서 지으신 게송들이고, 마지막 회향하는 게송은 쫑카빠 스승님께서 쓰신 것이 아닙니다. 과거에 석가모니 부처님께서 아주 깨끗한 항아리 안에 요구르트를 담아 정성껏 올리면서 "석가마하무니 부처님의 모습, 제자들, 수명, 정토, 고귀한 이름까지도 제가 똑같이 갖게 하소서."라며 처음 발심하셨다고 초기 불교의 경전에 나옵니다. 그래서 석가마하무니 부처님의 모습, 제자, 수명, 정토, 이름까지도 모두 닮으시게 되었다고 합니다. 쫑카빠 스승님께서 부처님을 예경하시는 것과 같이 우리도 이번에 《연기찬탄송》 공부를 통해 좀 더 부처님을 닮아가기 위해, 좀 더 수행이 깊어지게 하기 위해 우리 티베트식으로 이 마지막 게송을 붙여서 회향하였습니다. 바른 스승과 만나 헤어지지 않게 회향하기, 불법을 지닌 이가 온누리에 가득하길 회향하기, 자신 또한 불법을 바르게 지니기 위해 회향하기, 항상 불법을 널리 퍼지게 하기 위해 회향하기, 수호존들께 수행자와 헤어짐 없이 항상 지켜주시기를 회향하기 등 바른 회향이라고 하면 이렇게 하는 회향을 말합니다. 무병장수, 사업성취, 학업성취 등 중생의 마음으로 건강하게 오래 살고 싶고, 하는 일 모두를 원만하게 성취하고도 싶겠지

만, 이렇게 작은 원들을 이루려고 회향하면 소탐대실이 되어 버립니다. 하지만 이 게송들처럼 이렇게 크게 회향해 버리면 작은 원들은 저절로 이루어지게 된다고 합니다. 그래서 회향도 제대로 할 줄 알아야 합니다. 쫑카빠 스승님께서 회향하신 바와 같이 우리도 늘 이렇게 회향해야 합니다.

　　한국에서는 법회 마지막에 사홍서원을 하는데, 저도 늘 법회 때마다 이 사홍서원으로 마지막 회향을 하고 있습니다. '중생무변서원도, 번뇌무진서원단, 법문무량서원학, 불도무상서원성'이라고 하는 이 네 가지 서원에 불교의 핵심적인 내용이 모두 들어가 있습니다. 우선 '중생무변서원도'라고 하는 것과 같이 중생은 헤아릴 수 없지만 내가 이 모든 중생을 도와서 구제하겠다고 하는 최고로 이타의 마음인 보리심을 일으켜야 합니다. 우리의 목적은 성불이 아닙니다. 이타행을 하기 위해 성불이 필요한 것입니다. 성불해야만 이타행을 제대로 할 수 있기 때문입니다. 성불하지 않으면 제대로 된 이타행을 할 수 없습니다. 남을 제대로 도울 수 없습니다. 배고픈 사람에게 밥을 주거나 가난한 사람들에게 물질적으로 도와주는 등의 일시적인 도움을 줄 수는 있습니다. 하지만 윤회세계에서 벗어나서 해탈과 성불까지 이끌 수 있는 분은 오직 부처님뿐입니다. 그렇기 때문에 완전한 이타행을 하기 위해서는 성불해야 하고, 성불하기 위해서는 보리심이 있어야 합니다. '중생무변서원도'는 보리심의 가르침입니다.

　　보리심이 생기려면 끝없는 번뇌를 다 없애겠다고 하는 용기가 필요합니다. 자신의 마음을 닦지 않으면 남을 도울 수 없습니다.

먼저 자기 자신부터 마음공부를 해서 어느 정도 수행이 되어 있지 않으면 남을 이끌 수 있는 힘이 없다고 합니다. 자신을 교화하지 못하면 남도 교화할 수 없습니다. 성불의 목적은 보리심 즉, 이타행이지만 먼저 자기 마음부터 닦아야 한다는 말입니다. 그래서 '번뇌무진서원단'의 마음으로 번뇌가 바로 우리의 적이기 때문에 번뇌와 맞서 싸워 이겨야 합니다. 북한이나 중국이 우리의 적이 아닙니다. 우리 마음속에 있는 번뇌가 바로 우리의 적입니다. 우리가 배웠던 경전과 가르침 등이 우리의 무기입니다. 핵폭탄과 같은 위력을 가지고 있어서 한번 폭발하면 모든 번뇌를 다 없앨 수 있는 아주 강력한 무기입니다.

《연기찬탄송》은 58개 게송밖에 안 되지만 외우고 또 외워서 늘 기도하듯이 하면 좋습니다. 《금강경》을 독경하거나 사경하는 것도 그 뜻을 이해하기가 좋지만 어렵습니다. 하지만 《금강경》에서 부처님께서 하신 말씀 그대로 들어있는 《연기찬탄송》은 한국말로 번역되어 있고 설명도 있어서 읽어보기만 해도 어느 정도 이해할 수 있습니다. 이틀 동안 저도 잘 모르지만 여기에 나름대로 열심히 설명까지 해드렸습니다. 그리고 한국말로 이렇게 번역하고 설명할 수 있어서 너무 기쁩니다. 제가 한국에 와서 해야 할 일을 하나 해냈구나 하는 성취감도 느껴집니다. 등산을 가서 힘들게 정상에 오르면 말로 표현할 수 없을 정도로 좋다고 하듯이 저 역시도 말로 다 표현할 수 없을 정도로 너무나 기쁩니다. 그래서 제가 간청드립니다. 강력하게 추천한다는 의미에서 강추합니다. 여러분에게 강제로 《연기찬탄송》을 반드시 독송해야 한다고 말씀드릴 수는 없지만 이 교재가 크니까 작게 만들어서 가방에 넣어 다니면서 틈날 때마다 꺼내어 자꾸 읽어 보면 좋습니다. 처음에는 모르지만 자꾸 읽어 볼수록 점점 익숙해집니다. 그리고 그 뜻을 생각하고 또 설명을 듣고, 《중론》도 읽고, 존자님의 책도 읽고, 복도 쌓고, 참회도 하고, 불보살님들과 스승님들을 관상하는 등 이렇게 여러 가지를 하다보면 우리도 쫑카빠 스승님처럼 될 수 있습니다. 쫑카빠 스승님께서도 600여 년 전에 실제로 하셨던 수행들입니다. 이렇게 수행 정진함으로써 부처님에 대한 감동과 환희심이 일어났다고 하신 것처럼 우리도 그렇게 해야 합니다. 그렇기 때문에 번뇌를 제거하는 큰 폭탄과 같은 경전들이 진짜 우리의 무기이므로 아주 소중하게 잘 모셔야 합니다.

그리고 '중생무변서원도 번뇌무진서원단'을 가능하게 하는 것이 세 번째 '법문무량서원학'입니다. 공부만이 이 둘을 가능하게 하며, 다른 방법이 없습니다. 부처님께서 하실 수 있는 일은 설법뿐이지 다른 방법이 없습니다. 우리가 할 수 있는 일은 배워야 합니다. 공부해야 합니다. 다른 방법이 없습니다. 팔만사천법문이라고는 하지만 부처님의 가르침은 한량이 없습니다. 법문이 무량하지만 모두 배우겠다는 원을 세워야 합니다.

그리고 마지막 '불도무상서원성'이라고 해서, '법문무량서원학' 해서 배운 바대로 실천해 나아가야 합니다. 공부만 하면 지식 쪽으로 치우쳐 학자가 되버립니다. 예전에 어떤 교수님을 만났는데 윤회론과 해탈론 등에 대해 여러 가지 말씀을 하고는 정작 본인은 윤회를 믿지 않는다고 하셨습니다. 저는 도저히 이해할 수가 없었습니다. 쫑카빠 스승님께서 깜짝 놀라셨다고 하듯이 저도 깜짝 놀랐습니다. 윤회와 해탈에 대해서 그렇게 잘 알고 있으면서 본인은 윤회를 믿지 않는다고 하다니……. 아마 지식 쪽으로만 빠져서 그런 것 같습니다. 수행자가 아닌 학자가 된 것입니다. 지혜가 아닌 지식이 된 것입니다. 그래서 지혜가 되고 수행자가 되기 위해서는 '불도무상서원성'이라고 해서 배운대로 다 실천하지는 못하더라도 흉내라도 내어서 실천하는 쪽으로 가야 합니다. 배우는 목적이 실천하기 위해서라고 《람림》에도 나옵니다. 다는 못하더라도 흉내라도 내어서 실천하는 쪽으로 가야하므로 일반 교육처럼 배우기만 하고 실천하지 않으면 안 됩니다.

그리고 이런 《연기찬탄송》 같은 부처님의 가르침들은 잡지나 신문처럼 한두 번 읽고 마는 것이 아닙니다. 평생 간직하면서 읽고 또 읽어서 될 수 있으면 외워야 합니다. 외우는 것도 하나의 방법입니다. 일단 외우고 나면 설명도 들어야 하고, 자기 스스로도 생각을 해보고, 도반들과 토론도 해야 합니다. 또 다시 그 내용들을 자기가 사유하고 수행도 해야 합니다. 이렇게 여러 가지를 해야지만 우리를 발전시킬 수 있고, 근본적으로 문제를 해결할 수 있고 무지의 뿌리를 뽑아낼 수 있는 수행을 할 수 있는 것입니다. 그렇기 때문에 쫑카빠 스승님처럼 회향하고, 또 우리가 한국에 태어났기 때문에 한국의 과거의 여러 스승님들께서 회향하셨던 것처럼 '중생무변서원도, 번뇌무진서원단, 법문무량서원학, 불도무상서원성'이라고 다 같이 회향해서 마무리하도록 하겠습니다.

【청】 청이 두 가지 있습니다. 먼저 티베트말로 이 《연기찬탄송》 구전을 주셨으면 합니다.

그리고 현교의 가르침을 바탕으로 밀교의 수행을 하게 됩니다. 밀교에서 성취가 일어났을 때 마지막 종결점이 《연기찬탄송》에 드러난 연기의 가르침이라는 것이 맞는다면, 이《연기찬탄송》이 밀교 성취의 정수를 그대로 담아놓은 것이라고 선언을 해주셨으면 합니다. 비록 현교의 가르침에서 비롯되었지만 밀교로써 성취를 한다면, 그 밀교의 성취가 곧 현교의 이《연기찬탄송》의 가르침이라는 것을 스님께서 한번 선언해 주십시오.

【답】현교와 밀교 둘 다 공성을 이야기합니다. 현교에서 말하는 공성과 밀교에서 말하는 공성이 다르지 않다고 합니다. 현교에서 귀류논증중관학파가 주장하는 공성은 자성이 없다고 하는 무자성으로 가장 궁극적인 뜻이라고 티베트에서는 알려져 있습니다. 그 확인은 스스로 해야 합니다. 자신이 수행도 해야 하고 시간이 많이 걸립니다. 가르침들과 스승님들의 말씀에 의지하면 그건 확실합니다. 그 방법 말고는 없습니다. 여기서 쫑카빠 스승님께서 말씀하신 바와 똑같습니다.

그리고, 구전을 원하는 요청이 있으므로 티베트의 구전을 하는 전통에 따라 앞에 부처님이 계시고, 쫑카빠 스승님께서 직접 이런 내용들을 가르치시고 있다고 생각하면서 제가 티베트말로 한번 천천히 읽어보겠습니다. 여러분도 부처님이 앞에 계시고, 쫑카빠 스승님께서 직접 어제부터 지금까지 배운 이런 내용들을 가르치고 계신다고 생각하면서 녹음하시기 바랍니다. 티베트에서는 《연기찬탄송》을 독송하기 전에《중론》의 첫 두 게송으로 부처님을 찬탄하는 예경문을 먼저 읽고 나서《연기찬탄송》을 독송하고 마지막으로 '다 함께 부처님 닮아가기 위해 회향하기' 게송을 읽습니다. 저도 오늘 이렇게 읽어 드리겠습니다. 이것은 구전입니다. 여러분에게 법맥을 전하는 것이기 때문입니다. 티베트 큰스님들께서 법맥이 있는 상태에서 공부하는 것과 법맥이 없는 상태에서 공부하는 것에는 백배 천배의 차이가 난다고 하십니다. 이것은 비현전 중에서도 아주 비현전입니다. 그러니까 그런 믿음을 가지고 구전을 받는다고 생각하시고 잘 들으시기 바랍니다.

【구전】

이제 마지막으로 아까 말씀드린 뜻을 차제대로 잘 생각하면서 다 같이 합장하고 사홍서원으로 회향하겠습니다.

중생을 다 건지오리다.
번뇌를 다 끊으오리다.
법문을 다 배우오리다.
불도를 다 이루오리다.

감사합니다!

부록

༄༅། །རྟེན་འབྲེལ་བསྟོད་པ།
뙨델뙤빠

연기찬탄송

༄༅། །ན་མོ་གུ་རུ་མཉྫུ་གྷོ་ཥཱ་ཡ།
나모 구루 문주 고카야

스승이신 본존 문수사리께 고개 숙입니다.

གང་ཞིག་གཟིགས་ཤིང་གསུང་བ་ཡིས།།	강식 식씽 쑹와이
མཁྱེན་དང་སྟོན་པ་བླ་ན་མེད།།	켄당 뙨빠 라나메
རྒྱལ་བ་རྟེན་ཅིང་འབྲེལ་བར་འབྱུང་།།	겔와 뗀찡 델와르중
གཟིགས་ཤིང་འདོམས་པ་དེ་ལ་འདུད།།	식씽 돔빠 델라뒤

연기법을 완전히 깨달았기에 최고의 지혜를 갖추셨으며, 연기를 자재로 설하시기에 위없는 설법자이신 승리자 부처님께 예경 올립니다.

འཇིག་རྟེན་རྒྱུད་པ་ཇི་སྙེད་པ།། 직뗀 귀빠 지녜빠
དེ་ཡི་རྩ་བ་མ་རིག་སྟེ།། 데이 짜와 마릭떼
གང་ཞིག་མཐོང་བས་དེ་ལྡོག་པ།། 강식 통외 데독빠
དེན་ཅིང་འབྲེལ་བར་འབྱུང་བར་གསུངས།། 뗀찡 델와 중와쑹

세간의 어떠한 허물도 그 뿌리는 모두 무지에서 비롯되니 무지를 멸하기 위해 연기를 설하셨다네.

དེ་ཚེ་བློ་དང་ལྡན་པ་ཡིས།། 데체 로당 덴빠이
དེན་ཅིང་འབྲེལ་བར་འབྱུང་བའི་ལམ།། 뗀찡 델와 중외람
ཁྱོད་ཀྱི་བསྟན་པའི་གནད་ཉིད་དུ།། 쾌끼 땐빼 네니두
ཇི་ལྟར་ཁོང་དུ་ཆུད་མི་འགྱུར།། 지따르 콩두 취미규르

그렇기에 현명한 이라면 연기를 깨닫는 것이 부처님 가르침의 정수임을 어찌 모를 수 있겠는가.

དེ་ལྟ་ལགས་ན་མགོན་ཁྱོད་ལ།། 데따 락나 괸쾌라
བསྟོད་པའི་སྒོར་ནི་སུ་ཞིག་གིས།། 뙤빼 고르니 쑤식기
བརྟེན་ནས་འབྱུང་བ་གསུངས་པ་ལས།། 땐네 중와 쑹빠레
ངོ་མཚར་གྱུར་པ་ཅི་ཞིག་རྙེད།། 오차르 규르빠 찌식녜

그러므로 인도자이신 부처님을 찬탄함에 연기를 설해주신 면에서 찬탄하는 것보다 더한 찬탄이 어디 있겠는가.

གང་གང་རྐྱེན་ལ་རག་ལས་པ།།	강강 깬라 락레빠
དེ་དེ་རང་བཞིན་གྱིས་སྟོང་ཞེས།།	데데 랑신 기똥셰
གསུངས་པ་འདི་ལས་ཡ་མཚན་པའི།།	쑹빠 디레 야첸빼
ལེགས་འདོམས་ཆུལ་ནི་ཅི་ཞིག་ཡོད།།	렉돔 출니 찌식외

"조건에 의지하는 어떠한 것도 그 모두 실체가 없도다."라는 말씀보다 더 경이로운 가르침이 어디 있겠는가.

གང་དུ་བཟུང་བས་བྱིས་པ་རྣམས།།	강두 숭외 지빠남
མཐར་འཛིན་འཆིང་བ་བརྟན་བྱེད་པ།།	타르진 칭와 땐제빠
དེ་ཉིད་མཁས་ལ་སྨྲོས་པ་ཡི།།	데니 켈라 뙤빠이
དུ་བ་མ་ལུས་གཅོད་པའི་སྨྲོ།།	다와 마뤼 쬐빼고

어리석은 이는 연기를 보면 극단의 견해가 더 강해지고, 지혜로운 이는 연기를 보면 무명의 그물을 끊는다네.

བསྟན་འདི་གཞན་དུ་མ་མཐོང་བས།།	뙨디 셴두 마통외
སྟོན་པ་ཞེས་བྱ་ཁྱོད་ཉིད་དེ།།	뙨빠 셰자 쾨니데
ཝ་སྐྱེས་ལ་ནི་སེང་གེ་བཞིན།།	와께 라니 쎙게신
མུ་སྟེགས་ཅན་ལ་འང་གཅམ་བུའི་ཚིག།།	무떽 짼랑 짬뷔찍

이 가르침은 어디에도 없으니 부처님만이 바른 설법자이시네.
여우를 사자라고 부르는 것처럼 외도에게도 아첨이라네.

ཨེ་མ་དྲེ་སྟོན་པ་ཨེ་མ་དྲེ་སྐྱབས།།	에모 뙨빠 에모꺕
ཨེ་མ་དྲེ་སྨྲ་མཆོག་ཨེ་མ་དྲེ་མགོན།།	에모 마촉 에모괸
རྟེན་ཅིང་འབྲེལ་འབྱུང་ལེགས་གསུངས་པའི།།	뗀찡 델중 렉쑹빼
སྟོན་པ་དེ་ལ་བདག་ཕྱག་འཚལ།།	뙨빠 델라 닥착첼

아! 세존이시여, 경이로운 귀의처시여, 설법자이시여, 위대한 구제주이시여! 연기를 바르게 설하신 설법자 당신을 예경합니다.

ཕན་མཛད་ཐུགས་རྗེས་ཀྱིས་འགྲོ་བ་ལ།།	펜제 쾌끼 도와라
སྨན་པའི་སླད་དུ་བཀའ་སྩལ་པ།།	멘빼 레두 까짤빠
བསྟན་པའི་སྙིང་པོ་སྟོང་པ་ཉིད།།	땐빼 닝뽀 똥빠니
རེས་པའི་རྒྱུ་མཚན་བླ་མེད་པ།།	에빼 규첸 다메빠

대자비로 모든 중생을 돕기 위해 설하시어, 불법의 정수 공성을 최상의 논리로 가르치셨네.

རྟེན་ཅིང་འབྲེལ་བར་འབྱུང་བའི་ཆོས།།	뗀찡 델와르 중외출
འགལ་བ་དང་ནི་མ་གྲུབ་པར།།	겔와 당니 마둡빠르
མཐོང་བ་འདི་ཡིས་ཁྱོད་ཀྱི་ལུགས།།	통와 디이 쾌끼룩
ཇི་ལྟར་ཤེས་དུ་ཆུད་པར་ནུས།།	지따르 콩두 취빠르뉘

이러한 연기의 논리가 모순되거나 터무니없다고 여긴다면, 부처님의 심오한 이치를 어찌 알 수 있겠는가.

ཁྱོད་ནི་ནམ་ཞིག་རྟོང་པ་ཉིད། །　쾌니 남식 똥빠니
རྟེན་འབྱུང་དོན་དུ་མཐོང་བ་ན། །　뗀중 된두 통와나
རང་བཞིན་གྱིས་ནི་སྟོང་པ་དང་། །　랑신 기니 똥빠당
བྱ་བྱེད་འཐད་པའང་མི་འགལ་ཞིང་། །　자제 테빵 미겔싱

부처님께서는 공성을 연기의 뜻으로 보셨기에, 자성이 없는 것과 인과 사이에 모순이 없네.

དེ་ལས་ལྡོག་པར་མཐོང་བ་ན། །　델레 독빠르 통와나
སྟོང་ལ་བྱ་བ་མི་རུང་ཞིང་། །　똥라 자와 미룽싱
བྱ་དང་བཅས་ལ་སྟོང་མེད་པས། །　자당 째라 똥네빼
ཉམས་དངའི་གཡང་དུ་ལྷུང་བར་བཞེད། །　냠에 양두 훙와르셰

이와 반대로 보아 공하다고 인과를 부정하고, 인과라고 공을 부정하면 무서운 극단에 빠지게 된다네.

དེ་ཕྱིར་ཁྱོད་ཀྱི་བསྟན་པ་ལ། །　데치르 쾌끼 땐빠라
རྟེན་འབྱུང་མཐོང་བ་ལེགས་པར་བསྔགས། །　땐중 통와 렉빠르악
དེ་ཡང་ཀུན་ཏུ་མེད་པ་དང་། །　데양 꾼뚜 메빠당
རང་བཞིན་གྱིས་ནི་ཡོད་པས་མིན། །　랑신 기니 외빼민

그러므로 부처님 가르침 가운데 연기를 보는 것은 최고라네. 이 또한 아예 없다거나 자성으로 있다고 보는 것이 아니네.

སྟོང་མེད་ནམ་མཁའི་མེ་ཏོག་བཞིན༎	뙤메 남케 메똑신
དེས་ན་མ་བརྟེན་ཡོད་མ་ཡིན༎	데나 마뗀 외마인
དོ་བོས་གྲུབ་ན་དེ་འགྲུབ་པ༎	오외 둡나 데둡빠
རྒྱུ་དང་རྐྱེན་ལ་ལྟོས་པ་འགལ༎	규당 껜라 뙤빠겔

하늘의 꽃과 같이 의지하지 않는 것은 없으니, 본질적으로 존재한다면 원인과 조건에 의지함은 모순이 되네.

དེ་ཕྱིར་བརྟེན་ནས་འབྱུང་བ་ལས༎	데치르 뗀네 중와레
མ་གཏོགས་ཆོས་འགའ་ཡོད་མིན་པས༎	마똑 최가 외민뻬
རང་བཞིན་གྱིས་ནི་སྟོང་པ་ལས༎	랑신 기니 똥빠레
མ་གཏོགས་ཆོས་འགའ་མེད་པར་གསུངས༎	마똑 최가 메빠르쑹

그러므로 "연기하지 않는 어떤 존재도 없기에 자성 없는 공을 벗어난 어떠한 존재도 없다."고 가르치셨네.

རང་བཞིན་བཟློག་པ་མེད་པའི་ཕྱིར༎	랑신 독빠 메뻬 치르
ཆོས་རྣམས་རང་བཞིན་འགའ་ཡོད་ན༎	최남 랑신 가외나
མྱ་ངན་འདས་པ་མི་རུང་ཞིང་༎	냐엔 뙤빠 미룽싱
སྤྲོས་ཀུན་བཟློག་པ་མེད་པར་གསུངས༎	뙤꾼 독빠 메빠르쑹

"자성은 변할 수 없기에 모든 존재에 자성이 있다고 한다면, 열반은 불가능하며 무명은 멸할 수 없게 된다."고 말씀하셨네.

དེ་ཕྱིར་རང་བཞིན་རྣམ་བྲལ་ཞེས༎　　데치르 랑신 남델셰
མེད་གོའི་ལྟ་ཡིས་ཡང་ཡང་དུ༎　　쎙게 다이 양양두
མཁས་པའི་ཚོགས་སུ་ལེགས་གསུང་པ༎　　케뻬 촉쑤 렉쑹빠
འདི་ལ་སུ་ཡིས་འགོང་པར་ནུས༎　　디라 쑤이 공빠르뉘

그렇기에 제법에 실재한 자성이 없다고 현명한 이들에게 거듭거듭 사자후로 설하신 것을 누가 반대할 수 있겠는가.

རང་བཞིན་འགའ་ཡང་མེད་པ་དང་༎　　랑신 가양 메빠당
འདི་ལ་བརྟེན་ནས་འདི་འབྱུང་བའི༎　　디라 뗀네 디중외
རྣམ་གཞག་ཐམས་ཅད་འཐད་པ་གཉིས༎　　남샥 탐째 퇴빠니
མི་འགལ་འདུ་བ་སྨོས་ཅི་དགོས༎　　미껠 두와 뫼찌괴

제법에 자성 없는 것과 이것에 의지해 저것이 생기는 연기법 이 두 가지가 모순 없이 조화로움을 말해 무엇하겠는가.

བརྟེན་ནས་འབྱུང་བའི་རྒྱུ་མཚན་གྱིས༎　　뗀네 중외 규첸기
མཐར་ལྟ་བ་ལ་མི་བརྟེན་ཞེས༎　　타르따 와라 미뗀셰
ལེགས་གསུངས་འདི་ནི་མགོན་ཁྱོད་ཀྱི༎　　렉쑹 디니 꾄쾌끼
སྨྲ་བ་བླ་ན་མེད་པའི་རྒྱུ༎　　마와 라나 메뻬규

"의지해서 존재하기에 극단의 견해에 빠지지 말라."고 바르게 설하셨기에 부처님이 최상의 설법자임을 증명하네.

འདི་ཀུན་རྡོ་བོས་སྟོང་པ་དང་།། 디꾼 오외 똥빠당
འདི་ལས་འདི་འབྲས་འབྱུང་བ་ཡི།། 디레 디데 중와이
དེ་པ་གཉིས་པོ་ཕན་ཚུན་དུ།། 에빠 니뽀 펜췬두
གེགས་མེད་པར་ནི་གྲོགས་བྱེད་པ།། 곅메 빠르니 독제빠

"제법의 본래 공함과 연기로 나타나는 인과법, 이 둘에 대한 이해는 모순 없이 서로를 돕는다."고 말씀하셨네.

འདི་ལས་རྨད་བྱུང་གྱུར་པ་དང་།། 디레 오차르 규르빠당
འདི་ལས་རྨད་དུ་བྱུང་བ་གང་།། 디레 네두 중와강
ཚུལ་འདིས་ཁྱོད་ལ་བསྟོད་ན་ནི།། 출디 쾰라 뙤나니
བསྟོད་པར་འགྱུར་གྱི་གཞན་དུ་མིན།། 뙤빠르 규르기 셴두민

이보다 더 경이롭고 더 훌륭한 말씀은 없다네. 이렇게 부처님을 찬탄하는 것보다 더 훌륭한 찬탄은 없다네.

རྨོངས་པས་བྲན་དུ་བཟུང་བ་ཡིས།། 몽빼 덴두 숭와이
གང་ཞིག་ཁྱོད་དང་ཞེ་འགྲས་པ།། 강식 쾌당 쎼데빠
དེ་ཡིས་རང་བཞིན་མེད་པའི་སྒྲ།། 데이 랑신 메뻬다
མི་བཟོད་གྱུར་ལ་མཚར་ཅི་ཡོད།། 미쇠 규르라 차찌외

무지의 노예가 되어 부처님을 미워하는 이들이 자성이 없다는 말씀을 견디지 못함은 놀라운 일도 아니네.

ཆོད་ཀྱི་གསུང་གི་གཅེས་པའི་མཛོད།། 쾌끼 쑹기 쩨뻬죄
བརྟེན་ནས་འབྱུང་བ་ཁས་བླངས་ནས།། 뗀네 중와 케랑네
སྟོང་ཉིད་ང་རོ་མི་བཟོད་པ།། 똥니 아로 미쇠빠
འདི་ལ་ཁོ་བོ་ངོ་མཚར་གྱུར།། 디라 코오 오차 규르

부처님의 말씀 중 가장 보배로운 연기의 가르침을 받아들인 이가 공성의 사자후를 받아들이지 않음이 나에게는 놀라운 일이네.

རང་བཞིན་མེད་ལ་བགྲི་བའི་སྒོ།། 랑신 메라 띠외고
བླ་མེད་རྟེན་ཅིང་འབྲེལ་འབྱུང་གི།། 라메 뗀찡 델중기
མིང་ཉིད་ཀྱིས་ནི་རང་བཞིན་དུ།། 밍녜 끼니 랑신두
འཛིན་ན་ད་གོ་སྒྲུབ་པོ་འདི།། 진나 다꼬 께오디

공성으로 이끄는 최상의 문이 연기의 가르침임에도 연기는 이름으로만 인정할 뿐 자성이 있다고 믿네.

འཕགས་མཆོག་རྣམས་ཀྱིས་ལེགས་བགྲོད་པའི།། 팍촉 남끼 렉되뻬
འདུག་དོགས་བླ་དང་བྲལ་གྱུར་པ།། 죽옥 다당 델규르빠
ཆོད་དགྱེས་གྱུར་བའི་ལམ་བཟང་དེར།། 쾌계 규르외 람상 데르
ཐབས་གང་གིས་ནི་བགྲི་བར་བྱ།། 탑강 기니 띠와르자

성스러운 이들이 지나갔던 비할 바 없는 문이며, 부처님을 기쁘게 하는 최상의 길로 이들을 어떻게 이끌겠는가.

རང་བཞིན་བཅོས་མིན་བློས་མེད་དང་།།　　랑신 쬐민 뢰메당
རྟེན་འབྲེལ་བློས་དང་བཅོས་མ་གཉིས།།　　뗀델 뢰당 쬐마니
ཇི་ལྟར་བྱུར་ན་གཞི་གཅིག་ལ།།　　지따 부르나 시찍라
མི་འགལ་འདུ་བ་ཇི་དུ་འགྱུར།།　　미겔 두와 니두 규르

자성은 실재이며 의지함이 없고, 연기는 실재 없이 의지하는데, 이 둘이 어찌 한 대상에 모순 없이 양립할 수 있겠는가.

དེ་ཕྱིར་བརྟེན་ནས་འབྱུང་བ་གང་།།　　데치르 뗀네 중와강
རང་བཞིན་གྱིས་ནི་གདོད་མ་ནས།།　　랑신 기니 되마네
རྣམ་པར་དབེན་ཡང་དེར་སྣང་བས།།　　남빠르 윈양 데르 낭외
འདི་ཀུན་སྒྱུ་མ་བཞིན་དུ་གསུངས།།　　디꾼 규마 신두쑹

그러기에 "의지하여 존재하는 것은 본래부터 자성이 없음에도 마치 실재처럼 보이는 것이 환영과 같다."고 말씀하셨네.

ཁྱོད་ཀྱིས་ཇི་ལྟར་བསྟན་པ་ལ།།　　쾌끼 지따르 뗀빠라
རྒོལ་བ་འགས་ཀྱང་ཚུལ་མཐུན་དུ།།　　골와 게깡 최튠두
ཀླགས་མི་རྙེད་པར་གསུངས་པ་ཡང་།།　　락미 녜빠르 쑹빠양
འདི་ཉིད་ཀྱིས་ནི་ལེགས་པར་འབུམས།།　　디니 끼니 렉빠르쿰

불법에 제대로 된 누구의 비판도 찾을 수 없음을 부처님께서 연기를 토대로 설하셨기에 나는 믿네.

ཅི་སྲིད་ཅེན་འདི་བཤད་པས།།	찔레 쩨나 디쎼빼
མཐོང་དང་མ་མཐོང་དངོས་པོ་ལ།།	통당 마통 오뽀라
རྟོ་འདོགས་པ་དང་སྐུར་འདེབས་ཀྱི།།	도독 빠당 꾸르뎁끼
གོ་སྐབས་རིང་དུ་མཛད་ཕྱིར་རོ།།	고깝 링두 제치르로

연기를 설하심으로써 현전(現前)과 비현전(非現前)에 대한 상견과 단견으로 빠질 우려를 완전히 없앴기 때문이라네.

ཁྱོད་ཀྱི་སློབ་བ་བླ་མེད་པར།།	쾌끼 마와 다메 빠르
མཐོང་བའི་རྒྱུ་མཚན་དེ་ཉིད་འབྱུང་གི།།	통외 규챈 덴중기
ལམ་འདི་ཉིད་ཀྱིས་གསུང་གཞན་ཡང་།།	람디 니끼 쑹셴양
ཆེད་མར་གྱུར་པར་རེས་པ་སྐྱེ།།	체마르 규르빠 에빠꼐

당신이 위없는 설법자임을 알게 하는 것은 연기의 가르침이네. 이로써 다른 가르침들도 참되다는 마음속 깊은 믿음이 솟네.

དོན་བཞིན་གཟིགས་ནས་ལེགས་གསུངས་པ།།	된신 식네 렉쑹빠
ཁྱོད་ཀྱི་རྗེས་སུ་སློབ་པ་ལ།།	쾌끼 제쑤 롭빠라
རྒྱུད་པ་ཐམས་ཅད་རིང་དུ་གྱུར།།	귀빠 탐째 링두 규르
ཉེས་ཀུན་རྩ་བ་སློག་ཕྱིར་རོ།།	녜꾼 짜와 독치르로

참되게 보고 바르게 설하신 선서를 따르는 제자들의 허물은 그 뿌리가 뽑히기에 모두 사라지네.

ཁྱོད་ཀྱི་བསྟན་ལས་ཕྱིར་ཕྱོགས་པས།། 쾨끼 뗀레 치르 촉빼
ཡུན་རིང་དལ་བ་བསྟེན་བྱས་ཀྱང་།། 윤링 엘와 뗀제꺙
ཕྱི་ཕྱིར་སྨོན་རྣམས་བོས་པ་བཞིན།། 치치르 뀐남 뵈빠신
བདག་ཏུ་ལྟ་བ་བརྟན་ཕྱིར་རོ།། 닥뚜 따와 뗀치르로

불법과 반대로 가는 이들은 오랫동안 고행을 하더라도 아집을 굳게 하기에 허물이 점점 불어나기만 하네.

ཨེ་མའོ་མཁས་པས་འདི་གཉིས་ཀྱི།། 에마오 케빼 디니끼
ཁྱད་པར་བོད་དུ་ཆུད་གྱུར་པ།། 쾨빠르 콩두 취규르빠
དེ་ཚེ་ཀྱང་གི་བོད་ནས་ནི།། 데체 깡기 콩네니
ཁྱོད་ལ་ཅི་ཕྱིར་གུས་མི་འགྱུར།། 쾨라 찌치르 귀미규르

아! 지혜로운 이가 이 둘의 차이를 깨달은 그 순간 뼛속 깊은 곳으로부터 부처님을 공경하지 않을 수 없다네.

ཁྱོད་གསུང་དུ་མ་ཅི་ཞིག་སྨོས།། 쾨쑹 두마 찌식뫼
ཆ་ཤས་རེ་ཡི་དོན་ཙམ་ལའང་།། 차쎼 레이 된짬랑
འོལ་སྤྱི་ཙམ་གྱི་དེས་རྙེད་པ།། 욀찌 짬기 에녜빠
དེ་ལའང་མཆོག་གི་བདེ་སྟེར།། 델랑 촉기 데와떼르

부처님의 많은 가르침은 물론이고 작은 부분의 뜻을 피상적으로만 이해해도 큰 기쁨을 준다네.

ཀྱི་ཆུད་བདག་བློ་རྨོངས་པས་བཅོམ།། 끼휘 닥로 몽뻬쫌
འདི་འདྲའི་ཡོན་ཏན་ཕུང་པོ་ལ།། 디데 욘뗀 풍뽀라
རིང་ནས་སྐྱབས་སུ་སོང་གྱུར་ཀྱང་།། 링네 꺕쑤 쏭규르깡
ཡོན་ཏན་ཆ་ཙམ་མ་འཚལ་ཏོ།། 욘뗀 차짬 마첼토

오호! 저의 마음은 무지에 가려 이러한 참된 부처님의 말씀을 오래 전부터 귀의하고 구하였지만 티끌만큼도 알지 못하였다네.

འོན་ཀྱང་འཆི་བདག་ཁར་ཕྱོགས་པའི།། 왼꺙 치닥 카르 쵹빼
སྲོག་གི་རྒྱུན་ནི་མ་ནུབ་བར།། 쏙기 균니 마눕바르
ཁྱོད་ལ་ཆུང་ཟད་ཡིད་ཆེས་པ།། 쾰라 쭝세 이체빠
དེ་ཡང་སྐལ་བ་བཟང་སྙམ་བགྱིད།། 데양 껠와 상냠귀

그럼에도 죽음을 향한 목숨의 흐름이 끊어지기 전에 부처님께 작은 확신이라도 생겼으니 이것 또한 행운이라고 생각하네.

སྟོན་པའི་ནང་ན་རྟེན་འབྲེལ་སྟོན་པ་དང་།། 뙨빼 낭나 뗀델 뙨빠당
ཤེས་རབ་ནང་ན་རྟེན་འབྲེལ་ཤེས་པ་གཉིས།། 쎄랍 낭나 뗀델 쎄빠니
འཇིག་རྟེན་དག་ན་རྒྱལ་བའི་དབང་པོ་བཞིན།། 직뗀 닥나 겔왜 왕뽀신
ཕུལ་བྱུང་ལེགས་པར་ཁྱོད་མཁྱེན་གཞན་གྱིས་མིན།། 풀중 렉빠르 쾌켄 셴기민

설법자 중에서도 연기법을 설하신 이, 법을 깨닫는 지혜 중에서도 연기법을 깨달은 지혜 이 둘을 세상의 제왕처럼 최고로 잘 아시는 분이 부처님 이외에 다른 누가 있겠는가.

ཁྱོད་ཀྱིས་རྟེན་སྐྱེད་བགན་སྲུལ་པ།། 쾌끼 지녜 까쪨빠
རྟེན་འབྲེལ་ཉིད་ཡས་བཙམས་ཏེ་འདུག། 뗀델 니레 쨈떼죽
དེ་ཡང་མྱ་ངན་འདའ་ཕྱིར་ཏེ།། 데양 냐엔 다치르떼
ཞི་འགྱུར་མིན་མཛད་ཁྱོད་ལ་མེད།། 시규르 민제 쾌라메

부처님의 모든 가르침은 연기법을 깨우치게 하기 위해서라네. 이 또한 열반을 얻기 위함이니 고통을 멸하지 않는 가르침이 없다네.

རྒྱ་མའོ་ཁྱོད་ཀྱི་བསྟན་པ་ནི།། 께마오 쾌끼 뗀빠니
གང་གི་རྣ་བའི་ལམ་སོང་བ།། 강기 나외 람쏭와
དེ་དག་ཐམས་ཅད་ཞི་འགྱུར་ཕྱིར།། 데닥 탐쩨 시규르치르
ཁྱོད་བསྟན་འཛིན་པར་སུ་མི་གུས།། 쾌뗀 진빠르 쑤미귀

아! 세존의 가르침은 어떤 이의 귀에 닿든지 그들 모두 열반을 얻게 하니 누구든 공경할 수밖에 없다네.

ཕས་རྒོལ་མཐའ་དག་འཇོམས་པ་དང་།། 페골 타닥 좀빠당
སྔག་འོག་འགལ་འདུས་སྟོང་པ་དང་།། 딱옥 겔뒤 똥빠당
སྐྱེ་རྒྱུའི་དོན་གཉིས་སྟེར་བྱེད་པ།། 께귀 되니 떼르제빠
ལུགས་འདིར་ཁོ་བོ་སྤྲོ་བ་འཕེལ།། 룩디르 코오 또와펠

모든 반론을 누르고 앞뒤 모순에서 벗어났으며, 일시와 궁극의 목적 이루게 하니, 불법에 대한 나의 환희심이 더 늘어나네.

འདི་ཡི་ཕྱིར་དུ་ཁྱོད་ཀྱིས་ནི།། 디이 치르두 쾌끼니
ལ་ལར་སྐུ་དང་གསོན་དུ་སྦྱོག། 라라르 꾸당 쎈두쏙
སྡུག་པའི་གཉེན་དང་ལོངས་སྤྱོད་ཚོགས།། 둑빼 녠당 롱쬐촉
གྲངས་མེད་བསྐལ་པར་ཡང་ཡང་བཏང་།། 당메 껠빠르 양양땅

여래께서 이 연기를 깨닫기 위해 때로는 자신의 몸과 목숨을 주고 사랑하는 자식과 재물까지도 무한 겁 동안 거듭 내어주셨네.

གང་གི་ཡོན་ཏན་མཐོང་བ་ཡིས།། 강기 욘뗀 통와이
ལུགས་ཀྱིས་ཉ་ལྟར་བཞིན་དུ།། 짝뀌 냐라 지신두
ཉིད་ཀྱི་ཐུགས་དངས་ཆོས་དེ་ནི།། 니끼 툭당 최데니
ཁྱོད་ལས་མ་ཐོས་སྐལ་བ་ཞན།། 쾰래 마퇴 껠와쎈

낚싯바늘로 물고기를 낚듯 부처님의 마음을 이끌어준 연기법, 이 가르침을 직접 듣지 못함은 얼마나 슬픈 일인가.

དེ་ཡི་མྱ་ངན་ཤུགས་ཀྱིས་ནི།། 데이 냐엔 쑥끼니
སྡུག་པའི་བུ་ལ་མ་ཡི་ཡིད།། 둑빼 불라 마이이
རྗེས་སུ་སོང་བ་ལྟར་བཞིན་དུ།། 제쑤 쏭와 지신두
བདག་གི་ཡིད་ནི་གཏོང་མི་བྱེད།། 닥기 이니 똥미제

그 애절한 슬픔이 자애로운 어머니 마음이 자식을 떠나지 못하듯 내 마음에서 떠나지 않네.

འདི་ལྟར་བྱུང་གསུངས་བསམས་པ་ན།། 디랑 쾌쑹 쌈빠나
མཚན་དཔེའི་དཔལ་གྱིས་རབ་ཏུ་འབར།། 체빼 뺄기 랍두바르
དོན་གྱི་དུ་བས་ཡོངས་བསྐོར་བའི།། 외끼 다외 용꼬르외
སྟོན་པ་དེ་ཡི་ཚངས་དབྱངས་ཀྱིས།། 뙨빠 데이 창양끼

그러나 존귀한 상과 종호로 장엄하고 후광으로 둘러싸여 빛나시는 부처님을 관상이라도 하니 그 애절한 마음이 사라지네.

འདི་ནི་འདི་ལྟར་གསུངས་སྙམ་དུ།། 디니 디따르 쑹냠두
ཡིད་ལ་ཐུབ་པའི་གཟུགས་བརྙན་ནི།། 일라 툽빼 숙녠니
ཤར་བ་ཙམ་ཡང་ཚ་བ་ཡིས།། 쌰르와 짬양 차와이
གདུང་ལ་ཟླ་ཟེར་བཞིན་དུ་སྨན།། 둥라 다세르 신두멘

이렇게 부처님이 성스러운 음성으로 가르쳐주신 모습을 떠올리기만 해도 열병에 달빛처럼 약이 된다네.

དེ་ལྟར་མཆོག་ཏུ་བྱུང་བ་ཡི།། 데따르 메두 중와이
ལུགས་བཟང་དེ་ཡང་མི་མཁས་པའི།། 룩상 데양 미케뻬
སྐྱེ་བོས་བལ་བ་རྫ་བཞིན་དུ།། 꼐외 밸바 자신두
རྣམ་པ་ཀུན་ཏུ་འཛིངས་པར་གྱུར།། 남빠 꾼뚜 징빠르제

가장 탁월한 이 가르침을 배움이 부족한 이들이 발바자 풀이 뒤엉킨 것처럼 큰 혼란에 빠지게 하네.

ཆོས་འདི་མཐོང་ནས་བདག་གིས་ནི། 출디 통네 닥기니
འབད་པ་དུ་མས་མཁས་པ་ཡི། 베빠 두메 케빠이
རྗེས་སུ་འབྲངས་ནས་ཐྱོད་ཀྱི་ནི། 제쑤 당네 쾌끼니
དགོངས་པ་ཡང་དང་ཡང་དུ་བཙལ། 공빠 양당 양두짤

이러한 모습을 본 나는 지혜로운 이들을 따라 많은 노력으로 부처님의 뜻을 거듭거듭 숙고하였네.

དེ་ཚེ་རང་གཞན་སྡེ་པ་ཡི། 데체 랑셴 데빠이
གཞུང་མང་དག་ལ་སྦྱངས་པ་ན། 슘망 닥라 장빠나
ཕྱི་ཕྱིར་ཐེ་ཚོམ་དྲ་བ་ཡིས། 치치르 테촘 다와이
བདག་གི་ཡིད་ནི་ཀུན་དུ་གདུངས། 닥기 이니 꾼두둥

불교도와 비불교도의 여러 문헌들을 배우던 그때 끊임없는 의심의 그물 속에서 내 마음은 고뇌에 빠져 있었네.

ཁྱོད་ཀྱི་བླ་མེད་ཐེག་པའི་ཚུལ། 쾌끼 라메 텍빼출
ཡོད་དང་མེད་པའི་མཐའ་སྤངས་ཏེ། 예당 메뻬 타빵떼
རྗེ་བཙུན་འགྲེལ་པར་ལུང་བསྟན་པ། 지신 델빠르 룽뗀빠
ཀླུ་སྒྲུབ་གཞུང་ལུགས་ཀུན་དའི་ཚུལ། 루둡 슝룩 꾼데첼

부처님의 위없는 대승의 가르침은 유와 무의 양극단에서 벗어나며, 이를 용수가 완전히 밝힐 것이라고 수기하셨네.

དྲི་མེད་མཁྱེན་པའི་དཀྱིལ་འཁོར་རྒྱས།། 디메 켄뻬 낄코르게
གསུང་རབ་མཁའ་ལ་ཕྱོགས་མེད་རྒྱུ།། 쑹랍 칼라 톡메규
མཐར་འཛིན་སྙིང་གི་མུན་པ་སེལ།། 타르진 닝기 뮌빠쎌
ལོག་སྨྲའི་རྒྱུ་སྐར་ཟིལ་གནོན་པ།། 록메 규까르 실논빠

허물 없는 지혜의 원만한 해가 가르침의 하늘을 자재로 떠다니며 극단적 견해의 어둠을 멸하고 그릇된 반론의 별을 압도하네.

དཔལ་ལྡན་ཟླ་བའི་ལེགས་བཤད་ཀྱི།། 빨덴 다외 렉쎼끼
འོད་དཀར་འཕྲེང་བས་གསལ་བྱས་པ།། 외까르 텡외 쎌제빠
བླ་མའི་དྲིན་གྱིས་མཐོང་བའི་ཚེ།། 라메 딘기 통외체
བདག་གི་ཡིད་ནི་ངལ་གསོ་ཐོབ།། 닥기 이니 엘쏘톱

월칭보살의 달빛으로 빛나는 주석서로 밝힌 용수보살의 달맞이꽃과 같은 논서를 스승의 덕으로 보았을 때 내 마음은 마침내 평안을 얻었네.

མཛད་པ་ཀུན་ལས་གསུང་གི་ནི།། 제빠 꾼레 쑹기니
མཛད་པ་མཆོག་ཡིན་དེ་ཡང་ནི།། 제빠 촉인 데양니
འདི་ཉིད་ཡིན་ཕྱིར་མཁས་པ་ཡིས།། 디니 인치르 케빠이
འདི་ལས་སངས་རྒྱས་རྗེས་དྲན་བྱོས།། 디레 쌍게 제덴죄

여래의 행 가운데 설법의 행, 설법의 행 중에서도 연기를 설함이 최고이니, 지혜로운 이는 이것으로 부처님을 기억해야 하네.

སྟོན་དེའི་རྗེས་སུ་རབ་ཏུ་བྱུང་གྱུར་ཏེ།། 뙨데 제쑤 랍뚜 중규르데
རྒྱལ་བའི་གསུང་ལ་སློབས་པ་མི་དམན་ཞིང་།། 겔외 쑹라 장빠 미멘싱
རྣལ་འབྱོར་སྒྲུབ་ལ་བརྩོན་པའི་དགེ་སློང་ཞིག། 넬조르 쬘라 쬔뻬 겔롱식
དྲང་སྲོང་ཆེན་པོ་དེ་ལ་དེ་ལྟར་གུས།། 당쏭 첸뽀 델라 데따르귀

세존을 뒤따라 출가하여 승리자의 말씀 부족함 없이 배우고 수행에 정진하는 한 비구가 이렇게 대선(大仙)을 공경하네.

སྟོན་པ་བླ་ན་མེད་པའི་བསྟན་པ་དང་།། 뙨빠 라나 메뻬 뗀빠당
མཇལ་བ་འདི་འདྲ་བླ་མའི་དྲིན་ཡིན་པས།། 젤와 디다 라메 디인뻬
དགེ་བ་འདི་ཡང་འགྲོ་བ་མ་ལུས་པ།། 게와 디양 도와 마뤼빠
བཤེས་གཉེན་དམ་པས་འཛིན་པའི་རྒྱུ་རུ་བསྔོ།། 쎼녠 담뻬 진뻬 규루 오

위대한 설법자의 가르침을 만난 것이 자애로운 스승 덕분이었듯이, 제가 쌓은 공덕으로 일체중생이 바른 스승과 만나 헤어지지 않게 하소서.

ཕན་མཛད་དེ་ཡི་བསྟན་པ་འང་སྲིད་པའི་མཐར།། 펜제 데이 뗀빠앙 씨뻬타르
དན་རྟོག་རླུང་གིས་རྣམ་པར་མི་གཡོ་ཞིང་།། 엔똑 룽기 남빠르 미요싱
བསྟན་པའི་དང་ཚུལ་ཤེས་ནས་སྟོན་པ་ལ།། 뗀뻬 앙출 쎼네 뙨빠라
ཡིད་ཆེས་སྙེད་པས་རྟག་ཏུ་གང་བར་ཤོག། 이체 녜뻬 딱뚜 강와르쏙

오직 중생만을 위하는 부처님의 가르침이 미혹의 바람에 흔들리지 않게 하고, 사바세계가 끝날 때까지 확고한 믿음 갖춘 이 가득하게 하소서.

བརྟེན་ནས་འབྱུང་བའི་དེ་ཉིད་གསལ་མཛད་པ།། 뗀네 중외 데니 쎌제빠
ཐུབ་པའི་ལུགས་བཟང་སྐྱེ་བ་ཐམས་ཅད་དུ།། 툽뻬 룩상 께와 탐쩨두
ལུས་དང་སྲོག་ཀྱང་བཏང་ནས་འཛིན་པ་ལ།། 뤼당 쏙깡 땅네 진빠라
སྐད་ཅིག་ཙམ་ཡང་སྟོང་པར་མ་གྱུར་ཅིག། 께찍 짬양 회빠르 마규르찍

연기법 밝히는 능인의 위대한 법을 태어나는 모든 생마다 몸과 목숨 다해 지켜 단 한순간도 놓치지 않게 하소서.

འདྲེན་པ་མཆོག་དེས་དཀའ་བ་དཔག་མེད་ཀྱིས།། 덴빠 촉데 까와 빡메끼
ནན་ཏན་སྙིང་པོར་མཛད་ནས་བསྒྲུབས་པ་འདི།། 넨뗀 닝뽀르 제네 둡빠디
ཐབས་གང་ཞིག་གིས་འཕེལ་བར་འགྱུར་སྙམ་པའི།། 탑강식기 펠와르 규르남뻬
རྣམ་པར་དཔྱོད་པས་ཉིན་མཚན་འདའ་བར་ཤོག། 남빠르 쬐뻬 닌첸 다와르쏙

중생들을 이끌어 주시는 위없는 분께서 많은 고행으로 얻은 소중한 가르침의 정수, 어떻게 하면 널리 퍼지게 할 것인지 밤낮으로 살피게 하소서.

ལྷག་བསམ་དག་པས་ཆུལ་དེར་བརྩོན་པ་ན།། 학쌈 닥뻬 출데르 쬔빠나
ཚངས་དང་དབང་པོ་འཇིག་རྟེན་སྐྱོང་བ་དང་།། 창당 왕뽀 직뗀 꽁와당
ལེགས་ལྡན་ནག་པོ་ལ་སོགས་སྲུང་མས་ཀྱང་།། 렉덴 낙뽀 라쏙 쑹메꺙
གཡེལ་བ་མེད་པར་རྟག་ཏུ་གྲོགས་བྱེད་ཤོག། 옐와 메빠르 딱뚜 독제쏙

순수한 동기로 이 법에 정진할 때 브라만과 인드라, 사천왕들과 마하깔라 같은 수호존들이 헤어짐 없이 항상 지키게 하소서.

티베트 스승에게 듣는 연기법의 지혜

초판 1쇄　　2018년 1월 3일

지은이　　게시 소남 걀첸
펴낸이　　게시 소남 걀첸

펴낸곳　　하늘호수
주소　　　부산시 서구 해돋이로 250　한국티벳불교사원 광성사
전자우편　ktdharma@naver.com
전화번호　051-243-2468

디자인　　올리브그린

ISBN　　　978-89-956762-2-6　03200

값 18,000원